100 UNDER $100　One Hundred Tools for Empowering Global Women ｜ Betsy Teutsch

WOMEN
EMPOWERMENT
100

ベッツィ・トイチュ
松本裕［訳］

世界の女性を
エンパワーする
１００の方法

英治出版

「世界の修復(ティクン・オラム)」のために──

正義の流れを拡大することに
情熱を注ぐことに
愛を生み出すことに
平和を構築することに

これらのことに取り組むすべての人にささげます

100 Under $100
One Hundred Tools for Empowering Global Women
by Betsy Teutsch

Copyright © 2015 by Betsy Teutsch
Japanese translation rights arranged with
She Writes Press c/o The Unter Agency LLC
through Japan UNI Agency, Inc.

ミャンマーで、ドリップ灌漑による花卉栽培に勤しむ女性。
© Proximity Designs

日本語版序文

女性の支援が世界を変革する

根本かおる　　国際連合広報センター所長

　2016年3月、最貧国のひとつである南スーダンで出会ったのは、40度を超える暑さの中、ゆうに20キロはあろうかという薪の束を頭上に乗せて、ただひたすら歩いている女性たちでした。彼女たちが目指すのは、民族対立でふるさとを追われて、避難生活を余儀なくされている国内避難民キャンプです。

　南スーダンは数十年におよぶ内戦を経て、2011年に独立しました。当時「世界で最も新しい国」として国際社会の期待と注目を集めたものの、2013年12月に事態が悪化。政治的対立が民族同士の争いに発展し、再び内戦状態に陥ってしまったのです。2015年8月にようやく停戦合意が結ばれ大きな戦闘行為は減り、2016年4月にようやく暫定政府が樹立されましたが、同年7月、残念ながら再び大規模な衝突が起きてしまいました。平和な社会を実現できるかどうかは、まさにこれからにかかっています。

　みんなが家路を急ぐ夕刻になると、避難民キャンプ近くのあちこちで、バスケットボール選手並みに背が高く、スラリとしたファッションモデル体型の女性たちが行き交います。その光景は、さながら東京のラッシュアワーのようでした。日本で言えばまだ小学生ぐらいの女の子が、自分の体よりも大きな薪の束を運ぶ姿もちらほら交じっています。避難を強いられた人々は、国連などから提供される援助物資で命をつなぎますが、煮炊きに必要な薪はキャンプの周辺で自分たちで集めなければなりません。キャンプの外では武装集団に襲われる危険があるものの、こうした仕事は「女の仕事」と見なされています。もちろん、もし男性がキャンプの外で襲われたら、おそらくは生きて帰ってこられないだろうという事情もあります。

　薪集め、食料配給、水汲み、食事の煮炊き、子どもの世話などの仕事はすべて女性が担っています。ただでさえ大変な仕事なのに、特に難民キャンプのような場所では、これらの仕事に途方もない時間とエネルギーが削がれます。つまり、食べること、安全な水を確保することといった基本的な営みについて、限りなくハードルが高いのです。難民キャンプで暮らす女性たちの毎日は、この繰り返しだけで終わってしまいます。

　これらの作業に男性が関わることはまずありません。逆に避難民キャンプ内の茶屋は、多くの男性たちで賑わっていました。だれもが政治談議に花を咲かせているのです。また、先が見えない避難生活でのストレスも重なり、キャンプでは家庭内暴力が深刻な問題になっているといいます。

　この地域で国連PKO活動の副司令官を務めるインド出身の大佐が、苦笑しながらこんなエピソードを教えてくれました。「『うちの女房はいい女房だ』という男性にその理由を尋ねたら、『35キロも頭に乗せて運べるから』という答えが返ってくるんですよ」

　大人の女性だけでなく、女の子も幼いうちから母親を手伝います。サッカーなどをして遊ぶ男の子たちはいても、女の子の姿はありません。家事で忙しくて、遊ぶ余裕もないのです。これは南スーダンだけのことではありません。以前駐在したネパールでも、ブルンジでも、コソボでもそうでした。突きつけられた現実に対して不平も言わず、運命として受け入れ、家庭を守るという強い責任感とともに黙々と働く。世界の多くの場所で、女性が割りを食っているのです。

　社会の意識改革が必要なのはもちろんですが、それには時間がかかります。それなら、意識改革と並行して、安価な費用で可能なローテク技術を活用して日々の仕事を効率化し、女性や女の子を薪集めや水汲みといった日々の家事の繰り返しから少しでも解放する方が早いでしょう。家事にかかる時間を少しでも減らせば、学校や識字教育、職業訓練や子どもの健康など、未来への投資に振り向けられるかもしれません。

　本書『WOMEN EMPOWERMENT 100』は、そのような、貧しい人でも手が届きやすく、日々の暮らしを改善するアイデアを集めたものです。太陽光発電で灯りがつくソーラーランタンや手軽な冷蔵庫などの家事の負担を軽減するものだけでなく、妊娠・出産など女性特有の保健衛生に関わる問題、家計を助けたり起業を支援したりする低金利の金融サービスなど、幅広い分野にまたがっています。

　2016年は「持続可能な開発目標（SDGs）」の実施元年で、世界的な気運が高まっています。2000年から2015年までのあいだに、貧困人口や飢餓人口の半減などを目指した「ミレニアム開発目標（MDGs）」にかわる「持続可能な開発目標（SDGs）」が2015年9月の国連総会で採択されました。MDGsは目標に定めた2015年を迎えるまえに「貧困人口の半減」を達成するなど、

大きな成果を上げました。しかし、いまだに600万人を超える子どもたちが5歳の誕生日を迎えるまえに命を落とし、10億人が屋外で排泄をおこなっています。SDGsは、このように積み残された課題と、あらたに顕在化した気候変動や格差などの課題について、経済成長、社会的包摂、そして環境保護の大きくわけて3つの側面から、17にわたる包括的な分野について目標を定めたものです。この多岐にわたる野心的な目標を達成するためには大胆な発想が必要で、「私たちの世界を変革する」がスローガンになっています。

　17の目標のうち5番目のゴールとして掲げられているのが、「ジェンダー平等を実現しよう」です。ただしジェンダーの問題は1つのゴールというよりも、実はすべての分野の目標に関わる課題として位置づけられています。つまり、これら17の目標がジェンダーを横軸につながっているともいえます。たとえば、女子教育を推進すれば、女性の権利を推進してジェンダー平等に一歩近づくだけでなく、将来の仕事の選択肢を広げ経済的自立につながります。また、教育を受けることは、子どもを産んでお母さんになった際に、家庭で栄養ある食事をつくり、子どもをより健やかに育てる素地にもなります。読み書きができることが自信につながり、コミュニティーから疎外されていた女性たちが、地域社会に参加しやすくなります。これだけでも、SDGsで定められた8つのゴール、具体的には「1 貧困をなくそう」「2 飢餓をゼロに」「3 すべての人に健康と福祉を」「4 質の高い教育をみんなに」「5 ジェンダー平等を実現しよう」「8 働きがいも経済成長も」「10 人や国の不平等をなくそう」「16 平和と公正をすべての人に」が関係していることになります。
　『WOMEN EMPOWERMENT 100』には、こうしたポジティブな社会変革の連鎖につながる種がギュッと詰まっているのです。

　SDGsのもうひとつのスローガンは「誰も置き去りにしない」です。ややもするとセーフティーネットからこぼれ落ちてしまいがちなマイノリティーをすくいあげると同時に、途上国のみならず先進国での格差の問題にも光を当てています。それがMDGsと異なる点で、途上国も先進国も含めたすべての国に対して、国内のマイノリティーの状況について報告が求められるようになりました。日本も、SDGsについて「自分ごと」として大胆な発想で取り組んでいかなければならない時代になっています。

　強調したいのは、SDGsは政府や国連機関だけのものではない、ということです。これは取りまとめのプロセスにおいて世界の数百万もの人々から意見を集約した上で作られた、みんなのための、みんなでスクラムを組んで実現する目標なのです。「足元でのアクションなくして、世界のソリューションなし」これはパン・ギムン事務総長の口癖です。本書を、私たちひとりひとりが「足元のアクション」を考えるヒントにあふれた一冊として推薦いたします。

2016年7月

CONTENTS

日本語版序文 ── 女性の支援が世界を変革する ──────── 4
根本かおる　国際連合広報センター 所長

はじめに ──────────────────────────── 12
イントロダクション ──────────────────── 14
本書のガイド ────────────────────────── 20

Sector 1　保健　GENERAL HEALTH

1　母乳育児 ──────────────── 26
2　カンガルーケア ─────────── 28
3　抱っこ式赤ちゃん保温器 ─── 29
4　ワクチン配布 ──────────── 30
5　へその緒処置 ──────────── 32
6　歯みがき ──────────────── 33
7　栄養強化 ──────────────── 34
8　学校給食 ──────────────── 35
9　マラリアの予防と治療 ───── 36
10　駆虫薬 ─────────────────── 37
11　経口補水塩＋コーラライフ ─── 38
12　プランピーナッツ™
　　──すぐに食べられる治療食 ── 39
13　抗レトロウイルス薬
　　──HIV／エイズ患者の寿命を延ばす ── 40
14　ソーラー・イヤー
　　──充電可能な電池を使う、安価な補聴器 ── 41
15　視力矯正 ─────────────── 42

Sector 2　女の子と女性の健康　GIRLS' AND WOMEN'S HEALTH

16　女性性器切除の慣習を、違う儀式で置き換える ── 46
17　酢を使った子宮頸がん検診法 ── 48
18　避妊 ──────────────────── 49
19　妊産婦の栄養補助 ────────── 50
20　衛生出産キット ───────────── 51
21　外科手術を伴わない薬品による中絶 ── 52
22　ミソプロストール
　　──母親の命を救う ────────── 53

目次

Sector 3 暮らしを変えるエネルギー
LIGHTS, CELL PHONE CHARGING, ENERGY!

- 23　充電ビジネス　　56
- 24　オープンソースの
　　　ブライトボックス電池　　57
- 25　LED電球　　58
- 26　住宅用の太陽光発電機　　59
- 27　携帯型ソーラーライト　　60
- 28　サンサリューター　　62
- 29　分割払い電力　　63
- 30　自転車動力機械　　64
- 31　バイオガスのバックパック　　65
- 32　エコ固形燃料　　66
- 33　バイオ炭　　67

Sector 4 水と衛生設備
WATER AND SANITATION HYGIENE

- 34　災害支援
　　　──明かりと清潔な水　　70
- 35　雨水貯留　　71
- 36　水の運搬方法の改善　　72
- 37　貯水場所での水の塩素処理　　73
- 38　水質検査キット　　74
- 39　SODIS（日光消毒）　　75
- 40　SODIS測定器　　76
- 41　ソルヴァッテン──日光消毒・温水器　　77
- 42　水ろ過器　　78
- 43　日光による脱塩処理　　79
- 44　手洗い　　80
- 45　資産としての排泄物の管理　　81
- 46　トイレ
　　　──環境にやさしい衛生設備　　82
- 47　生理用品　　84
- 48　おむつ　　86
- 49　ごみ再生　　87

Sector 5 家事を支えるテクノロジー
DOMESTIC TECHNOLOGY

- 50　改良型コンロ　　90
- 51　ソーラークッカー（太陽光調理器）　　92
- 52　パラボラ型ソーラークッカー　　93
- 53　保温調理　　94
- 54　調理器具のデザイン　　95
- 55　食品の冷蔵保存　　96
- 56　洗濯　　97

CONTENTS

Sector 6 自給自足農業 SUBSISTENCE FARMING

57	バイオ炭による土壌改良	100
58	環境適応作物	101
59	栄養強化作物	102
60	間作	103
61	種まき機と脱穀機	104
62	尿肥料	105
63	足踏みポンプ	106
64	ドリップ灌漑	107
65	キーホール・ガーデン	108
66	都市部の家庭菜園	110
67	改良型の作物保存袋	111
68	天日干し台と殻むき機	112
69	森林農業	113
70	養蜂	115
71	ニワトリと卵	116
72	ヤギ	117
73	水産養殖	118

Sector 7 建設 CONSTRUCTION

74	ペットボトルれんが／エコれんが	122
75	屋根の改善	124
76	ペットボトルのソーラーライト	125
77	イネスフライ——殺虫剤入りのペンキ	126

Sector 8 移動手段 TRANSPORTATION

78	自転車	130
79	荷車や手押し車	132
80	子ども向けの安価な車いす	133

目次

Sector 9 情報通信技術 (ICT)
INFORMATION AND COMMUNICATION TECHNOLOGY

- 81　識字能力 — 136
- 82　ラジオ — 138
- 83　テレビ — 139
- 84　携帯電話 — 140
- 85　コンピューター — 141
- 86　インターネット — 142
- 87　女性の声を届けるデジタルプラットフォーム — 143

Sector 10 経済活動への参加
FINANCIAL INCLUSION

- 88　小口融資 — 146
- 89　貯蓄 — 147
- 90　電子マネー ——携帯電話を使った送金 — 148
- 91　マイクロ保険 — 149
- 92　マイクロフランチャイズ — 150
- 93　フェアトレード認証 — 151

Sector 11 法的ツール
LEGAL TOOLS

- 94　出生登録 — 154
- 95　早すぎる強制的結婚の撲滅 — 155
- 96　女性を暴力から守る国際法の採択 — 156
- 97　性的目的での人身売買の撲滅 — 157
- 98　土地の権利と譲渡 — 158
- 99　相続権 — 159
- 100　選挙権と政治参加 — 160

- おわりに — 162
- 用語集 — 170
- 参考文献 — 172

特別座談会——私たちが世界の女性を支援する理由。 — 176
久保田恭代　プラン・インターナショナル・ジャパン
小野美智代　ジョイセフ
武田勝彦　ケア・インターナショナル ジャパン（CARE）

© Lifeline Energy

はじめに

私のアトリエの壁には、英国国教会の元大主教、デズモンド・ツツの言葉がかかっています。

「あなたが今いる場所で、あなたにできるほんの少しの善をおこないなさい。そうしたほんの少しの善行が集まれば、世界を圧倒することができるのです」（デズモンド・ツツ、南アフリカ出身の人権活動家。1984年ノーベル平和賞受賞）

私は40年間、芸術家として安全な地で暮らす幸運に恵まれました。しかし6年前、まったく新しい道を歩み始めました。その取り組みの集大成が、この本です。世界中の女性が貧困から抜け出せるよう手助けする方法についてなぜ私が書くことになったのか、不思議に思っている方もいることでしょう。

若いころ、国際協力ボランティアに参加する理想に燃える友人たちを尊敬してはいたものの、自分自身が参加するほどの勇気はついに持てませんでした。私は自宅にあるアトリエで仕事をし、社会貢献活動へのエネルギーはずっと、地元のコミュニティだけに注がれていたのです。ですがいつのころからか、もっと世界規模の問題に取り組みたいと思うようになっていました。

そこへ登場したインターネットが、私に新しい世界を次々と見せてくれました。

そのうち、グリーン・マイクロファイナンスという組織の広報責任者に就きました。そこで環境にやさしいエコスマート技術を通じて貧困削減が実現できることを知り、とても驚いたのを覚えています。生活向上に適した安価な技術を女性たちが考案し、広めていくための取り組みを支援する方法を模索する中で、私はテクノロジーと女性のエンパワーメント〔力をつけ、連帯することで自身の環境を変えていけるようにすること〕が重なるところを探しました。

私の第一歩は、今すでにどのようなことがおこなわれているのかを知るところから始まりました。私は情報を集めて「ピンタレスト」という、当時できたばかりの画像投稿SNSにまとめました。ユーザーは写真に短いコメントを添えてネット上に「ピン止め」し、トピックごとの掲示板を作ります。解決策を活用している女性の写真を集めて掲示するというのは、コンテンツをまとめるのに最適で楽しい方法のように思えました。その情報で何をしたいのか、はっきりとした意図があったわけではありませんが、あれほど多くの情報が世の中にはあふれているという事実、ひとつひとつの取り組みがもっとわくわくする旅路への入り口だという事実、すべての活動が変革的なものだという事実が、私には信じられないほどでした。

何週間か熱心にピン止めを続けたあと、私はいったん振り返ると、魅力的な画像の数々にみとれました。リーダーシップを持ち、活気に満ちた女性たちが浄水設備を設置しています。学校を建設しています。大きな問題に対して独創的で安価な解決策を生み出しています。彼女たちは自分だけでなく、ほかの多くの人生を変えているのです。私には少々楽観主義的なところがありますが、それを差し引いても、世界に伝えるべき本当にすばらしいニュースが山ほどあるのは間違いありませんでした。

私には、はっきりとわかりました。**この女性たちの物語や成果は、もっと多くの人たちに知られるべきだと**。私の頭の中には、彼女たちの努力や解決策に光を当てた美しい本が浮かんでいました。その結果があなたの手の中にあるこの本であり、最初から最後まで私を魅了し続けた何年にもわたるプロジェクトの成果なのです。この本は、私が今いる場所で、私にできるほんの少しの善をおこなう機会を与えてくれました。この本の読者も、同じようにインスピレーションを受けられることと信じています。

この本は問題に対する解決策を紹介するものであって、ランクづけするものではありません。11のセクターに分類しているのは、貧困は多面的な問題で、解決策はひとつではないからです。私の目標は、さまざまな活動に対して、読者のみなさんの関心を高めることです。開発途上国の女性たちを支援する企業「グローバル・ガールフレンド」の創設者ステイシー・エドガーは著書『Global Girlfriends（世界のガールフレンド）』で、恵まれた人たちにこう呼びかけています。

「正直に言うと、女性たちが自力で見つけた答え以上にすぐれた答えを、私は持っていません。ただ、チャンスをもっと手に入れやすいという幸運に恵まれているだけです」（ステイシー・エドガー）

「貧困に苦しむ女性」というと、無抵抗な女性の被害者が被災地で行列を作り、ただ援助を待っているだけの写真が使われる場合がほとんどです。ですが災害は、世界中で貧困に苦しむ女の子や女性たちが直面する数多い困難のうちのごく一部にすぎません。この本で語られるのは、世界中の女の子や女性たちが、自力で極貧状態から脱出するために多大な努力を払っている現状を伝える物語です。**水質を検査**したり《38》、**相続に関する法的権利を主張**したり《99》、**村の貯蓄貸付グループを組織**したり《89》など、あらゆる方法を駆使しながら、自分たちだけでなく家族とまわりのコミュニティーを救っているのです。

画像の調査と収集の過程については、「おわりに」で詳しく述べてあります。

また、それぞれのツールの紹介ページでは、読者が「何かしたい」と思ったときに行動に移せるようなアイデアや、寄付という間接的な支援を記載しておきました。新しくすばらしい取り組みについて知るたび、私は現場に飛びこんでボランティア活動をしたくなったものです。代わりに、活動を紹介する本を書くことで、支援することができたと思っています。読者のみなさんがそれぞれの旅路を描き、その様子を私に教えてくださるのを心待ちにしています。

この本の内容について、教育関係者の方も関心があることを知りました。そのため、教育活動についての提案もこの本全体にわ

たって紹介しました。将来的には、指導用資料が出ることも期待していてください。教師と生徒のみなさんは、学校での取り組みや経験を www.100under100.org で共有していただければ幸いです。

　この本の執筆を終えようとしている今、これまでにいただいた多くの支援に深く感謝したいと思います。
　執筆を通じて、多くの人々について学ぶことができました。ツールの開発者、実践者、国際協力関係者、NGO 職員、研究者、社会が抱える問題をビジネスで解決しようとする社会起業家、ジャーナリスト、写真家、そして世界中で一生懸命努力している専門家がいるのです。そして、フェイスブックやツイッター、ピンタレストなどのソーシャルメディアのおかげで、さまざまな人と直接やり取りすることができました。彼らと直接やり取りまでさせてくれたソーシャルメディアには、本当に助けられました。
　21 世紀の、なんというすばらしい贈り物でしょう！ 個人的な人脈づくりという意味でも、ネット上でのつながりという意味でも、ソーシャルネットワークは貴重なつながりをもたらしてくれました。
　金融業界で持続可能な自然保護活動に取り組む組織であるグリーン・マイクロファイナンスの聡明な創設者エリザベスとトーマス・イスラエルは、私に開発途上国向けの適正なエコスマート技術を教えてくれました。この分野における大変な努力を先陣を切っておこなった彼らの情熱がなければ、この本は存在しなかったでしょう。
　さまざまな技能を持ったボランティアにプロジェクトや団体を紹介する NPO「キャッチアファイヤー」のダナ・ラヴィヴは、「テクノロジー・エクスチェンジ・ラボ（TEL）」の驚くべき取り組みを教えてくれました。TEL は国際ネットワークを通じて開発途上国の人々に最新テクノロジーによるさまざまな解決策や情報を提供する NPO で、この本の執筆に一緒に取り組んでくれました。
　ミランダ・スペンサーは、志ある出版社シーライツ・プレスを紹介してくれました。この出版社は著者の社会起業家としての活動を支援し、質の高い本を世に出しています。発行人であるブルック・ワーナーは、この本のテーマがシーライツ・プレスの事業と相乗効果を持つことをすぐに見抜き、ほとんど素人の私を辛抱強く導いてくれました。デザイナーのタビサ・ラールは、独特の魔法をかけて、込み入った情報を簡単に理解できるような素敵なデザインを生み出してくれました。

　この本に写真の使用許可を与えてくれた撮影者のひとりひとりには、大いに感謝しています。写真の多くは、自分の写真が書籍に載るなど夢にも思っていなかった人たちによって、画像投稿サイトのフリッカーで共有されていたものです。写真リサーチの助手を務めてくれたダニエル・ヨルコには、終わりが見えないようにさえ思えた写真の使用許諾取得作業を管理してくれたことに感謝したいと思います。
　この本の最終稿に多くの意見をくださった専門家の方々にも感謝を。スーザン・ホルック博士は寛大かつ膨大な専門分析知識を提供してくださっただけでなく、精神的にも支援してくださいました。ロブ・グーディア、アーロン・グリーンバーグ、エミリー・クーネン、ルシー・リッシー・ローゼンバーグ、ローレン・ショーネッシー、ポール・スコット、そしてハンスディープ・シンら専門家のみなさんにも感謝します。彼らの意見ははかり知れないほど貴重なものでした。
　この本の執筆中、応援してくれた大勢のチアリーダーたちにも感謝します。ダイニング・フォー・ウィメン（開発途上国の男女平等を目指し、食事会を開いて資金を集める団体）の友人たち、何十年も前からの大切な友人たち、私のミニヤーン〔ユダヤ教の礼拝仲間〕──あなたたちの熱意は私を元気づけてくれました。草稿段階で読んでくれた人たちの意見は、この本を大幅に改善してくれました。フラン、ジョイス、パム、そしてタラには、私の背中を押して、前へ進む手助けをしてくれたことにとりわけ大きな感謝を。さらに詳細な感謝のリストは、www.100under100.org に掲載しています。

　そして私の家族へ──ありがとう！ 娘ノミ・トイチュはこの本の価値の熱心な信奉者でいてくれ、読者の取り組みのマーク YOU を完璧に作り上げてくれました。
　非凡な作家である姉サリー・コスロウは、役に立つ助言とはげましを与えてくれました。息子ザカリー・トイチュとその妻レベッカ・ローゼンはさまざまな方法で支援してくれ、私がゴールテープを切ったときには賞品までくれたのです。レベッカの母、ヨハンナ・レズニック・ローゼンの熱意には、心が温められました。
　夫のデヴィッドは常にすぐれた質問をしてくれ、副詞の使い方から索引の作り方にいたるまであらゆることについて助言をくれ、人道的技術について延々と話し続ける妻と一緒に夕食をとりながらも、退屈で居眠りしたことはただの一度もありませんでした。まさしく伴侶として助けてくれました。私は本当に恵まれています。

　正確な情報を提供するために全力を尽くしましたが、この本に紹介した取り組みの状況は変わりやすいものばかりです。間違いや脱落があれば、お詫び申し上げます。この本もテクノロジー・エクスチェンジ・ラボも、本書で紹介した製品のいずれとも業務提携関係にはありません。
　言うまでもなく、ここには紹介しきれなかったすばらしい物語がまだまだたくさんあります。フィードバックも歓迎です。新しいコンテンツや最新情報は、随時 www.100under100.org に掲載していきます。

ペンシルベニア州フィラデルフィア
2014 年 8 月

イントロダクション

「貧困」や「貧しさ」とはどういうことでしょうか？
ここでは貧困問題にまつわるさまざまな用語や基本的な知識、最新の情報を紹介します。

世界の貧困を考えるときに知っておきたい用語は何ですか？

世界でもっとも貧しい人たちを説明する言葉はいくつもありますが、そのどれも、世界共通で統一された用語ではありません。低所得国でも、富裕層の人たちはいい暮らしをしています。富裕国の貧しい人たちは貧困に苦しんでいますが、下水道や清潔な水などの基本的ニーズは満たされている場合がほとんどです。この本は、世界でもっとも貧しい国に暮らす、もっとも所得が低い女性たちについて語っていますが、それを簡単に言い表すにはどのような言葉を使えばいいでしょう。私が一番多く使っているのは、「低所得」または「貧困に苦しむ」という言葉です。このほかに、関連のある用語としては以下のようなものがあります。

- 「**低資源**」は、電力や衛生関連のインフラが欠如している地域を指します。このような地域に暮らす人たちは貧しいというだけでなく、サービスの不在という点でも不利益をこうむっています。
- 「**開発途上地域**」は先進工業地域との対比として用いられ、インフラが整っていない低所得地域を指します（低い段階から高い段階へと順に進んでいくような印象を与えるこの言葉に批判的な意見もあります。現実には、開発による発展はそれほど直線的に起こるものではなく、先進工業地域の現状も理想とは程遠いものです）。
- 「**グローバル・サウス（南の開発途上国）**」は、世界でもっとも貧しい人たちの大多数が暮らすアフリカ、アジア、中南米の低・中所得地域を総称する言葉として使われます。
- 「**ピラミッドの底辺（BOP）**」は地球上における最大かつ最貧の社会経済集団を指します。30億人が都市部や農村地域で、1日2.5米ドル未満で暮らしています。
- 「**第3世界**」は冷戦時代に生まれた地政学的用語で、当時も今もインフラに乏しい地域を指す言葉ですが、開発関係の専門家はもうこの言葉を使っていません。

「貧困削減」とは何を意味するのですか？

21世紀の生活水準は向上しています。貧困の測定は非常に難しいものですが、何億もの人々が極貧状態から抜け出しつつあることは、誰もが認めるところでしょう。とはいえ、何億もの人々が今も非常に苦しい状況で暮らしている、というのもまた事実です。貧困層は常に存在し続けるという主張もあります。相対的に見れば、たしかにその通りです。どのような経済的分布図でも、底辺は必ず存在するからです。ですが、もっとも少ない資源で暮らしている層も、安価な解決策が利用できさえすれば、暮らしを向上させ、安定させるという発展を遂げることが可能なはずです。

1日1ドルや2ドルで暮らしている人たちとはかけ離れた富裕層は、「衛生的ではない環境に暮らす人たちが26億人いる」だの「30億人がいまだにたき火で料理をしている」だのといった統計にくらくらしてしまいます。数字が大きすぎて感覚が麻痺してしまい、罪悪感を覚えこそするものの、ただ無力に感じてしまうだけです。ですがこの本の大前提は、**人は誰でも、誰かが困難を切り抜けようと行動する手助けをできる**、という点にあります。どれほどささやかな努力でも、誰かに影響を与えることはできるのです。

この本は、低コストかつ効果の高い方法を紹介しています。貧しい人たちをそのままに放っておかないための方法の数々です。全般的にこれらのツールは時間や費用を節約したり、危険や貧困の罠（貧困を長期化させる行動）を排除したりする効果があります。端的に言えば、目標は貧困削減そのものではなく、次のような点に向けて活動することなのです。

- 病気を予防して飢えによる苦しみを取り除くこと。
- 不安定な状況を安定させ、貧しい人たちがきちんとした生活環境と衛生環境、安定した食事、教育を手に入れられるよう支援すること。
- チャンスを広げ、状況を改善できる道筋を与え、努力に対してより大きな成果が得られるようにすること。
- 世界の貧困層に対する酷使や搾取を撲滅すること。女性に対する暴力や、貧困に苦しむ人たちに対するあらゆる形の不当な扱いも含みます。

世界でもっとも貧しい人たち向けに考案された人道的技術は、**共創**（詳しくは用語集を参照してください）に重点を置いています。人は、物質的貧困だけで定義されるものではありません。物はなくても、目標を達成するために必要な資源や深い知識を持っているものです。ただ、チャンスがないだけです。**貧困とは物質的な欠乏だけでなく、チャンスの欠乏でもあるのです。**

この本では、先に述べたような目標をもっと早く、もっと効果的に達成できるよう手助けするツールにまつわる物語をお伝えしたいと思います。たとえば、シンシア・ケーニッヒが考案した「ウェ

口」という**水の運搬用タンク**《36》は、体への負担が少なく、従来の半分の時間で水を運ぶことができるものです。マット・リドレーは時間がもたらす効果について、次のように述べています。

> 「ある意味、これは時間を生み出す人類の物語だ。人類の進歩は、何かほかのことをする時間を増やすため、時間を節約する方法を工夫して生み出すことの繰り返しだった。繁栄とは、すなわち節約された時間なのだ」（マット・リドレー、『繁栄』［大田直子・鍛原多惠子・柴田裕之訳、早川書房、2010年］著者）

マイクロ保険《91》や**雨水バスケット**《35》といった洗練された問題解決策には胸が躍りますが、貧困から抜け出そうとする女性の発展を社会システム上の差別が妨げているという事実を認識することも重要です。女の子や女性に対する身の毛もよだつような暴力事件が、本書の制作中も起こりました。これらの事件はメディアで広く報道され、問題の深刻さを世界に知らしめています。性別にもとづく不平等について読者のみなさんにもっと幅広い視点を提供するため、この本には法的ツールも含めました。苦しみを軽減し、チャンスを増やし、生活環境を安定させるための健康に関するツールや技術的ツールと同じくらい、法的ツールもまた重要なものです。

どうして世界の女性たちに注目するべきなのですか？

女性は、開発の大きな推進力です。低所得層の女の子や女性に投資するのは、単に道義的な義務だからではありません。すぐれた貧困対策でもあるからです。これは、いわゆる「女の子効果」というものです。女の子が教育を受ければ、結婚や出産の時期が遅くなり、若い女性はより高い技能を要する仕事に就けるようになります。女性は家族のために収入を投資する傾向が男性よりも強いので、女性の収入が上がれば、開発が促進されるというわけです。

若く、貧しく、読み書きができない女の子は、早いうちに結婚を決められ、**意志に反して妻にされ**《95》、事実上の家政婦として夫の家庭に入らされる場合がしばしばです。そうした女の子は、結婚するとすぐに子どもを産みます。若すぎる妊娠はリスクが高く、生まれた子どもも資源が少ない中で育つため、貧困のサイクルから抜け出せないのです。

そうした状況と、女の子が学校に通い続けて知識や技術を身につけ、高い給料がもらえる仕事に就き、経済的に実家を助けられる状況とを比べてみてください。そのような女の子が結婚するのはもっと大人になってからで、その場合に持つ家族は少人数になるため、子どもひとりひとりに多く投資できるのです。貧困の悪循環の代わりに、そこには好循環が生まれます。政府間組織やNGO、人道活動家たちが、女の子の教育を促進しようと活動しています。そうすることで、世界を変えていくためのポジティブな道筋が生まれるからです。女の子の教育に投資することは、たとえば、アジアの好景気を後押しする効果があると一般的に考えられています。

マイクロクレジット（小口融資制度）《88》は、技能や識字能力のない人も含め、多くの女性が家庭外で収入を得る手助けをした取り組みの先駆けです。一般的に、女性の多くはそうして得た収入の大部分を家族の食事、住宅、医療、学費に充てるので、家族やコミュニティをも極貧状態から救い出すのです。

女性が収入を得ると、家庭内での夫と妻の力関係の不均衡が正され、意思決定の際に妻の発言力が強くなります。これは、家族全員にとっていいことです。情報が多いほうが、より良い判断ができるからです。多くの場合、家庭での意思決定の際は家事に無関心な夫の意見のほうが通ってしまうのですが、そうすると女性の時間を節約したり家族の健康を向上させたり、家庭の収入を増やしたりするツールに対する投資がおこなわれることがほとんどありません。教育、支援活動、口コミ、手本となる存在、これらのすべてが、日々の暮らしを向上させる変化を要求する勇気を女性たちに与えるのです。

各セクターの導入部分には、具体的な性別問題とそれを乗り越えるための戦略を記載しました。性別問題の解決は、すべての人にとっていいことなのです。

世界の貧困と気候変動、両方に同時に取り組むことはできますか？

この本は、女性という視点から貧困削減に注目しています。ですが同時に環境対策につながるものもあります。このアイコン L&G が記されたツールは、現地レベルでも世界レベルでも、環境効果があることを示しています。この環境効果はそのルールの本来の目的ではないものの、重要であることには違いありません。貧困が削減できるだけでなく、地球の健康も"同時に"改善できるのですから。環境を破壊しなくても生活水準を向上させることは可能なのです。先進工業国の非効率なエネルギーや衛生インフラを開発途上国で再現するのは現実的でもないし、望ましくもありません。

エネルギー貧困、つまり日常生活の中で利用可能な燃料や電気が極端に乏しい状況は、セクター3で紹介する再生可能エネルギーの分配を通じて部分的に改善することができます。環境の観点からは次のように考えられます。

- 貧困から脱出するために、必ずしも二酸化炭素を大量に排出しなければならないわけではありません。たとえば、たき火での調理から**調理用コンロ**《50》に交換したり、灯油ランプを**ソーラーライト**《27》に換えたりするだけで、二酸化炭素排出量を減らしつつ、生活の質を向上させることができます。たった1枚のソーラーパネルでいくつもの照明、携帯電話の充電器、ラジオ、テレビ、またはタブレット型コンピューターの電力をまかなうことが可能です。これは、極貧状態から抜け出すための大きなステップと言えます。
- 環境問題に対する意識が高い人は、環境面での持続可能性と貧困削減を組み合わせた、とてもお得なセットを作って支援をおこなうことができます。このような一挙両得の取り組みについても、この本ではいくつもの実例が紹介されています。

この本で紹介するツールの多くは富裕国でも活用が可能で、無駄な資源消費をダイエットさせることができます。

省エネ型のデザインやツール、習慣は、エネルギー資源が乏しい顧客にとって価値のあるものです。それなら、エネルギー資源が豊富な地域でも利用を促進してはいかがでしょう？

- セクター5では、低炭素エネルギーを使った調理方法を紹介しています。太陽光を活用した調理器具や保温技術は、どこでも使うことができます。調理をする際に必要以上のエネルギーを使う必要は、誰にだってないのではないでしょうか？
- **ペットボトルのソーラーライト**《76》なら一切エネルギーを消費せずに部屋を明るくできるのに、一日中電気をつけておく必要があるでしょうか？
- **抱っこ式赤ちゃん保温器**《3》は、保育器のほんの1％の電力で低出生体重児や未熟児の命を救うことができます。そのうえ、赤ちゃんは1人だけで隔離されるのではなく、抱っこされた状態でいられます。この方法を、今のハイテクな医療制度の中に取りこむことはできないでしょうか？
- 充電可能な電池で動く補聴器、**ソーラー・イヤー**《14》は、補聴器の電池にかかる出費を大幅に削減できるだけでなく、使い捨て電池の製造や廃棄にかかる資源の節約にも貢献します。これを富裕国市場で売ったらどうでしょうか？
- **衛生環境を改善して排泄物を回収し、バイオ燃料を作り出す取り組み**《33、45、46》は、飲むこともできる水を使って排泄物を流し、処理し、廃棄するよりも賢い選択肢です。水洗方式では排泄物から資源を取り出す代わりに、消費してしまいます。工業化社会でも、環境にやさしい衛生技術を活用するべきではないでしょうか。

貧困削減と気候変動の緩和に真剣に取り組むのなら、環境にやさしい農業をしている小規模農家に報奨金を支払うのもひとつの方法かもしれません。これは、排出される二酸化炭素を別の場所での農業や森林保護などの活動で吸収しようという「カーボンオフセット」を背景とした考え方ですが、やる気と資金の足並みがそろえば、できることはもっとたくさんあるはずです。セクター6の自給自足農業では、小規模農家の生産性を向上させつつ、**森林農業**《69》によって地球上の二酸化炭素を吸収する可能性が模索されています。もみがらをいぶして炭化させ、実質的には炭素を隔離させて作る**バイオ炭**《57》は、土壌改良に効果があります。改良型調理コンロは森林への負担を軽くし、二酸化炭素吸収源としての働きを取り戻させます。貧困削減のツールが持つ環境改善効果について考えることで、世界全体の問題を解決するチャンスが広がるのです。

この本で紹介しているツールは、世界でもっとも貧困に苦しむ女性の暮らしを改善することを目的としていますが、環境にやさしいうえに便利なツールや習慣の恩恵を受けられる人たちはほかにもいます。たとえば環境的に持続可能なライフスタイルを追求する人、自分でできる解決策を探している低所得層の人、入植者などで送電線網を利用しておらず、電力を自給して自己完結型の排泄物処理システムを使っている人、生活の基本物資を必要としているアウトドア派、持続型農業の愛好家などです。

快適な暮らしを楽しむのは簡単です。**ペットボトルれんが**《74》を使って作った**キーホール・ガーデン（鍵穴型菜園）**《65》で自分の食べる野菜を育て、**尿肥料**《62》を使えば自給自足ができます。**ソーラーパネル**《26》で電力を供給し、日中の光は**ペットボトルライト**で集められます《76》。**雨水は集めて**《35》、**ソルヴァッテン**《41》で温めます。**ジラドーラ**《56》をこいで洗濯をすれば、運動にもなります。洗濯排水は、そのままキーホール・ガーデンのコンポストに投入しましょう。料理は**ソーラークッカー**《51》か**パラボラ型ソーラークッカー**《52》で作り、**ワンダーバッグ**《53》で保温調理します。家畜の鶏の肉《71》や**ハチミツ**《70》だって手に入ります。夜になったら、**チョトゥクール**《55》で冷やした飲み物を楽しみましょう。

個人レベルや家庭レベルでのこうした努力が積み重なれば、生活の質を犠牲にすることなく二酸化炭素の排出量を減らすことができます。これを実現するすばらしいアイデアの数々を、世界中の人たちが生み出しているのです。

人道的技術のデザインの基本とは何ですか？

資源が乏しい環境で役立つ製品をデザインする方法を教える人道的技術指導プログラムは、この10年で急増しています。スタンフォード大学の有名な「究極の使いやすさを目指すデザイン」という2学期制の講座はさまざまな学科の学生たちが受講し、革新的な製品の生まれる場となってきました。この本で取り上げている**抱っこ式赤ちゃん保温器**《3》もそのひとつです。マサチューセッツ工科大学（MIT）のDラボも、**ジンバ飲料水塩素消毒器**《37》や**バイオ炭燃料**《33》など、数多くのツールを生んできました。ほかにも多くの大学が講座やワークショップを提供していて、中には実際の環境で製品を試すための現地調査をおこなうところもあります。

基本となる考え方は「革新を生み出し、そのあとは改善、改善、改善」——利用者の声を反映させるために試作品を改良し、製品化したあとでも常に改良し続けるということです。一番基本的なルールは、製品が実用可能で、安価であることです。人道的技術開発者は、可能な限りもっともシンプルな解決策を生み出すことに全力を尽くすのです。

デザインは、シンプルでなければなりません。余計なものはすべて削り、厳しい環境にも耐えるほど頑丈で、手動、もしくはエネルギー効率が非常に良い造りにする必要があります。部品は少なければ少ないほど、成功の可能性が高まります。誰も修理する人がいないところで壊れてしまい、交換部品が手に入れられなければ失敗です。**ソルヴァッテンの浄水装置**《41》に必要な交換部品はたったひとつ、フィルターだけです。フィルターがなければ、古いサリーの切れ端を重ねて代用することも可能です。**1ドル眼鏡**《15》はレンズとワイヤーのフレームだけで、電動の道具を使わずにその場で作ることができます。

最高のデザインは、最終利用者（エンドユーザー）と一緒に作り出したものです。使う人からの意見を取り入れずに作られ、ただで寄付されるような製品はねらい通りの成果を上げないという認識が、今は高まっています。現地で実際に製品を使う人たちと一緒に作ることで、設計者は製品の機能や文化的背景を考慮し、そのデザインがより受け入れられやすくなるよう改良することができます。グリーンウェイ・グラミンの**改良型コンロ**《50》の開発者たちは、初期段階から最終利用者に対して徹底的なインタビューをおこないました。その結果、コンロは大人気になったのです。

ポッターズ・フォー・ピースの**陶器製ろ過器**《42》のように現地の材料で作ると、製品は長期的にはもっとも持続可能性が高くなります。現地の人々の知識や能力を高め、暮らしを改善するというおまけもついてきます。

見た目も大切です。**「ラッキー・アイアン・フィッシュ™」**《54》は、

鉄分不足を解決する方法として実証されています。これは調理中にお鍋にぽんと入れる鉄の塊ですが、現地では最初、あまり受けがよくありませんでした。そこで現地で幸運のシンボルであるかわいい魚の形にすると売り上げが倍増し、一気に受け入れられるようになりました。

ソーシャルビジネスとは何ですか？

便利な製品を低所得層に届けることは、これまでも大きな注目を集めてきました。無料で配るより、安い値段で人々が購入できたほうが、一般的にはより早く、より広い範囲に普及します。当然のことですが、営利組織は、製品開発と宣伝においては非営利組織よりも多くの資金源を持っているのです。企業間の競争も、価格を引き下げて製品を改良する原動力となります。

C・K・プラハラードの2005年の著書『ネクスト・マーケット──「貧困層」を「顧客」に変える次世代ビジネス戦略』（スカイライト・コンサルティング訳、英治出版、増補改訂版2010年）は、低所得層を顧客層に変えることに成功した企業を取り上げ、ビジネスの手法で強く求められている製品を届ける事例を紹介しています。この本は、開発途上国で携帯電話が大ヒットする以前に書かれたものです。いまや自宅にトイレがある人よりも携帯電話を持っている人のほうが多いという驚異的な普及率は、低所得層の消費者がどんなものを買いたがるのか、そして買うことができるのかという考え方をひっくり返しました。

ビジネスと社会的利益を融合させる社会起業家はどんどん増えて、影響力も大きくなってきています。理想に燃える起業家たちはソーシャルビジネスを立ち上げ、善いことをしてビジネスを成功させようと努力しています。完全に利益目的のベンチャービジネスと同様、ソーシャルビジネスも純利益と消費者のニーズや行動に注目していますが、それに加えて、消費者の暮らしを改善することにも注力しています。そのため、多くのソーシャルビジネスは環境的に持続可能な目標も設定しているのです。中には人、利益、地球という3つの目標を設定して奮闘している企業もあります。

ソーシャルビジネスの中にはハイブリッド型の組織もあります。これは、収益を稼ぐ営利事業と寄付でまかなう非営利事業の両方を持っている組織です。その例が、グアテマラの太陽光発電会社**キンゴ**《29》です。

デザインの過程で、人道的技術開発者はマーケティング上の課題について考える必要があります。自分たちの提供する新しい解決策が信頼でき、安価で購入でき、魅力的であるようにしなければなりません。

解決策を広めるうえでどんな課題がありますか？

解決策を広めるうえで、ソーシャルビジネスの拡大は希望が持てる傾向です。とはいっても、それ自体がすべての問題を解決するわけではありません。とりわけ、この本のセクター1と2にあたる保健・医療関連の活動になると、あまり全体的に普及が進まず、うまく管理されていないことがしばしばです。

低所得世帯は、診療所や病院に行っても薬を買うだけのお金がないことがよくあります。多くの公衆衛生サービスは資金や人材や物資が不足しています。この本で紹介している下痢対策の**経口補水療法**《11》、マラリア対策の**アルテミシニン治療**《9》、分娩後出血対策の**ミソプロストール**《22》のように安価な（あるいは自治体によっては無料の）薬が手に入るはずなのに、子どもだけでなく大人までもが予防可能な病気で命を落とす原因のひとつが、ここにあります。

NGOや国際協力機関は医療サービスを向上させるために休みなく働いていますが、医療そのものの質と利用しやすさを改善する強い決意が国内になければ、十分な医療を提供することは不可能です。

こうした事実は、私の息子夫婦の友人であるアリ・ジョンソン博士とジェシカ・ベッカーマン博士の2人がNGOトスタンとパートナーズ・イン・ヘルス、そしてマリ共和国保健省との協力で創設した「プロジェクト・ムソ」の進捗を知る過程で明らかになりました。このプロジェクトは極貧地域での予防可能な死を排除することに注力するもので、マリのイリマッジョという場所に拠点を置いています。マリは乳幼児の死亡率が世界最悪である国のひとつで、ジョンソン博士は世界の健康格差という課題に大いに注目しています。

> 「世界でもっとも貧しい地域での活動は、40年ぶん遅れています。そして、毎年何百万人もの命を救うかもしれないツールが力を発揮できるかどうかは、効果的で公正な供給システムを確立できるかどうかにかかっています」（アリ・ジョンソン博士）

プロジェクト・ムソは民族学（エスノグラフィー）の視点から調査を開始し、マラリアの治療について母親たちにインタビューをおこないました。現在のマリでは薬が無料で手に入りますが、治療のためには病院へ行き、1.5ドルを支払う必要があります。その金額は、家族の1日ぶんの収入に相当する額です。

> 「母親たちは、子どもの命を救ってくれるマラリア予防薬を入手していませんでした。無知だからではなく、我が子を生かそうと毎日必死に努力して考え抜いた結果、お金がない、距離が遠い、インフラが整っていないといった壁に阻まれ、薬や治療を手に入れることはできないという痛ましい結論に至ったからです。
>
> マリでどうしてこれほど多くの子どもたちが治療可能なマラリア、肺炎、下痢などの病気で亡くなるのかを調査していくと、一番の課題は流通であることが判明しました。たとえば、あなたがコンピューターを買ったとしましょう。お気に入りのソフトをインストールして、電源ボタンを押したのに、何も起きません。そこであなたは、オペレーティング・システムがちゃんとインストールされていなかったことに気づきます。それと同じように、命を救うテクノロジーも、流通システムが確立されていなければ無駄だということに私たちは気づいたのです。便利なツールも、母親たちがそれを入手でき、使うべきときに使えるようにするシステムに組み入れられていなければ機能しません」（アリ・ジョンソン博士、著者とのメールより）

乳幼児の死亡率を低下させようというプロジェクト・ムソの活動──現地の保健師と協力し、病気の子どもたちを連れてくるよう現地の人たちに依頼し、収入創出プロジェクトを取り入れる取り組み──のおかげで、子どもの死亡率は大幅に減少しました。

ケニアのキベラ女学校での卒業式。@ Candace Hope, Transit Authority Figures

プロジェクトの活動と成果の概要を示した報告は、PlosOne.org に掲載されています。

サプライチェーン〔製品の原料の仕入れから販売までの全体的な流れ〕の問題は、ビジネスをする側にとっても悩みの種です。最高の製品を、どうやって遠い場所に届ければいいでしょう？ 薬の供給に関して言えば、ひとつ希望が持てる取り組みは**マイクロフランチャイズ**の訪問販売員《92》です。このシステムでは、販売員は商品として薬を販売します。マイクロフランチャイズは商用のサプライチェーンと結びついているため、販売員は多くの場合、診療所や病院よりも常備薬の在庫が充実しています。簡単な研修を受け、現場での経験を積み重ね、顧客と1対1の関係を構築することができれば、彼らは基本的な医療情報やツールを最終利用者に届ける効果的な供給者となります。そして、そう、往診の代わりだってできるのです！

もっと効果を上げるため、ツールをどう組み合わせればいいのでしょう？

1種類のツールよりも複数のほうがいいだろうと思うのはあたりまえですね。この本で紹介する100のツールは必然的にセットで使い、効果を倍増させることができます。たとえば次のような例があります。

◎ **改良型コンロ**《50》に合わせた形の**固形燃料**《32、33》を使う。
◎ **雨水バスケット**《35》を使って、**ドリップ灌漑（かんがい）**《64》〔管を使って土に少しずつ水を与える農業技術〕のための水を集める。
◎ 地方によっては、**出生登録**《94》と**ワクチン接種**《4》を組み合わせる。
◎ 学校で**給食**《8》を提供し、生徒たちが健康に育つために必要なカロリーを与える。また、**微量栄養素〔健康維持に必要なビタミンやミネラル〕**の補助食品《7》や**駆虫薬**《10》を配布する。
◎ **栄養豊富なサツマイモのつる**《59》を**妊婦健診**《19》に来た際のプレミアムとして配布する。これで妊婦だけでなく子どもたちや父親の健康状態も大幅に改善することができます。

非営利組織は、さまざまなセクターの習慣やツールを組み合わせたサービスを提供することができます。それを実行している2つの組織を紹介しましょう。ひとつは都市部のスラムで、もうひとつは地方の自給自足農家を対象に活動している組織です。

元気いっぱいのケネディ・オデデとジェシカ・ポスナーが代表を務めるケニアのキベラにあるシャイニング・ホープ・フォー・コミュニティーズ（SHOFCO）は、アフリカ最大のスラム「キベラ」に多機能なオアシスと拠点を作ろうと、さまざまな方面から同時進行で活動を進めている組織です。創設時の役員の1人として、私は彼らの活動を間近で観察してきました。キベラは、人々が自分のものではない土地に住居を建てて住みついた、いわゆるインフォーマル居住区です。このため、位置的にはケニアの首都ナイロビに隣接していますが、その一部ではありません。SHOFCOは分野の枠にとらわれないコミュニティ開発モデルを先駆けて採用し、水道や電気、下水道などの基本インフラがまったく存在しないキベラで活動しています。

SHOFCOの主な活動は、**低所得世帯の優秀な女の子に質の高い教育を無償で提供する**キベラ女学校《81》と、**HIV／エイズ患者のために医療全般と抗レトロウイルス薬を提供する**診療所《13》の運営です。診療所では**家族計画サービス**《18》や**子宮頸（けい）がん健診**《17》も実施しており、地域でもっとも生命の危険にさらされている子どもたちに与えられるよう、すぐに食べられる**栄養補助食品**《12》の在庫も備えています。学校ではおやつや給食《8》を提供し、**歯みがき**《6》指導をします。SHOFCOは

地域住民のために**マイクロファイナンスのプログラム**《88》を展開していて、**貯金サークル**《89》も運営しています。毎日営業しているネットカフェでは、**コンピューター**の授業を提供しています《86》。環境にやさしい衛生施設のバイオセンターは毎日300人の利用があり、学校給食はエコトイレの**堆肥装置**《31》で作られた煙の出ない安全なガスを使って調理されます。最近は図書館の照明用に、屋上に**ソーラーパネル**《26》を設置したばかりです。**生理用ナプキン**《47》も、必要に応じて配布されています。

SHOFCOは近隣で改良型の**トイレ**を設置するための資金を獲得し《46》、ナイロビから水道管が引けるようにし、学校の敷地に立つ給水塔から家庭に殺菌処理済みのきれいな水が運ばれるようにしました。これはものすごいことです！

SHOFCOは、幼い女の子に対する性的暴力の対策指導もおこなっています。残念ながら、これはキベラでは日常的に起こっている犯罪なのです。**警察にもっと責任を負わせ、親が近所のパトロールを組織する活動を支援し、暴行犯が判明しているのに罪に問われない場合には抗議をおこなう**《96》などの活動により、女性と女の子の安全性は向上しました。

キベラ女学校の生徒たちは世界的に見ても優秀な成績を取っています。これはどこの学校が達成したとしても並外れていますが、グローバル・サウスに位置するスラムで社会経済学的には最底辺に位置する女の子ばかりで構成された学校としては、もっとすごいことです。

彼女たちはどうしてこれほどの成績が上げられるのでしょう？さまざまな活動がもたらした成果を、ひとつひとつ切り離して考えることはできません。少人数の教室と、洗練された双方向型のカリキュラムはたしかに重要でしょう。ですが栄養豊富な食事、清潔な水、衛生設備、性犯罪からの保護、女性と女の子を大切にする意識の向上、感染者には抗レトロウイルス薬の支給、家族計画サービス、貧困に苦しむ女性のためのマイクロファイナンス事業。こうした活動のすべてが生徒の成功、地域の健康、そして貧困の削減に貢献しているのです。そして、カリスマ性の高いリーダーシップも。SHOFCOのリーダーたちは、この多分野モデルをキベラ以外の場所でも実施したいと考えています。

この成功をほかの地域でも再現すること、そしてそのための資金を獲得することが、次の大きな課題となるでしょう。

アフリカの農村地域で活動するワン・エーカー・ファンドは総合的なアプローチをとっていて、30万を超える小規模農家を支援しています。ワン・エーカー・ファンドは自ら運営する**小口融資インフラ**《88》を活用して、主に良質な種や肥料を提供しています。返済プランは柔軟で、作物による収入が得られる時期に合わせて設定されます。ワン・エーカーが提供するサービスのひとつが、作物の**マイクロ保険**《91》なのです。ほかには**植林用の樹木の種**《69》、積極的な農家がサービスとして販売することのできる携帯電話充電機能つきの**太陽電池ランプ**《27》、**作物保管用の3重の袋**《67》などがあります。参加する農家は、より良い農業手法や販売戦略についての広範な教育と研修を受けることができます。

ワン・エーカー・ファンドは医療サービスを直接提供しているわけではありませんが、農家が暮らすコミュニティで**家族計画サービス**《18》を強化しようと努力しています。ワン・エーカーはその総合的なサービスが農家の貧困脱出に役立っているかどうか、さまざまな指標を見て分析しています。収量の増加や収入の向上、返済能力の向上などは、まさに期待されている結果です。

私に何ができるでしょうか？

この本は、インスピレーションを与えてくれる解決策をただ伝えるだけのものではありません。それぞれの項目にはあなた、つまり読者のみなさんが参加できる方法を提案しています。非営利組織は、もちろん寄付を歓迎しています。また、支援者が自ら運動を起こせるよう、独創的な資金集めの方法のアイデアをホームページで紹介している組織もあります。

それぞれの提案は**フェアトレード商品**《93》を買ったり**植林**《69》のための寄付をしたりといった、ほんの数分でできるような簡単な活動もあれば、新しく組織を立ち上げたり社会事業を始めたりといった、まったく新しい仕事をスタートさせるものまでさまざまです。学生向けインターンシップの情報も紹介されていますし、自分の地元や開発途上国の現場で活動できる無償のボランティアを募集している取り組みもあります。

専門技能を持っている人向けのボランティア活動のリストを、100の項目の中から抽出して「おわりに」に記載しました。たとえば、旅客機の客室乗務員が搭乗客に目を光らせることで、**性目的の人身売買**《97》の阻止にもつながることはご存じでしたか？

旅行関連の活動もあります。たとえば、家族旅行でグアテマラに**ペットボトルれんがの学校**《74》を建てる手伝いをしに行くのはいかがでしょう？ 旅行関連の活動も「おわりに」にまとめました。

読者のみなさんは、それぞれの団体のフェイスブックページで「いいね！」を押せば直接つながって、活動の進捗について知ることができるようになります。ツイッターのハンドルネームも記載していますので、アイデアを伝えたり質問をしたりするのも簡単です。あなたが興味を覚えた組織が具体的なボランティア活動の募集をおこなっていなくても、ツイッターやフェイスブック経由で連絡をして「私にできることはありますか？」と聞けば、とても喜ばれますよ。

活動への参加や取り組みの機会についての情報はwww.100under100.org に掲載して更新していきます。あなたの活動についての報告を共有して、写真も送ってください。あなたがおこなっている取り組みで新規のボランティア募集やほしいもののリストがある場合も、ぜひ共有してください。

本書のガイド

どんな基準でツールを選んでいますか？

この本での「ツール」の定義は広く、医療関連の活動や金融関連のツール、法的なものまで含みます。どうしてそのツールをこの本に掲載することにしたか、選定基準の説明をしておきましょう。

◎ 再現可能 ── 多くの取り組みはほかの地域でも応用できるすぐれた候補です。そのような可能性を持つ取り組みは注目されます。

◎ 最終利用者の目線 ── 最終利用者の目線で考案されたツールはわかりやすく、使いやすくなっています。

◎ 実証済み ── 期待が持てそうなものの実績がないツールは本文内で言及することはありますが、項目としては取り上げていません。

なぜ100ドルなのですか？

上記の条件に加えて1人あたりのコストが100ドル（約1万円）以下という上限を設けました。これは、小さな金額でも貧困削減に大きな影響を与えられるという事実をわかりやすく示すために設定したものです。この本では、女性が極貧状態から抜け出せる100通り（実際にはもっとたくさん！）の方法を紹介していますが、最終利用者である彼女たちにとって、100ドルが想像もできないほどの大金だということは覚えておいてください。ほとんどのツールはそれよりずっと安価で、長期的には元が取れるようになっています。

価格は水を日光消毒する **SODIS**《39》や**尿肥料**《62》のように無料のものから、100ドルよりはちょっと高いけれど、協同組合で共有できるために利用者1人あたりのコストが100ドルを大きく下回るものまでさまざまです。

識字能力《81》のようなツールは、コストを正確に計算することはできません。ツールによっては、**漁網**《73》のように価格が原材料費を指すものもあります。あるいは、製品の販売価格という場合もあります。最終利用者がすぐに支払える額を超える価格の製品は、たいてい分割払いプランがついていたり、返済期限が延長できたりします。

順番はどのように決めていますか？

セクターごとに分けるというこの分類法は、いくつかのツールが重複することもあって少しややこしくなっています。たとえば、**ペットボトルのソーラーライト**《76》はどこに分類されるのでしょう？ ライトはセクター3の「エネルギー」に入りますが、日中に太陽光を使って照明の働きをする作りつけのライトはエネルギーを一切使わないので、セクター7の「建設」に入れています。

ちなみに、ジェンダーという観点から、女性が仕事で使うツールに注目した「家事を支えるテクノロジー」というセクターを追加しました。これは開発援助業界に公式には存在しない分類です。このセクターで最初に登場する**改良型コンロ**《50》は通常はそれだけで単独のセクターとして扱われ、クリーンエネルギーと重複します。ですが女性の視点から考えて、調理器具や洗濯といった項目にもっと真剣に目を向けるべきだと判断しました。

ニカラグアのサン・パブロ近くの村に住む赤ちゃんにワクチン接種をするため、フスティーナ・ムニョス・ゴンサレスは馬で往診しています。© Adrian Brooks, 転載許可 Photoshare

項目の特徴や記号について：凡例

チェックリスト
一目でわかるように、以下の記号を使っています。
◎ はプラスとなる点を表します。
✕ は現状の問題点を表します。
● はどちらでもない点を表します。現状の問題点と区別するために、ツールの課題はこれを使っています。

課題
あるツールがいかに役立つものであっても、マイナス情報の公開をためらうのは自然なことです。ですが、成功を妨げる障壁について理解するのは重要です。デザインや流通の問題点をもっと知ることが、性能を向上させるためには欠かせないのです。課題を述べるのは追加情報のためであって、批判するためではありません。

補足情報アイコン

健康効果 —— 驚くほどたくさんのツールや習慣に、健康効果があります。たとえば、煙による屋内の空気汚染が軽減されれば、それは健康改善につながります（このアイコンは、そのツールの健康効果に具体的に触れていなくても表示されることがあります）。

DIY —— 現地で簡単に手に入る材料で作れるものです。

飛躍的技術 —— それまでの技術をカエルのようにぴょんと跳び越し、最先端の製品へとジャンプしてしまったもの。**ソーラーライト**《27》や**携帯電話**《84》などがあてはまります。

現地レベル・世界レベルの環境効果 —— 本来の目的とは別に、環境効果が生まれるツールや習慣です。環境にやさしいエコスマート技術について詳しくは、「イントロダクション」を参照してください。

グローバル・サウスからグローバル・ノースへ —— 暮らしをよくする解決策は通常、地球の北半球に多い先進国（グローバル・ノース）から、南半球に多い開発途上地域（グローバル・サウス）へと伝わりますが、このアイコンがついた技術はその逆の方向で広まった技術です。この現象について詳しくは、**ペットボトルのソーラーライト**《76》の項目を参照してください。

テクノロジー・エクスチェンジ・ラボ（TEL） —— www.technologyexchangelab.org の人道的技術データベースに掲載されている項目です。TEL は開発者やメーカー、推薦者が提供した情報を管理し、正確性や妥当性を確認します。TEL のデータベースに掲載されていても、TEL がその製品や手法を推奨しているという意味ではありません。

EDU 教師や生徒向けに、授業で使えるアイデアです。

YOU 読者が実行できるアイデアです。

太字
本文中で太字になっているのは、項目として取り上げているツールや取り組みです。巻末の索引で最初に出てくる用語は太字になっています。

URL
項目として取り上げている取り組みのウェブサイトの URL は、ページの最後に記載しています。メールアドレスやフェイスブックのページはそれぞれのウェブサイトで確認してください。

出典
直接の情報源は本文中に記載しています。一般的な、著作権等がない情報を使う際は「検索テスト」を実施しました。その情報や一般的な数字を検索ウインドウに打ちこんで、複数のサイトですぐにヒットするようなら、特定の出典は記載していません。

特記したプロフィール
ほとんどのデザインは共同作業で生まれたものですが、中にはずば抜けて優秀な革新者が考案したものもあります。そうしたデザインを生み出すのは、独創的で驚くような解決策を思いつき、休むことなくその実践に取り組んでいる、私たちに強い刺激を与えてくれる人たちです。特に STEM（科学、技術、工学、数学）の分野において女性は不当なほどに少ないため、考案者が女性であれば文章中で取り上げて、彼女たちを模範として紹介し、敬意を表しました（すばらしい解決策を生み出してくれた男性たちにも敬意を表します。彼らも、もちろん紹介されています）。

© Joey DeLeon

sector 1

保健

保健への投資は開発の土台を築くものです。健康状態が改善すれば、通常は家庭の収入も向上するからです。病気でいる期間が短く、治療に費やすお金が少なければ、そのぶん仕事や勉強をする機会が増えるというわけです。収入が増えればもっと栄養のある食事がとれ、教育が受けられるようになり、さらに健康状態が改善していきます。基本的に、保健にお金をかけることは個人や家族、コミュニティ、国の経済にとって役立つことなのです。

　ここで紹介する15の保健関連ツールは、コストと流通という大きな壁を低くし、資源が乏しい環境で専門教育を受けた医療関係者も不足しがちな問題を乗り越えられる可能性を秘めています。昔からある、よく知られた活動を最先端の技術や起業家の戦略と組み合わせれば、これらのツールはより効果的になるでしょう。たとえば、以下のような形で使われています。

◎ **駆虫薬**《10》は不十分な医療制度を補うため、学校で配布されています。
◎ **コーラライフ**《11》は効果があるのに十分に使われていなかった経口補水療法の道具一式をきれいなパッケージで包装し、在庫不足と資金不足に苦しむ診療所ではなく営利目的の売店で販売することで、すばらしい普及効果を上げました。
◎ 安価な**眼鏡**の考案《15》は、その利点を伝える意識向上キャンペーンと現地販売のアプローチを組み合わせることで、低所得層の顧客でも手の届く価格で視力を矯正する強力な社会事業を生み出しました。

　保健関連のツールは、すべての条件が同じであれば、男女格差がありません。とはいえ、すべての条件が同じということはありません。セクター2では、具体的に女の子と女性の健康に注目しています。

✕ 女の子は生まれたその瞬間から、男の子ほど医療を受けられる機会が多くありません。生まれる前でも、女児のほうが（違法に）中絶される場合も多いのです。栄養失調はさまざまな健康障害の元凶ですが、多くの家庭が食べ物も含め、娘には息子よりも物を少なく与えているのが現状です。学校に通わせてもらえない女の子は教育の機会を奪われるだけでなく、学校にある保健室などのサービスを利用する機会も奪われます。
✕ 女性は、病気の家族の看病という負担を強いられます。祖母、母親、娘、嫁、姉妹、その他女性の親戚が親や伴侶、兄弟、子どもたちの世話をするのです。この仕事は無給であるうえに大変な労働で、女性自身の健康状態が悪ければいっそうつらいものです。
✕ 女性は、病人の世話を一番しているのにもかかわらず、病人を病院へ連れて行くかどうかなどの健康に関する判断が家庭内でおこなわれる際、発言力がほとんどありません。
✕ 妊娠中の健康不良は、胎児に悪影響を与えます。栄養不足の母親は妊娠中に問題が生じるリスクが高く、その影響は母親自身だけでなく生まれてくる赤ちゃんにもおよびます。もし症状が悪化して母親が命を落とすことになれば、上の子どもたちの生活にも大きく影響します。母体の健康に投資することで、男女問わず、すべての子どもの健康も改善できるのです。

　健康は、保健関連の活動だけで向上するものではありません。「健康効果」のアイコン **H** は、この本で紹介している項目の中でも思いもよらないところで現れます。100項目の4分の1近くが明確に健康に関連する内容ですが、ほかの活動も、本来の目的に加えて大きな健康効果をもたらします。

◎ **ソーラーライト**《27》や**改良型コンロ**《50》は煙を吸いこむことにより生じる呼吸器系の病気を減らし、やけどのリスクも低減します。
◎ 水を抱えて運ぶのではなく転がして運んだり、人間工学的によりすぐれたデザインのパックH2Oを使ったりすることで、女の子や女性の体への負担が減らせます《36》。**自転車**《78》や**手押し車**《79》も、同様の二次的な健康効果が期待できます。
◎ 栄養が豊富な野菜を何種類か組み合わせて作る混植をすれば、微量栄養素を補えます《60》。
◎ **携帯電話**（と識字能力）があれば、健康上の注意をメールで送ることができます《84》。
◎ **出生証明書**があれば、政府の医療制度が利用できるようになります《94》。

　もっと健康で、もっと生き生きとした人生への道筋は、無数にあるのです！

GENERAL HEALTH

1. 母乳育児
母乳育児は世界的に推進されています。なぜなら、母乳に含まれる栄養素が免疫機能を高めるために理想的であり、資源が乏しい環境においては人工ミルクを使うことは命にかかわるリスクもあるからです。

2. カンガルーケア
カンガルーケア、つまり赤ちゃんを直接胸に抱く方法は、未熟児や低体重児の生存率を高めます。

3. 抱っこ式赤ちゃん保温器
抱っこ式赤ちゃん保温器は、保育器にかかるコストのわずか1%の費用で未熟児や低体重児の低体温症を防ぐことができます。

4. ワクチン配布
ワクチンの流通システムが脆弱なため、世界中の貧しい子どもたちが予防可能な病気で今も命を落としています。ワクチン接種率を高めようという連携の取れた世界的努力がおこなわれれば、多くの命が救えます。

5. へその緒処置
へその緒を切った痕にたった25セントのクロルヘキシジン（CHX）クリームを塗るだけで、赤ちゃんの命を救うことができます。

6. 歯みがき
歯みがきをするだけで、ジャンクフードや砂糖の入った飲み物が原因で起こる子どもの虫歯の蔓延を軽減することができます。

7. 栄養強化
主食に必須微量栄養素を加えるのはお金のかからない対処法で、微量栄養素の不足によって引き起こされる視力障害や知能発育不全、妊産婦死亡を防ぐことができます。

8. 学校給食
無料の学校給食は生徒の出席率を向上させ、成績も上がります。これは、親が女の子を学校に通わせる動機にもなることが実証されています。

9. マラリアの予防と治療
殺虫剤処理済みの蚊帳でマラリアを予防できます。安価で簡単な診断と治療法もあります。

10. 駆虫薬
低資源地域の子どもたちの大多数が、寄生虫に苦しめられています。駆虫薬は1人あたり50セントで子どもの健康を改善し、学校の出席率を高めることができます。

11. 経口補水塩＋コーラライフ
栄養失調の患者は下痢から脱水症状を起こしてそれが死に至る場合もありますが、経口補水塩はそれを防いで何百万人もの命を救ってきました。

12. プランピーナッツ™ ——すぐに食べられる治療食
ピーナッツをベースにしたRUTF（すぐに食べられる治療食）は激しい栄養失調に苦しむ子どもの治療に革命を起こし、昔よりもはるかに多くの命を救うことができています。

13. 抗レトロウイルス薬 ——HIV／エイズ患者の寿命を延ばす
抗レトロウイルス薬はHIV陽性患者の寿命を延ばすことができますが、この薬を必要としている人たちの3分の2がそれを手に入れることができていません。

14. ソーラー・イヤー——充電可能な電池を使う、安価な補聴器
世界中に3億6000万人いる聴覚障害者の90%が、安価で太陽光による充電が可能なソーラー・イヤーのような補聴器を利用できずにいます。

15. 視力矯正
世界中で何億人もの大人や子どもが、識字能力と生産性を大幅に高めることのできる安価な眼鏡を手に入れることができていません。

idea 1

母乳育児

母乳育児は世界的に推進されています。なぜなら、母乳に含まれる栄養素が免疫機能を高めるために理想的であり、資源が乏しい環境においては人工ミルクを使うことは命にかかわるリスクもあるからです。

ペルーのクスコでカウンセリングをおこなう看護師。© Carmen Pfuyo Cahuantico/ WABA

　乳児の生存率を大幅に、しかも無料で高められるのはどんな方法でしょうか？　ときには、解決策は目の前にあるものです。母乳育児もそのひとつです。準備もいらず、365日いつでも使える方法で、以下のような利点があります。
◎ 理想的な乳児食です。
◎ 生後1時間以内に育児が始まるような状況の場合には特に、生まれたばかりの小さな赤ちゃんを温めます。
◎ 乳児の主要死因である下痢と肺炎に抵抗する抗体を与えてくれます。
◎ 母子の絆を強め、赤ちゃんに安心感を与えます。
◎ 天然の避妊薬——母乳だけで育児をおこなっている母体の98%で、排卵が抑制されるのです。

> 「母乳育児ほど赤ちゃんとお母さんに大きな影響を与え、政府にとってコストがかからない保健施策はありません。母乳は赤ちゃんにとって『生まれて初めての予防接種』であり、なによりも効果的かつ安価な救命手段なのです」
> （UNICEF事務局次長ジータ・ラオ・グプタ）

　生後6カ月間を母乳のみで育てることで、毎年何十万人もの赤ちゃんの命が救われるかもしれません。医療現場や政府、大勢の「母乳育児支持者」たちが推奨しているにもかかわらず、世界の母乳育児率はせいぜい40%程度にとどまっています。
　母乳育児に何があったのでしょう？　粉ミルクが登場したのは、20世紀初頭です。そこから、哺乳瓶を使った授乳が世界中に広まりました。その利便性は大々的に宣伝され、哺乳瓶は誰もがあこがれる流行の育児方法になりました。粉ミルクは母乳育児の利点をすべてカバーすることはできませんが、安全な水が手に入る資源が豊富な地域であれば、まったく問題はありません。
　ですが粉ミルクは低所得国で積極的に販売され、資源が乏しい環境で使用することのリスクについては一切触れられることなく、事実とは異なるメリットばかりが前面に押し出されていました。清潔ではない水で粉ミルクを溶くということは、赤ちゃんが危険なバクテリアを与えられていると同時に、母乳に含まれる感染防御機能が受け取れないということであり、二重の危険を意味します。赤ちゃんの命は、以下のような場合に危険にさらされます。
✕ 清潔ではない水を粉ミルクに使うと、乳児が病原菌を摂取してしまいます。
✕ 哺乳瓶を清潔ではない水で洗うと、病気の感染源になってしまいます。
✕ 粉ミルクを長持ちさせようと薄めて作ってしまうと、赤ちゃんが栄養失調になってさらに病気にかかりやすくなってしまいます。
✕ 粉ミルクが汚染されていると、赤ちゃんが有毒物質を摂取してしまいます。

　1970年代初頭、当時マレーシアに本部を置いて創設されたばかりの**世界母乳育児行動連盟（WABA）**が、ネスレに対する世界的な不買運動を展開しました。ネスレは低所得国で非倫理的な粉ミルクの宣伝販売をおこなったとして批判を受けました。この運動により、1981年には母乳代用品の販売に関する画期的な国際規約が採択されました。この規約は以下のことを定めています。
◎ 母乳育児のほうがすぐれていることについての情報開示を要求する。
◎ 母乳代用品の公的な宣伝を禁止する。
◎ 医療関係者が粉ミルクを推奨することを禁止する。
◎ 妊婦や新米ママへ粉ミルクの無料サンプルを提供することを禁止する。

というものです。
　現在までに84カ国がこの法律を採択しており、さらに14カ国が採択の手続き中です。ただし、アメリカ合衆国は法案成立に向けて動いていません。
　母乳育児をもっと広めるためには、なぜ母親が母乳育児をわないのかを理解することが大事です。母乳育児の成功には、教育と支援が欠かせないのです。
　そのための障壁としては、以下のようなものがあります。
● 継続的な指導や事前準備の不足。
● 苦痛、不快感（特に母親が苦痛への対処法についての情報を持っていない場合）。
● 赤ちゃんがなかなか飲んでくれないときのストレス。
● 理解のない指導医が代用品の哺乳瓶を薦め、母乳育児の機会を減らさせる。
● 赤ちゃんと離れているときに母乳を搾って保管しておく「搾乳（さくにゅう）」がしづらい、理解の少ない職場。

- 搾乳した母乳を安全に保管するための冷蔵装置の不足。
- 家庭における家族の支援の少なさと、年長の子どもを世話する必要性。
- 公共の場での授乳に対する文化的タブー。
- 公共の場における授乳場所の少なさ。

マダガスカルでおこなわれた母乳育児集中キャンペーンのような活動の成功は、母乳育児の習慣を受け入れる母親の数を大幅に増やせることを証明してくれました。マダガスカルでは、母乳育児率が4年間で34%から78%にまで増加したのです。

国によっては、母乳育児率が1ケタ台というところもあります。世界の多くの地域で、この昔ながらの手法を再導入する必要があります。

世界中で、母乳育児支持活動が増加してきています。WABAは毎年、世界母乳育児週間を実施しています。世界的なイベントとしてはほかにも、世界同時授乳イベントというものもあります。2013年現在、一カ所で同時に授乳した母親の人数でギネス記録を持っているのはフィリピンで、その人数はなんと3万1000人です。

2012年、ケリー・シェイチャーという女性がイギリスのブリストルにあるおしゃれなカフェで授乳をしていました。礼儀知らずの店員に出ていくように言われた彼女は、その出来事をフェイスブックに投稿しました。すると、250人の母親がすぐさまそのカフェに集まり、一斉に授乳するという抗議活動をおこなったのです。

中国でも、全国母乳育児の日を祝う母親たちがこのようなフラッシュモブ授乳をおこない、授乳する母親の地位向上に努めました。

中国では2008年に有毒な粉ミルクで何十万人もの赤ちゃんが病気になり、その一部が死に至るという事件があって以来、母乳育児が再評価されるようになったのです。中国のUNICEFは公共の場にある授乳室のリストを掲載したアプリを提供し、母親たちに授乳室の評価をするよう呼びかけています。母乳育児には次のような環境効果もあります。

◎ 二酸化炭素を排出しない ── 梱包や輸送が必要ありません。
◎ 空気を汚さない ── 粉ミルクを溶いたり、哺乳瓶を洗ったりするためのお湯を沸かすのに必要な燃料が、母乳育児なら必要ありません。
◎ 森林を減らさない ── 燃料のために木を伐採する必要がありません。

どうすれば母乳育児を推進できるでしょうか? イギリスでは母乳育児に同意した低所得層の母親に食糧引換券を提供し、授乳に対して事実上の対価を支払っています。その成果はまだ報告されていませんので、注目していてください。

> 世界保健機関はHIVに感染した母親も母乳育児をするべきだと推奨していますが、母親は抗レトロウイルス薬を服用し、赤ちゃんがHIVに感染しないよう、医療専門家の指導を受けるべきだとしています。この件について詳しくは、**抗レトロウイルス薬《13》**の項目を参照してください。

中国四川省の成都市にある望江楼公園でおこなわれたクインテッセンス母乳育児チャレンジの集会。
©Yushi Zhang 袜子

- 粉ミルクに関して虚偽または誤解を招く世界中の広告を監視するイギリスのNGO **ベビー・ミルク・アクション**の活動を支援しましょう。このNGOは不正を特定し、対応を検討するキャンペーンについての情報を支援者に提供しています。
- より多くの国が法律の採択または強化をおこなうよう働きかけるUNICEFの活動に賛同しましょう。
- 母乳育児イベントを企画しましょう。カナダのクインテッセンス財団が母乳育児チャレンジを主催しています。www.babyfriendly.ca
- 世界母乳育児週間のコンテストに、あなたの最高の母乳育児写真を送って応募しましょう。

- ベビー・ミルク・アクションは乳児食業界に目を光らせる方法について学ぶオンライン研修コースを開発しています。

- waba.org.my • worldbreastfeedingweek.org • BabyMilkAction.org

idea 2

カンガルーケア

カンガルーケア、つまり赤ちゃんを直接胸に抱く方法は、未熟児や低体重児の生存率を高めます。

マリ共和国のバマコにあるセーブ・ザ・チルドレン・ケアセンターで、アッサタ・ドゥンビアと友人が、アッサタの双子の子どもたちをカンガルーケアで温めています。© Joshua Roberts

　世界中で低所得層の母親の下に生まれる赤ちゃんの5人に1人が、未熟児か低体重児です。その要因は母親の栄養失調、マラリアなどの感染症、そして妊婦健診の欠如です。低所得国では、37週未満で生まれる未熟児の90%以上が、生後数日で命を落とすと推定されています。

　保育器は、低資源地域ではほとんど存在しません。あったとしても、電力不足のために使われないまま埃をかぶっている場合が大半です。部品が壊れたら、交換することもできません。1983年、未熟児を救うための機材が不足していることに業を煮やしたコロンビア人の新生児学者エドガー・レイとヘクトル・マルティネスが、カンガルーのように母親の体温を保育器がわりに使うことを思いつき、試してみました。すると、それはうまくいったのです。いまや、この手法は世界中で採用されています。

　カンガルーケア——シンプルながらも効果が高く、簡単に教えられるこの手法は、未熟児の生存率を大幅に高めます。健康な赤ちゃんにとっても、カンガルーケアは保育器と同じような効果があるうえ、さらにメリットがあります。子ども支援を専門とするNGOセーブ・ザ・チルドレンは、カンガルーケアで年間45万人以上の赤ちゃんの命を救えると推定しています。

　母親は赤ちゃんを肌に直接ぴったりと抱き、その上から布で母子をすっぽりと包みます。赤ちゃんが身につけているのはおむつ、そして体温を維持するための帽子や靴下だけ。必要に応じて、そのまま授乳もできます。父親や家族、友人、ボランティアもカンガルーケアを提供することが可能です。もちろん、授乳はできませんが。

　生まれたあとも母親の胎内にいるような環境を作るこの手法には多くの効果があることが、調査によって明らかになっています。たとえば赤ちゃんは:

◎ 母親の体温と心拍のリズムで、代謝が安定します。
◎ 母親と心音が同期します。
◎ 必要に応じて授乳ができ、母子の絆と理想的な栄養素が同時に得られます。
◎ 感染症に対する抵抗力がつきます。
◎ 泣く頻度が減り、そのぶん体調の安定化と成長にエネルギーが消費できます。
◎ 体重が早く増え、脳の発達が大幅に促進されます。

　WHOは、実証されて一般に認められた保育法としてカンガルーケアを承認しており、今では中・高所得国でもこの手法が推奨されています。ハイテクな新生児集中治療を補い、より人道的な要素を加えたのです。カンガルーケアに道具は必要ありませんが、母親は赤ちゃんを24時間、肌身離さず抱いていなければなりません。第1段階は、病院の所定の区域でおこなわれるべきです。

　未熟児の出生率が非常に高いマラウイでは、28ある地区のすべてでカンガルーケアのプログラムを展開しています。セーブ・ザ・チルドレンが、USAIDとの連携でこの取り組みを主導しています。マイクロソフト創業者のビル・ゲイツと妻メリンダが立ち上げた慈善組織ビル・アンド・メリンダ・ゲイツ財団、そしてUNICEFも、世界中にカンガルーケアの研修と実践を広める活動をおこなっています。

⇨ 抱っこ式赤ちゃん保温器《3》も参照。

双子の我が子をカンガルーケアで温める母親。
© UN Foundation/Talia Frenkel

● **マタノヴァ・リサーチ**は裁縫師向けにカンガルーケア用くるみ布の型紙を開発し、現地での供給と小規模事業の機会を生んでいます。マタノヴァは170カ国で活動しており、型紙と添付の手引書は可能な限り多くの言語に翻訳される予定です。

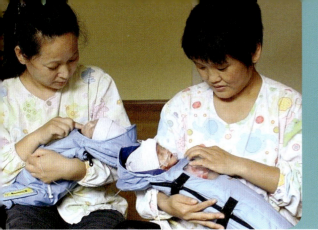

中国の北京にある小花孤児院で、抱っこ式赤ちゃん保温器に入れられた赤ちゃん。
© Chunmiao Little Flower

idea 3

抱っこ式赤ちゃん保温器

抱っこ式赤ちゃん保温器は、保育器にかかるコストのわずか1%の費用で未熟児や低体重児の低体温症を防ぐことができます。

　抱っこ式赤ちゃん保温器はスタンフォード大学の有名な「デザイン・フォー・エクストリーム・アフォーダビリティ（究極の使いやすさを目指すデザイン）」という講座から生まれました。この厳しい多面的な講座は異なる学部の学生たちを一堂に集め、世界の貧困問題の解決に取り組ませるものです。

　2007年に受講したある学生グループが、未熟児や低体重児の死亡率、特に生後数日内での高い死亡率という問題に取り組みました。WHOが2012年に発表した『Born Too Soon: The Global Action Report on Preterm Birth（早すぎる出産——未熟児についてのグローバル活動報告）』では、世界中の5歳未満児の主な死因の原因となる早産の割合が上昇していると報告されています。未熟児や低体重児の多くが、体脂肪率の不足により体温を調節することができず、低体温症におちいるのです。昔ながらの湯たんぽや加熱ランプなどの方法では効果がありません。

　学生グループの考えた解決策は、相変化物質というものを満たして温めたパウチを中に入れた新生児保温バッグでした。相変化物質はロウのようなもので、一度温めると、赤ちゃんにとって最適な体温である37度を、電気を使わなくても4時間から6時間、安定して維持できます。

　抱っこ式赤ちゃん保温器は現地で実践できる解決策で、ハイテクな保温器が使えない、または存在しない環境に適しています。講座が終了したあとも、自分たちの解決策が多くの命を救えるかもしれないという可能性に突き動かされたグループの何人かが、そのままプロジェクトを続けました。彼らはインドで2年間を過ごし、最終利用者の信仰や習慣についてできるかぎり多くのことを学んで、デザインに数多くの修正を加えていきました。

　「世界中で、赤ちゃんがこんなふうに死に続けるのは不当なことです——適正で安価な技術がないというだけで」（ジェーン・チェン、エンブレース共同創設者）

　最初のうちは、保温器をただ配布するだけでは使ってもらえませんでした。このため、開発チームは、技術と同じくらい意識向上も重要だと結論づけました。今では継続的な研修と支援を提供し、自分たちの保温器と**カンガルーケア**《2》のデモンストレーションを実施しています。体重が1.5キロから2.5キロの赤ちゃん向けに開発された保温器は、臨床試験を大成功で終え、何千人もの赤ちゃんの命を救ったとの高い評価を受けました。

◎ 保育器の約1%のコストしかかかりません（保育器は2万ドル、保温器は200ドル未満）。
◎ 製造量が増えれば、コストはもっと下がります。
◎ 持ち運びやすいデザインは直感的に使えて文化的にも受け入れられやすく、「隔離器」とも呼ばれる従来の保育器より赤ちゃんとのスキンシップを容易にします。
◎ 最大50回の再利用が可能で、その都度消毒するだけでまた使えます。
◎ 持ち運びが可能なので、移動中も使えます。

　地方や家庭で使える「ケア」という赤ちゃん保温器が、現在インドで臨床試験中です。このプロジェクトはエンブレースの姉妹組織である**エンブレース・イノベーションズ**が監督しています。

　期待の持てる展開としては、未熟児の体を毛布でくるむ前に食品用のビニール袋で包めば異常高熱を引き起こさずに低体温症の発症率を下げられ、コストは袋1枚あたり2セントしかかからないことがザンビアで最近実施された調査で報告されました。研究者は、ビニール袋が気化冷却を防ぎ、赤ちゃんの体温をより長く保持できるのではないかと考えています。**おむつ**《48》が不足している地域では、カンガルーケアをおこなう母親はこのビニール袋を使って汚物が自分の体につくのを防ぐことも可能です。

• Embraceglobal.org　•　EmbraceInnovations.com

idea 4

ワクチン配布

ワクチンの流通システムが脆弱なため、世界中の貧しい子どもたちが予防可能な病気で今も命を落としています。ワクチン接種率を高めようという連携の取れた世界的努力がおこなわれれば、多くの命が救えます。

ニカラグアのサン・パブロ近くの村に住む赤ちゃんにワクチン接種をするため、フスティーナ・ムニョス・ゴンサレスは馬で往診しています。© Adrian Brooks, 転載許可 Photoshare

　豊かな国の子どもたちはもう何世代も前から、子どもの命を奪うような病気の予防接種を受けています。そういう国に住む人にとっては、はしかやジフテリア、百日咳、破傷風、ポリオは、もう遠い過去の記憶となっているでしょう。ですが世界の資源不足の国では、何百万人もの子どもたちが、そうした予防可能な病気で毎日のように死んでいるのです。

　なぜそんなに多くの子どもたちが予防接種を受けられずにいるのでしょう？　低資源地域で予防接種が徹底できない理由には、以下のようなものがあります。

- 国の保健予算に対して法外にコストが高く、最終利用者が代金を支払えないため。
- 保健の仕組みがちゃんと機能していないため。
- ワクチンを冷蔵保存するための電力が不足しているため。
- 需要が低いため——ワクチンの効果がわかりにくく、最終利用者に理解されていません。

　ゲイツ財団は世界の健康問題を解決するために数十億ドルもの寄付をおこなっていますが、子どものワクチン接種をビジネスのアプローチで費用対効果の高い活動として評価し、集中的に取り組んでいます。膨大なリソースをワクチン配布の強化だけでなく、すべての関係者を巻き込んで貧困国のワクチンプログラムを大幅に拡大させる活動に投入しました。

　その結果、2000年に立ち上げられたのが**ワクチンと予防接種のための世界同盟（GAVI）**です。寄付金の提供国、WHO、UNICEF、世界銀行、製薬業界、研究・技術機関、ゲイツ財団、個人の慈善家で構成されています。

　この取り組みはワクチン接種率が停滞、減少していた地域で大きな成果をあげ、4億人近い子どもの予防接種を実現しました。その数字の背後には命が救われた本物の子どもたち、一生涯残る障害を負わずにすんだ子どもたちがいます。これは、その子どもの家族にとってもすばらしい贈り物です。

　開発途上国で実施された予防接種には、以下のような昔ながらのワクチンも含まれます。

- ポリオ。
- はしか。
- DPT*——ジフテリア、百日咳、破傷風。

　それに加えて、最近承認されたこれらのワクチン接種も実施されています。

- ロタウイルス——一般的な下痢を予防するもの。
- HPV——子宮頸（けい）がんの発生原因の99%を占める、ヒトパピローマウイルスを予防するもの。
- 髄膜炎——アフリカの「髄膜炎ベルト地帯」でおこなわれている予防接種。
- PCV——途上国の子どもたちの最大死因のひとつである肺炎を予防するもの。
- B型肝炎*——もっとも一般的な肝炎と、そこから発症することの多い肝臓がんを予防するもの。
- Hib*——乳幼児や幼い子どもが死に至ることもあるインフルエンザ菌を予防するもの。

　　＊ ペンタバレントというワクチンはDPT3種にB型肝炎とHibを加えた5種の予防接種をひとつにまとめたもので、3回に分けて接種します。これにより価格が下がり、子どものストレスも軽減でき、母親が診療所に子どもを連れてくる回数も少なくてすみます。

　子どもにとっては、命が助かるからもちろんいいことです。そしてコミュニティにとってもいいことです。より多くの子どもが予防接種を受ければ、予防接種を受けていない子どもの感染リスクが少なくなるからです。予防接種を受ける人が多ければ多いほど、接種を受けていない人たちに病気を移す人数が減ることを「集団免疫」といいます。つまり、大規模な予防接種プログラムを実施することで、接種を受けていない人の感染も防ぐことができるのです。ただし、コミュニティ内で一定数の人数が予防接種を受けていなければ効果がありません。

> 子どもの生存率が高くなれば、親の期待も高まります。統計データによれば、極貧状態から抜け出した人たちは、子どもの数が少なくなるようです。子どもが死なずに成長するという確信が持てれば、子どもひとりひとりにもっと多くの資源を投資するようになり、健康と経済力の向上という好循環が生まれるのです。

近年、以下のような希望の持てる動きが出てきています。
- 低コスト——補助金だけでなく、製薬会社と交渉して合意を得ることで、貧困国におけるワクチンの価格が劇的に引き下げられてきています。
- 技術——常温での保管技術の開発など、配布技術の開発や改善が、接種地域の拡大に貢献しています。
- 意識向上キャンペーン——社会の意識向上と地域の指導者の支援が予防接種を受け入れやすくし、不信感や誤った情報の広まりを防ぎます。
- より遠くへ届ける——もっと多くの子どもに予防接種を受けさせるアイデアが現れています。妊婦や新米ママにショートメールを送って、次の予防接種がいつかを知らせるのも方法のひとつです。

エスター・デュフロは、貧困経済の分野における先駆者です。インドのウダイプールという地域で彼女がおこなった調査では予防接種率がたったの2%で、デュフロはこの地域での接種率を向上させる取り組みをほかの地域と比較しました。すると、公衆衛生従事者が診療所に本来いるべき時間の半分程度しか出勤していないため、予防接種を希望する母親がわざわざ診療所に来ても無駄足になる場合もある、ということが判明しました。ほかにも、調査で以下のことがわかっています。
- 信頼できる人材を配置して予防接種キャンプを設置することで、接種率は18%まで上がりました。
- そのほか、予防接種に子どもを連れてくれば、毎回親に1キロのレンズ豆を、接種の終了後にはお皿のセットをプレゼントしている地域もありました。その地域の接種率は38%にまで上昇し、レンズ豆の費用を相殺するほどの効果が上がりました。

このような調査にもとづき、行動経済学でわかったことを活用した独創的なアプローチは、予防接種促進活動の成功を拡大させることができます。

女性の社会的地位が低く、意思決定力も制限されていると、娘たちだけでなく息子たちの予防接種率も低くなってしまいます。たった一人の子どもに予防接種を受けさせるだけでも家族全員の健康が促進されます。病気の子どもは家計の負担となり、兄弟姉妹たちへの感染源となり得るからです。

新しいHPVワクチンは、主に性行為で感染するヒトパピローマウイルス（HPV）が原因で発症し、死に至ることもある**子宮頸がん**《17》を予防するものです。HIV陽性の女性は特にかかりやすいのですが、女性すべてに感染のリスクがあると言えます。毎年約30万人の女性が子宮頸がんで死亡していて、そのほとんどが低所得国の女性です。HPVワクチンは多くの女性の命を救い、何十万人もの子どもたちが母親を失う悲劇を防いでくれます。

HPVワクチンは9歳から13歳の女の子を対象におこなわれます。この年代の女の子は、低所得国では医療サービスを受けさせてもらえない場合が多く、この課題はまだこれから克服していかなければなりません。HPVワクチンは富裕国でも接種がおこなわれています。

⇨駆虫薬《10》も参照。

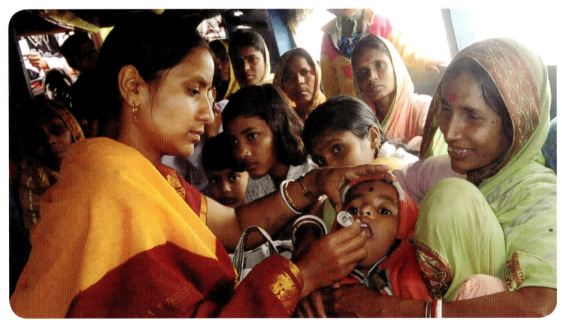

医療従事者が差し伸べる手——医療従事者が、インドの西ベンガルに位置するシュンドルボンの島々と本土を結ぶフェリー上で経口ワクチンの接種をおこなっています。
© Tushar Sharma, 転載許可 Photoshare

ShotatLife.org ・ path.org

idea 5

へその緒処置

へその緒を切った痕にたった 25 セントのクロルヘキシジン（CHX）クリームを塗るだけで、赤ちゃんの命を救うことができます。

ネパールの家族健康プロジェクトで CHX 殺菌クリームを塗ってもらう双子の赤ちゃん。
© Meena Suwal/John Snow, NFHP

　無菌環境を保つことが難しい資源不足地域で生まれる多くの赤ちゃんが、生後数日のうちに細菌に感染して命を落としています。ごく普通の口内洗浄液で、手術前の準備用消毒剤にも使われる**クロルヘキシジン（CHX）**は、へその緒の切断痕から新生児の体内に細菌が入るのを防ぐこともできます。へその緒にクリームをたったひと塗りするだけでいいのです。

　CHX は現地で生産され、1 チューブの価格は 25 セントです。薬品の原価は 1 セントで、残りはパッケージ代です。

　毎年 50 万人の新生児が生後すぐの感染症で命を落としており、その 99% が低所得国で生まれた赤ちゃんです。バングラデシュ、ネパール、パキスタンでおこなわれた無作為臨床試験では、CHX が感染症による乳幼児の死亡率を 25 〜 66% 削減できることがわかりました。これは、新生児を対象とした活動で今までに報告されてきた中でも特に大きな効果のひとつです。

　　「へその緒処置にクロルヘキシジン ── 新生児の健康に『一番のお買い得』商品」（健康な新生児ネットワーク HealthyNewbornNetwork.org）

お買い得な値段以外にも、CHX にはセールスポイントがたくさんあります。
◎ 長年にわたって安全性が記録されていること。
◎ 世界中で簡単に手に入ること。
◎ 常温で長期間保存できること。
◎ 使い方が簡単で、特別な訓練や道具が必要ないこと。
◎ 赤ちゃんの肌にしっかりと付着し、効果が長く持続すること。
◎ 液状でもクリーム状でも、現地で受け入れられやすいこと。

　臍帯（さいたい）乾燥処置、つまりへその緒を切ったあとで自然に乾燥して傷口がふさがるのを待つというのが、これまで医学的に推奨されてきた方法でした。ですが、そのわりには広く無視されてきた方法でもあります。乾燥途中のへその緒は弱いものだと考えて、本能的に切断痕に何かを塗ることで赤ちゃんを守ろうとするのです。炭など乾燥の促進が目的のものもありますが、カラシ油や家畜のフン、ウコンなどをこすりつける地域もあり、逆に感染症を引き起こしてしまうケースもあります。

　CHX クリームの使用促進は文化的に配慮した問題解決策となります。先に述べたバングラデシュ、ネパール、パキスタンでの調査では、伝統療法の代替品として CHX を使用する活動が広く受け入れられたことが判明しました。

　自宅出産が多いがために、乳児死亡率も高いネパールは、全国規模の CHX 配布を最初に受け入れた国です。ナイジェリアのソコト州も、保険制度に CHX のあっせんを取り入れる方向に動き出しました。2013 年、世界保健機関は「子どものための必須医薬品モデルリスト」に CHX を追加しました。これで、産後の CHX 処置を採用する国がもっとたくさん出てくることでしょう。

　もっとも必要とされている場所、つまり自宅出産の場に CHX のチューブをどうやって届けるかは難しい課題です。女性が自宅で出産するのは、都市部から遠く離れた資源に乏しい地域に住んでいるためだからです。そういう場所こそ、サプライチェーンや流通システム、公衆衛生のネットワークがもっとも弱い場所でもあります。

⇨ **衛生出産キット**《20》も参照。

 ● CHX は、**コーズ・マーケティング**〔特定の商品を購入することが社会貢献に結びつくことを訴える販売促進活動〕のすばらしい候補です。NGO と提携し、商品がひとつ売れるごとに CHX をひと塗りぶん、寄付するようにしましょう。**ベビーズ・フォー・ベビーズ（Babies4babies.com）** は商品の購入 1 点あたり CHX ひと塗りぶんを寄付しています。顧客には、もうひと塗りぶんの寄付ができる入力コードも発行されます。

 ● デザイン、公衆衛生、マーケティングを専攻する学生のみなさんへ ── CHX の利用を広めるため、それぞれの国に適したパッケージのデザインや配布キャンペーンを考えましょう。低所得国の多くが CHX の製造と流通に関心を示しています。

 ● HealthyNewbornNetwork.org

グアテマラの診療所で活動するペンシルベニア大学の看護学生たち。
© Smile Squared/Stephanie Bosch

idea 6

歯みがき

歯みがきをするだけで、ジャンクフードや砂糖の入った飲み物が原因で起こる子どもの虫歯の蔓延を軽減することができます。

　小児科医で医大の教授であるカレン・ソーカル＝グティエレス博士は、若いころピースコアのボランティアとして派遣されていました。しばらくたって、派遣先に近い中米を再訪した際、幼い子どもたちの笑顔からこぼれる歯が真っ黒なのを見てショックを受けました。ほんの1世代前には、絶対にこんなことはなかったのです。

　帰国した彼女は、ピースコアに参加していた1970年代の写真を見返してみました。そこに写っている子どもたちの歯は真珠のように真っ白です。原因は何でしょう？ 安っぽい加工品の、でんぷん質または砂糖を多く含むお菓子や飲み物が多く出回ったせいです。

　虫歯が進行すると食事が苦痛になり、勉強にも遊びにも集中できず、安眠も妨害されます。虫歯や抜け歯をからかわれる子どもは、恥ずかしさでつらい思いもします。

　虫歯の蔓延にはさまざまな要因があります。

- ✕ 家族が極貧状態から抜け出すと、親が子どもに小遣いをあげるようになり、子どもがそれでお菓子を買うようになるため。
- ✕ ジャンクフードは比較的安い場合が多いため。これは世界中で見られる問題です。飲料水が安全ではない地域では、ミネラルウォーターよりも甘い飲み物のほうが安いこともしばしばです。
- ✕ スナック菓子の販売業者はマンガのキャラクターやカラフルなパッケージを使い、子どもを直接ターゲットにするため。
- ✕ ジャンクフードは学校のそばで売られていることが多いため。
- ✕ 多くの親が、虫歯ができるのは食生活に原因があることを知らず、砂糖の摂取量を減らして歯磨きをしっかりすることで虫歯が防げることも知らないため。
- ✕ 歯のケアについての教育が、公衆衛生制度に組みこまれていないため。

　2004年、ソーカル＝グティエレス博士は活動を立ち上げ、エルサルバドルのNGOと協力してカリフォルニア大学バークレー校で**「子どもの口腔衛生および栄養プロジェクト」**を始めました。毎年夏になると、学生たちがチームを組んで現地に2週間滞在し、口腔ケアを実施します。また、口腔ケアが特に6歳未満の子どもにとってどれほど重要かについて現地の公衆衛生従事者に指導をおこないます。このプロジェクトは見事な成果を上げていて、子どもたちの歯は今ではちゃんと手入れされています。卒業生たちはこのプログラムをエクアドルやペルー、ネパール、インド、ベトナムでも展開しています。

　ほかには次のような取り組みが役立ちます。

- 歯ブラシの配布──すでに実施しているNGOはたくさんあります。授業の合間に歯みがきの時間を設けている学校もあります。
- 子どもへのお菓子の販売を規制し、需要の減少に努める。
- ジャンクフードと甘い飲み物に課税する。メキシコがいちはやく実施し、税収を口腔ケアを含む公衆衛生プログラムに充てています。
- 安価なフッ素入り歯みがき粉を販売する。キャンディが安価なら、フッ素入り歯みがきも同じくらい安価にして子どもたちに売りこめるようなデザインにするべきです。

- 環境にやさしい**スマイル・スクエアード**の歯ブラシを1本買うごとに、低資源地域の子どもにも歯ブラシが1本寄付されます。
- 旅行者のみなさん、**グローバル・グリン**はあなたが直接孤児院や診療所、保護施設、学校、その他組織へ届けられるよう、100本入りの歯ブラシの箱を提供しています。
- 旅行中、現地の子どもたちへのプレゼントとしてお菓子を渡さないでください。ソーカル＝グティエレス博士は、代わりに鉛筆や小さなおもちゃを推奨しています。
- 歯科専門家のみなさんは、アメリカ歯科医師会のポータルサイト、InternationalVolunteer.ada.org でボランティアの機会を探すことができます。

- 学生のみなさんは **GlobalBrigades.org** を覗いて見てください。

- GlobalGrins.org ・ smilesquared.com

idea 7

栄養強化

主食に必須微量栄養素を加えるのはお金のかからない対処法で、微量栄養素の不足によって引き起こされる視力障害や知能発育不全、妊産婦死亡を防ぐことができます。

ラジャスタン自助グループは、微量栄養素追加食品のラジ・ニュートリミックスを生産しています。© Global Alliance for Improved Nutrition (GAIN)

多くの国では**栄養強化**を義務づけ、食品加工時に微量栄養素を少し加えるように定めています。これにより、微量栄養素の不足が引き起こす病気から国民を守っているのです。粗食でも生き延びるために必要なだけのカロリーを補うことはできるかもしれませんが、栄養素が不足しているとエネルギーを奪われ、健康を損ねることになりかねません。

世界の全人口のうち推定30％が、栄養強化の実施されていない国に住んでいます。極貧状態にある女性と子どもは不当なほどに栄養不足に苦しめられているため、栄養強化の恩恵を大きく受けることができるはずです。貧困撲滅のための優先事項について提言をおこなう経済学者やノーベル賞受賞者の会合で発表されたコペンハーゲン合意では、栄養不良の子どもに与えるビタミンが「世界でもっともすぐれた投資である」と宣言されました。

「ビタミンやミネラルを小麦粉やトウモロコシ粉の製品、そしてコメに加えると、ふだん食べているものの栄養価が高まります。その結果、消費者は生活習慣を変えずに健康状態を改善することができるのです。この追加の栄養素は、人たちがより賢く、より強く、より健康になる手助けをしてくれます」（小麦粉強化）

ビタミンA不足は、以下の問題を起こします。
✕ 子どもの免疫力を低下させます。
✕ 生後6カ月から5歳までの子どもに視力障害を引き起こし、最悪の場合は失明に至らせます。

栄養失調の子どもがビタミンA補助食品を摂取すると、感染症への抵抗力が強まり、マラリアや下痢による死亡率が低くなります。錠剤を年に2回とればよく、1回あたりのコストは2セントです。

ヨウ素不足は、以下の問題を起こします。
✕ 胎児の知能発育不全。
✕ 幼い子どもの脳障害。
✕ 甲状腺の異常な腫れ、甲状腺腫。
✕ 身体の発育不全。

もっとも重要なのは出産適齢期、特にすでに妊娠している女性と、幼い子どもにヨウ素を与えることです。ヨウ素添加食塩が一般的で、1人あたりの年間コストは5セントです。USAIDは、コスト1ドルあたりの投資回収率が28ドルになると報告しています。

鉄分不足によって起こる貧血は、以下の問題を起こします。
✕ 乳幼児の知能発育を妨げ、生涯にわたってIQを低くします。
✕ 世界中の50万人の女性からエネルギーを奪います《19》。
✕ 妊婦と胎児に危険をおよぼし、年間推定5万人の妊産婦の死亡を引き起こすだけでなく、低体重で生まれた乳児にとっても高いリスクとなります《2》。

小麦粉などの穀物、油や魚醬などの調味料の栄養を強化するのにかかるコストは、年間1人あたり10セントです。そして、これに対する投資回収率は、1ドルあたり84ドルです。

葉酸不足は胎児の二分脊椎やその他の神経管閉鎖障害、貧血などを引き起こします。葉酸の補助食品は思春期の女の子、特に妊婦にとって大切です。小麦粉や穀類に葉酸と鉄分を加えるのにかかるコストは、年間1人あたり10セントです。

上記すべてを含む微量栄養素補助食品はいろいろあります。
◎ 国際NGOのPATHが開発したウルトラライス®は、微量栄養素を強化した穀物で、普通のコメに1対100の割合で混ぜます。
◎ 世界の健康を考える組織SGHIが作っているスプリンクルズ™は、子どもの食事に加える微量栄養素の小さなパックです。

⇨ 産前産後のケア《18》、栄養強化作物《59》も参照。

  ● Global Hidden Hunger Indices and Maps（世界の隠れた飢餓インデックスおよび地図）にアクセスするところから活動を始めましょう。

 ● micronutrient.org ・ GainHealth.org ・ Vitaminangels.org

シエラレオネで、ひき割り小麦の「ブルグル」とレンズ豆の学校給食を食べる子どもたち。
© Lane Hartill/Catholic Relief Services

idea 8

学校給食

無料の学校給食は生徒の出席率を向上させ、成績も上がります。これは、親が女の子を学校に通わせる動機にもなることが実証されています。

　調査によれば、無料の学校給食やおやつ、家に持ち帰る配給食糧には以下の効果があることが判明しています。
◎ 子どもの集中力、学習力、作業をこなす能力を向上させます。
◎ 女の子の入学率が上がります。
◎ 出席率がよくなります。
◎ 慢性的に栄養不良の子どもに特に効果があります。
◎ 現地農家を支援し、給食業務の雇用が生まれます。
◎ さらなる健康促進活動への入り口となります。

　給食プログラムのターゲットは、伝統的に親が女の子を学校へ通わせる意思があまりない社会で暮らす女の子たちです。生徒が下校するときに配給食糧を持たせると出席率がよくなり、食べ物が満足に手に入らない家庭の支援にもつながります。
　世界食糧計画（WFP）は政府や企業、個人の資金援助を受けている、世界最大の給食提供組織です。毎日2000万人の生徒に給食を提供しており、コストは生徒1人あたり年間約50ドルです。
　アクシャヤ・パトラは官民共同のパートナーシップを通じて、毎日130万人以上のインドの小学生に給食を提供しています。現地の農家や業者を使うことで輸送費やコストを引き下げると同時に、現地の経済に貢献しています。**アドバンスメント・オブ・ルーラル・キッズ（ARK）**はフィリピンの学校に、環境にやさしい農業を取り入れています。保護者や職員、生徒は持続可能な農業技術を学び、共同菜園で19種類以上の野菜を育てているのです。収穫された作物は、学校給食に使われます。
　「カシイシ・ポリッジ・プロジェクト」は、ウガンダ西部のキバレ国立公園近くにあるカシイシ学校で給食を提供しています。この学校に通う12歳のアニタは、同じ地域に暮らすほかの多くの生徒たちと同様、1日1食しか食べることができません。水汲みと掃除をしてから、おなかをすかせたまま友だちと一緒に学校まで歩いてくるのです。給食のポリッジ（おかゆ）はものすごい効果があったようで、アニタは地域の中学に通う奨学金をもらうことができ、いつか医者になることを夢見ています。
　2012年、スコットランドに住む9歳の女の子、マーサ・ペインが自分のブログに投稿した写真が大きな話題を呼びました。「Never Seconds（おかわりなんかいらない）」というタイトルのこのブログには、彼女が食べている貧相な学校給食の写真が掲載されていたのです。マーサはマスコミの注目を活用し、16カ国で学校給食を提供しているスコットランドのNGO **メアリーズ・ミールズ**と提携しました。今ではマーサは、メアリーズ・ミールズのマラウイでの活動に参加しています。

［課題］
● 資金の調達。
● 食料の調達・供給時での汚職の予防。
● 栄養豊富で子どもに適した食事を提供すること。

フィリピンのビトゥーン・イラヤで、学校の菜園でとれた野菜のスープを味わう。© Mabini Abellano/Advancement for Rural Kids

● **アクシャヤ・パトラ USA** は写真撮影やブログ執筆、助成金申請などの専門知識を持つボランティアの参加を待っています。
● **アクシャヤ・パトラ**は最先端のキッチン設備を持ってインド中を移動しながら活動しています。あなたがインドを訪れる際には、ぜひ手を貸してください。
● **カシイシ・ポリッジ・プロジェクト（KasiisiPorridge.org）**は、現地で活動できるボランティアを歓迎しています。

● FoodForEducation.org　・　MarysMealsUSA.org

idea 9

マラリアの予防と治療

殺虫剤処理済みの蚊帳でマラリアを予防できます。安価で簡単な診断と治療法もあります。

セネガルで、蚊帳の中でのお泊まり会。
© Diana Mrazikova/Networks, 転載許可 Photoshare

　マラリアは高熱を発症する感染症で、死に至ることもあります。樹皮から抽出したキニーネを使う治療法が発見されたのは、1600年代のこと。原因が病気を運ぶ蚊であることが判明したのは、19世紀後半でした。予防も治療も可能であるにもかかわらず、マラリアは世界の子どもの死亡原因第3位です。その90%がアフリカ大陸で発症していますが、アジアや中南米でも存在しています。

　マラリアの撲滅には大きな課題があります。マラリアがあたりまえにある地域では、重病とはみなされないというのがまずひとつ。かかっても、治る場合が多いからです。意識向上と予防の促進が、マラリア撲滅には欠かせません。

✗ マラリアは死に至る病気です。毎年、3億もの人がマラリアにかかります。死者数は100万人にものぼり、しかもそのほとんどが子どもです。

✗ 一度治っても体が弱くなります。繰り返し発症すれば深刻な貧血を引き起こし、ほかの病気にかかりやすくなってしまいます。

✗ 妊娠中にマラリアにかかると流産の原因となったり、生存率の低い未熟児や低体重児が生まれたりする場合があります。貧血やエイズの症状がさらに悪くなり、毎年何万人もの母子の命が犠牲になっているのです。

✗ マラリアは患者だけでなく、看病する人の経済的生産性もそこねます。そして、看病するのはたいていの場合、女性なのです。

　長期持続型の防虫蚊帳は効果的な予防ツールで、値段は5ドル以下です。殺虫剤が染み込んでいるため、蚊が入ってこられません。正しく使用すれば感染率は半分以下に抑えられ、子どもの死亡率も20%下がります。

　蚊帳の使用率は50%以下と推定されていますが、測定が難しい指標です。使用を徹底させられない要因はいくつもあります。

● どれほどの効果を上げているかがわかりにくいため。何も起こらないということに興味を持たせるのは難しいものです。

● 通気性が弱まり、暑い地域では不快に感じられてしまうため。
● 穴が開いたり破れたりしやすく、4、5年使うと殺虫剤の効果もなくなるため。
● 蚊帳の中に蚊が入ってしまうこともあるため。
● 無料の蚊帳だと、使わなければという気持ちになりにくい場合があるため。

　利用者にわずかばかりの代金を支払わせるプログラムもあります。そうすれば使おうという気になってくれるからです。予防をしても、マラリアにかかる場合はあります。安価な診断方法と治療技術が確立された今、適切な設備を備えた診療所が最前線にあることがマラリア撲滅には重要です。

◎ 簡易検査キットは1パッケージあたり1ドルで、結果は15分でわかります。
◎ 最先端のマラリア治療法、**アルテミシニンをベースにした併用療法（ACT）**の価格は1ドルで、子どもは1〜3日で治ります。

　政府とNGO、国際的な保健機関の連携により、この10年間でマラリアによる死亡率は25%下がりました。タンザニアは5歳未満のマラリアによる死亡率を45%も削減しています。マラリアの症例が減るとほかの原因による死亡率も減るという、一挙両得の状況が生まれるのです。

　アフリカの2人の発明家、ブルキナファソのモクタル・デンベレとブルンジのジェラルド・ニヨンディコは**「ファソ・ソープ」**という発明品で、2013年国際ソーシャルベンチャー大会のグランプリを獲得しました。これはシアバターとレモングラス、それに秘密の材料を使った蚊よけで、現在試験段階にあります。

　マラリアのワクチンについての研究も、進んでいます。

 ● アゲインスト・マラリア財団は、蚊帳の配布活動の際に撮影した映像を編集するボランティアの動画編集者を募集しています。

 nothingbutnets.org ・ MalariaNoMore.org

ブルキナファソのサクシダ託児所で働く保健・社会福祉指導員のルシエンが、駆虫薬の錠剤を子どもたちに飲ませています。© Compassion International

駆虫薬

低資源地域の子どもたちの大多数が、寄生虫に苦しめられています。駆虫薬は1人あたり50セントで子どもの健康を改善し、学校の出席率を高めることができます。

　回虫は、宿主が知らない間に内臓に棲みつく寄生虫です。富裕国では、ペットがこれに苦しめられている人もいるでしょう。ですが低資源地域では、人間が苦しめられているのです。寄生虫は、以下のような問題を引き起こします。
- ✕ 栄養失調
- ✕ 慢性的貧血
- ✕ エネルギー低下
- ✕ ほかの感染症に対するかかりやすさ

　寄生虫は、近代的な衛生設備が不足している温暖な気候の地域で特に蔓延します。裸足で歩きまわることで土の中に潜む寄生虫が感染したり、排泄物を通じて広がったりします。また、水系寄生虫は、水浴びや水泳をしている人を襲います。
　感染しても、気づかない人がほとんどです。寄生虫が引き起こす不快な症状はあまりに頻繁に起こるため、あたりまえのこととして片づけられてしまうのです。治療方法はずっと昔からあったのですが、広くおこなわれているとは言えません。
　MITの**貧困対策研究所（J-PAL）**は、もっとも効果的な貧困軽減策を追求する機関です。2004年に発表された報告書では、駆虫薬を飲むことで健康状態と学校の出席率が改善したことをメンバーのマイケル・クレマーとエドワード・ミゲルが示しました。J-PALは、駆虫薬を「最高のお買い得品」だと推奨しています。
　この研究では、感染率の高い地域で駆虫活動を実施すると、学校の欠席率が25%減少すると推定しています。駆虫薬の処置を受けた人たちは10年後には処置を受けなかった人たちよりもっと長く働き、食事もたくさん食べることができています。
　駆虫薬の配布は基本的には学校を中心におこなわれます。効率よく子どもに薬を飲ませられるからです。教師が駆虫の処置法や記録のつけ方の訓練を受ければ、さらにコストが節約できます。
　感染率の高い地域に暮らす生徒たちは、主に2種類の薬を投与されます。
◎ **アルベンダゾール**または**メベンダゾール**は、鉤（こう）虫、線虫、鞭（べん）虫など、一般的な腸内寄生虫（寄生蠕［ぜん］虫）すべてに効果があります。1粒ですべてに対応でき、投与は年2回です。

◎ **プラジカンテル**は水系寄生虫である住血吸虫（ビルハルツ住血吸虫）の治療に使われます。投与量は体重によって異なり、年1回投与されます。

　駆虫プログラムの実施日には**ビタミンAの投与**《7》や**予防接種**《4》もば、大きな相乗効果が見こめます。

> 「もっとも不利益をこうむっている、女の子や貧しい子どもたちは、もっとも病気と栄養不足に苦しんでいる場合がほとんどです。だからこそ、駆虫薬の恩恵をもっとも受けることができるのです」（スクールズ・アンド・ヘルス、SchoolsandHealth.org）

　学校を中心に駆虫活動をおこなう場合、学校に通っていない子どもをとりこぼさないようにするのも重要です。また、妊娠している女の子への投与も必要です。駆虫薬によって妊婦の貧血が改善され、新生児の体重と生存率も向上することが調査でわかっています。
　大人も、寄生虫には悩まされます。学校で子どもたちが駆虫薬を飲めば、病気を移す人の数が減るので、処置を受けていないほかの地域住民も恩恵を受けることになります。
　これまでのところ、人間に寄生する寄生虫が薬への耐性を持つようになったという報告はありません。ただし、動物の寄生虫に関しては耐性が見られています。

[課題]
- 資金不足。ただし、学校が治療費を取るようになると、参加率が急降下します。
- 薬の配布のためのインフラを整備し、維持する必要があります。
- 信頼関係の構築。たいていの場合、子どもに症状が見られなくなれば、親も参加するようになります。
- 寄生虫の根本原因は衛生設備の不足であり、これについてはセクター4で詳しく述べます。

EvidenceAction.org • PovertyActionLab.org

idea 11

経口補水塩
＋コーラライフ

栄養失調の患者は下痢から脱水症状を起こしてそれが死に至る場合もありますが、経口補水塩はそれを防いで何百万人もの命を救ってきました。

パッケージが高い評価を受けているコーラライフのキット・ヤモヨ。
© Guy Godfree

20世紀の健康に革命を起こした**経口補水塩（ORS）**の材料はいたってシンプルです。
◎ 砂糖　大さじ1杯
◎ 塩　小さじ半分
◎ 清潔な水　1リットル

　下痢は深刻な脱水症状を引き起こし、毎年100万人を超える栄養失調の子どもたちが命を落とす原因となっています。ORSは腸の水分吸収を助け、命を救います。ORSが登場したのは1971年で、バングラデシュの独立戦争中にコレラの治療法として導入されました。この結果、30%あった致死率が1%にまで激減したのです。

　低資源地域の診療所では、パック入りのORSを配布しています。裕福な親であれば「ペディアライト」という、砂糖、塩、滅菌水をあらかじめ混ぜてあるボトルに手を伸ばすでしょう。高資源地域なら、下痢は簡単に治療できます。ですが、低資源地域では、治療に大きな壁が立ちふさがります。

　ザンビアで活動する人道的保健プロジェクト責任者であるイギリス人のサイモン・ベリーは、どんな僻地に行っても必ずコカ・コーラが浸透していることに感心していました。「ORSのような重要な医薬品を、コカ・コーラの流通と結びつける方法はないだろうか？」と考えたサイモンと妻のジェーンは、2011年にあるアイデアをフェイスブックに投稿しました。ORSのキットを魅力的なものにデザインし、コカ・コーラの流通に便乗させるというもので、誰もが惹きつけられました。

　キットには以下のものが含まれます。
● 再利用・再栓可能な容器。
● 幼児が24時間の間に少しずつ飲むことができるよう小分けされた、1回ぶんのORSの小袋が8個。
● 下痢の治療のため、亜鉛の錠剤。
● 手洗いで下痢を予防するために石けんが1個。
● 埃やハエよけのカバー。

　こうして生まれたプロジェクト**「コーラライフ」**は、コカ・コーラの瓶を詰めたケース上部の隙間に収まるパッケージの**キット・ヤモヨ**（命のキット）を考案しました。デザインしたのは国際的なブランドとパッケージデザインの会社PIグローバルです。このパッケージは国際的な賞を受賞し、試験段階での成果は上々でした。売店の販売員はコカ・コーラやほかの日用品と一緒にキットを仕入れて販売し、少しずつ利益を上げていきました。ちなみに、最初にキットを購入したのは、販売員本人でした。孫がひどい下痢に苦しんでいたのです。

　需要はあります。病気の子を持つ母親は、正しい処置を知りたいのです。キット・ヤモヨなら、自信を持って下痢に対処できます。低資源地域の子どもは毎年平均3回は下痢にかかるそうです。このため、キットに入っている次回割引クーポンは大人気です。価格は安く、だいたいバナナ5本ぶんです。

　コカ・コーラの経営上の決定は各国の経営陣に一任されているので、本社は直接関わっていません。

　コーラライフは、すぐれたデザインとブランド力を持つ安価な製品が子どもの命を救えることを実証しています。プロジェクトの進捗については、コーラライフのとても参考になるブログで知ることができます。

● クレア・ワードが制作し、賞を受賞したコーラライフについてのドキュメンタリー映画『コーラ・ロード』の上映会を支援しましょう。Claire.Ward@nyu.edu
● コーラライフを別の地域で展開しましょう。コーラライフは**オープンソース**〔作り方を無料で公開し、誰でも改良・製造できるようにしていること〕のプロジェクトです。
● コーラライフを宣伝して応援しましょう。環境にやさしいパッケージは消費者の関心をひくでしょう。

● colalife.org

idea 12

プランピーナッツ™
すぐに食べられる治療食

ピーナッツをベースにした RUTF（すぐに食べられる治療食）は激しい栄養失調に苦しむ子どもの治療に革命を起こし、昔よりもはるかに多くの命を救うことができています。

ハイチでプランピーナッツ™を味わう子ども。© Navyn Salem/Edesia Global

世界でもっとも貧しい子どもたちは、慢性的に栄養不足です。たいてい複数の感染症にかかっているため体力は非常に少なく、「いつもの」栄養不良から、あっという間により深刻な栄養失調におちいる可能性もあります。

そこまで症状が悪化してしまうと、子どもを入院させて緊急医療を施すこと 1800 が必要です。しかし、ほとんどの子どもは入院までこぎつけられずに命を落としていたのです。その状況を大きく変えたのが、高エネルギーのピーナッツペーストに必須ビタミンやミネラル《7》を加えた**プランピーナッツ™**です。

今、プランピーナッツ™の最大顧客は UNICEF です。国際 NGO と協力し、UNICEF は 2012 年には 200 万人という記録的な数の子どもたちに食事を届けました。

プランピーナッツをはじめとする RUTF（Ready-to-Use Therapeutic Foods、すぐに食べられる治療食）は、それまでには救えなかった多くの子どもの命を救いました。RUTF は医療関係者が処方する必要がありますが、入院ではなく外来ですみます。略して「プランピー」と呼ばれるこの製品には、プラス要素がたくさんあります。

◎ 子どもが好む味です。
◎ 深刻な栄養失調の子どもでも栄養素を消化・吸収できます。
◎ 子どもが自力で食べることができ、入院に伴うリスクや費用を避けられます。
◎ 母親やほかの保護者が病院や食料配給所で子どもに付き添っていなくてもすみます。
◎ より効率的に医療従事者を配置できます。
◎ 個別に包装されているので、輸送や保管も安全で簡単です。
◎ 常温で長期間保存できます。
◎ お湯で溶く必要がないので、汚染のリスクが排除できます。

フランス人の小児栄養学者アンドレ・ブリアンは 1999 年、フランスの子どもたちが、「ヌテラ」〔チョコレート風味のヘーゼルナッツペースト〕を朝食やおやつに喜んで食べているのを見てプランピーを思いつきました。ブリアンはアイルランド人の栄養学者ゴールデンと協力して製品を開発しました。中身はとても消化しやすくて、500 キロカロリーと栄養豊富。絞り出しやすいパウチに入れて、1 袋 50 セント程度で買えるものができました。処方は、7 週間にわたって毎日 2 回与えることとされています。

プランピーナッツ™の親会社であるニュートリセットは、できるだけ多くの子どもに製品を届けたいという要望とブランドとしての厳しい品質管理とのバランスを取るため、フランチャイズプログラムを開発しました。**プランピーフィールド**のネットワーク工場は、以下の国に配置されています。

ブルキナファソ	インド	タンザニア
ドミニカ共和国	マダガスカル	アメリカ
エチオピア	ニジェール	ウガンダ
ハイチ	スーダン	

国内生産は雇用を創出し、現地農家を応援します（その大半が女性です）。生産能力も向上し、コストが引き下げられます。工場でノーブランドの類似品を生産している国もあります。

> 子どものピーナッツアレルギーは、グローバル・サウスではほとんど見られません。「食物アレルギーは、富裕国と比べると貧困国ではあまり一般的ではないのです。これはよく知られた事実で、要因はいくつもありますが、人口過密と度重なる感染症の罹患もどうやら一因のようです」（アンドレ・ブリアン）

 ● 治療目的ではないバージョン（たとえば「プランピーパル」などというネーミングの商品）も製造・販売して、治療用のプランピーナッツ™のための資金を生み出しましょう。

 ● アメリカのロードアイランドにある NPO エディシアの工場を見学して、子どもの栄養不足に関する活動、調査、教育の取り組みについてもっと学びましょう。

 ● PlumpyField.com ・ EdesiaGlobal.org ・ ValidNutrition.org

idea 13

抗レトロウイルス薬
HIV／エイズ患者の寿命を延ばす

抗レトロウイルス薬は HIV 陽性患者の寿命を延ばすことができますが、この薬を必要としている人たちの 3 分の 2 がそれを手に入れることができていません。

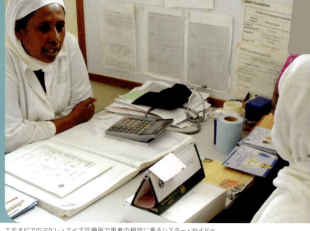

エチオピアのマケレ・エイズ診療所で患者の相談に乗るシスター・セイドゥ。
© The Global Fund/Guy Stubbs

初めて確認されてから 30 年、HIV／エイズを治す方法はまだはっきりとわかっていません。とはいうものの、進歩は見られました。抗レトロウイルス薬による治療で、HIV／エイズ患者の多くが以前よりずっと長く生きられるようになったのです。

1990 年代に開発された**抗レトロウイルス薬（ARV）治療**は、HIV 陽性患者の寿命を無期限に延ばすことができます。ですがあまりにも高価なため、治療を必要としている中・低所得国の何百万人という患者には手が出せませんでした。2003 年以降、活動家の働きかけもあって価格の引き下げ交渉がおこなわれ、寄付や国際援助団体の協力を得て、ARV をもっと広く配布することが可能になりました。

ARV はウイルスが末期のエイズへと進行するのを防ぐもので、ARV を投与しなければ、エイズは通常 5 年から 10 年で末期症状へと進行します。今は中所得国でも ARV が製造され、供給が増えています。ARV のコストは、どんどん下がってきているのです。

> 「エイズへの投資は、救われた命とコミュニティの絆の強化という形で、何千倍もの見返りが得られます」（UNAIDS 元事務局長、ピーター・ピオット博士）

- ARV は体内のウイルスを減らし、HIV 感染からエイズへの進行を防ぎます。
- ほとんどの投薬法が、3 種類の薬品をひとつにまとめた錠剤を毎日服用する方法です。
- 薬は診療所で通常は無料で配布され、一度の診療で 1 カ月ぶんが受け取れます。
- 感染していないパートナーも、HIV／エイズ感染を予防するために ARV を服用することができます。
- 安全な水で、食後に服用しなければいけません。これは安全な水を手に入れるのが難しく、食事も安定して得られない環境に暮らす人たちにとっては難しいことです。

女性の目線から HIV／エイズを見ると以下のリスクがあります。
- 女性は生物学的に男性よりも異性間の性交渉でエイズに感染するリスクが高く、HIV の症例の 60% を占めます。
- 女性と女の子が感染するのは多くの場合、自分の意見がほとんど通らない強制的な性交渉や取引としての性交渉の結果です。
- 感染している男性がコンドームの使用を拒否する場合があります。
- 女性は年上の男性とパートナーになることが多く、感染のリスクが高まります。
- 妊婦は妊娠中、出産時、授乳中に子どもにウイルスを移してしまう可能性があります（今では、ARV で予防できます）。
- 家族に患者がいる場合、通常は女性が看病する場合がほとんどです。
- 子どもがエイズ孤児になった場合、祖母やほかの女性の親戚が保護者にならざるを得ません。

[課題]
- 必要としているすべての人たちに ARV を届けるための障害は数多くあります。
- 薬が高価で、一般的には政府や寄付者が費用を負担しています。
- 投薬プログラムを管理するため高機能な医療設備が必要です。
- 遠隔地まで治療を行き渡らせるのは困難です。
- 生活が不安定な人たちにとっては、治療を続けるのも困難です。

無知、恐れ、社会的不名誉が検査と治療をためらわせています。しっかりとした保健教育が予防を促進します。一番伝えたいメッセージは、以下の 2 点です。
- 性交渉がもっとも一般的な感染経路であること。
- 正しく、常に使っていれば、コンドームで感染を防げること。

男性の場合、自発的な割礼も予防法としては実証されていて、男性の感染リスクを約 60% 低下させることができます。**プリペックス**は安価な割礼器具で、割礼をしやすくするためのものです。女性用コンドームという予防法もあります。

ボーンフリー・アフリカは、HIV の母子感染を撲滅することを目的に活動しています。

 BornFreeAfrica.org ・ AMFAR.org

ボツワナのソーラー・イヤー・プロジェクトで、太陽光充電器の仕組みについて手話で話し合うサラとアカンガン。彼女たちは充電器の開発に協力し、今ではその製造方法を教える側に回っています。© SolarEar

idea 14

ソーラー・イヤー
充電可能な電池を使う、安価な補聴器

世界中に3億6000万人いる聴覚障害者の90%が、安価で太陽光による充電が可能なソーラー・イヤーのような補聴器を利用できずにいます。

世界中で、約20人に1人が聴覚障害者です。予防衛生の取り組みがおこなわれていない低所得国では、聴力低下の割合が高くなります。また、ろう教育プログラムも非常に少なく、聴覚障害を持つ多くの子どもが取り残され、読み書きもできないままでいるのです。聴覚障害を持つ大人も多くの負担を抱え、仕事に就けないこともしばしばです。

世界中の聴覚障害者の約95%は補聴器があれば助かるのですが、低資源地域では補聴器など高くてとても手が出せません。電池も普通は1週間程度しかもたないので、補聴器を配布されたとしても、電池を買うお金がないのです。富裕国でも補聴器は一般的なもので数千ドルはします。それを全額自腹で支払わなければならないので買えない人は大勢います。限られた収入で生活している高齢者は特に、補聴器を買うことができません。

このような巨大市場の失敗は、裏を返せばイノベーションの機会になります。低コストの電池で動く安価な補聴器があれば、何億人という大人や子どもの教育と雇用の機会が改善するのですから。

ソーラー・イヤーはカナダ人ハワード・ワインスタインの支援を受けてボツワナで立ち上げられた社会事業で、一般的な補聴器の10分の1程度のコストで開発することに成功しました。太陽光で充電できる電池で動きます。

ソーラー・イヤーの主な事業は以下の3つです。
◎ 聴覚障害者向けの安価な製品の開発・製造
◎ 聴覚障害者の雇用
◎ 聴覚障害者に対する意識向上と、適切な教育や訓練の促進

ソーラー・イヤーは、多くの聴覚障害者が、特に手話で会話すれば、細かい作業に適した手先の器用さを身につけられることに気がつきました。この能力は、ソーラー・イヤーの製品に使われる小型の回路をはんだづけするのにうってつけです。

ソーラー・イヤーはアメリカ製の補聴器よりもはるかに安価で、太陽光充電器自体も50ドル程度。電池にかかるコストを削減し、使い捨て電池が埋め立て地で有毒物質を排出するのを防ぐという環境効果や経済効果があります。充電可能な電池がひとつあれば、年間で使い捨て電池約50個を節約することができるのです。聴覚障害者の中には両耳に補聴器を入れている人もいるので節約できる電池の量は2倍になり、充電器は2〜3年もつので、効果はさらに増加します。

- ソーラー・イヤーを自分の国に導入する活動を支援しましょう。この補聴器と電池、そして太陽光充電器は全部合わせても、従来の補聴器よりずっと安いのです。中所得層の顧客に販売すれば、低資源地域で提供する補聴器の資金源を獲得することも可能です。
- グレース・オブライエンはまだ16歳だったときに**イヤーズ・フォー・イヤーズ（何年も使える耳、EarsForYears.org）**を立ち上げ、低資源地域の聴覚障害を持つ子どもにソーラー・イヤーを届ける活動を始めました。彼女の活動を支援しましょう。

- solarear.com.br • WWHearing.org

idea 15

視力矯正

世界中で何億人もの大人や子どもが、識字能力と生産性を大幅に高めることのできる安価な眼鏡を手に入れることができていません。

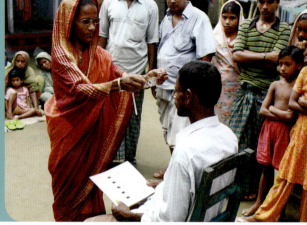

バングラデシュで、ビジョンスプリング・アントレプレナーが眼鏡を合わせるのを興味津々で見物する村人たち。© John-Michael Maas/VisionSpring

　黒板に書かれた文字や数字がぼやけて見えない、携帯電話の文字が小さすぎて読めない、針に糸を通すのが難しい──こんな問題も、普通なら簡単に解決できます。眼鏡をかければいいのです。眼鏡は、もう何世紀も前から使われています。大量生産される眼鏡は、今では世界中の低所得層の顧客にも手が届く価格になっています。それでもなお、いまだに世界中で何億人もが、眼鏡を手に入れることができずにいるのです。

　世界人口が高齢化するなか（2011 年の平均寿命は 70 歳）、単なる拡大鏡レベルの眼鏡を必要とする人たちが増えています。一方、学校に通う子どもの約 10% は、視力を調整した眼鏡が必要です。この膨大なニーズを満たすため、低所得層の顧客に適切な眼鏡を作って届けようという独創的な活動が展開されています。

[課題]
- 多くの人が一度も視力を測ったことがなく、自分の目が悪いということも、その問題が簡単に解決できるということも気づいていません。
- 都市部の眼鏡店は地方の農村からは遠く、値段も高すぎます。
- おしゃれは富裕層だけのものではないのです。多くの人が、おしゃれではないという理由で眼鏡をかけたがりません。
- 子どもが眼鏡をかけると、ほかの子どもたちにからかわれることもあります。

　途上国の顧客に安価な眼鏡を届ける事業をおこなう**ビジョンスプリング**は、眼鏡をかけるようになれば月収が約 20% 上がり、わずかな収入で生活している人たちにとってこれは大きな違いだと報告しています。ビジョンスプリングには、おしゃれで安価な眼鏡を 200 万個以上も販売したという実績があります。彼らの目標は、現在注力しているインド、エルサルバドル、バングラデシュの 3 カ国以外にもさらに 20 カ国に活動を展開し、ほかの社会事業や NGO と新たなパートナーシップを築いて、高品質で低コスト、効果が高くて魅力的な眼鏡に対するニーズを満たしていくことです。

　ビジョンスプリングは都市部で店舗を運営し、そこで注文に応じて眼鏡を製造しています。これらの店舗はハブ拠点としての機能を持ち、「ビジョン・アントレプレナー」と呼ばれる販売員が遠方の顧客のもとへ出向くことで、このビジネスモデルの広報担当を務めるのです。この現地担当者の多くは女性で、次のような仕事をおこないます。
- 標準的な度数の眼鏡をかばんいっぱいに詰めこんで、地方の村に出かけていきます。
- 現地住民の視力を検査し、視力に深刻な問題のある住民には店舗に連絡して調整した眼鏡を取り寄せるか、提携している病院でちゃんとした治療が受けられるよう紹介します。
- 視力問題と眼鏡の効果について、住民の意識向上に努めます。
- 顧客から意見を聞き、現地の顧客の好みに合わせた商品が作れるように情報を提供します。

メキシコのオアハカで、おそろいの眼鏡をかける小学生。© Government of Oaxaca

ブルキナファソで、この 1 ドル眼鏡の所有者の自慢は、アクセントにつけたオレンジのビーズです。© Daniel Schlow

アドスペックスを見せびらかす女の子。© Centre for Vision in the Developing World

フレーム
密閉ボタン
調節機能
液体が満たされた、度数調整可能なレンズ

© Centre for Vision in the Developing World

ビジョンスプリングは寄付金で活動していますが、この眼鏡事業をほかの NGO にも展開させることで規模を拡大し、価格を引き下げようとしています。一番安い眼鏡は 2 ドルで買えます。もう少し裕福な、それでも一般的な眼鏡店では高くて買えないという顧客向けに、高価格帯の眼鏡も販売しています。

ビジョンスプリングのモットーは「視力を矯正するだけではなく、人々が能力を存分に発揮できるよう手助けする」です。矯正された視力によって生産性が向上したという実績が、この言葉を裏付けています。コストを差し引いて、顧客の眼鏡への投資に対する利益率は、1 ドルあたり 26 ドルにもなるのです。

アメリカの眼鏡会社オーゲン・オプティクスと支援者が政府とのパートナーシップを構築した「シー・ベター・トゥ・ラーン・ベター（もっとよく学ぶためにもっとよく見る。スペイン語名 " ヴェルビエン " verbien.org.mx）」という事業では、メキシコの学校に通う子どもたちに 10 ドルの度つき眼鏡を配布して、学業の成績を大幅に向上させています。眼鏡のフレームは色が選べるツートンカラーで、パーツをがっちり組み合わせて作るため、壊すことがほぼ不可能な頑丈な造りになっています。

1 ドル眼鏡はドイツの物理学教師マルタン・アウフムスの発案によるもので、ワイヤーと輸入レンズで利用者に合わせて作れる眼鏡です。この眼鏡はアウフムスが開発した加工キットを使って製造するもので、安価な眼鏡だけでなく、現地の雇用も創出します。顧客はアクセントになる色ビーズを選びます。本体は非常に軽量で、鼻パッドも必要ありません。複雑な度数調整が必要なら、オックスフォード大学の原子物理学者ジョシュア・シルバーの独創的な発明品、度数調整可能な**アドスペックス**（「調整可能な眼鏡（アジャスタブル・スペクタクル）」の略）がお薦めです。これは検眼医や眼鏡技師に頼ることなく自分で度数が調整できるため、眼鏡の価格を大幅に引き下げ、利用しやすくしたものです。

適切な量の液体をレンズに注入し、調整用チューブを取り除くと、なんと、オーダーメイドの、安価な度つきレンズの完成です。シルバーは現在、オックスフォード大学の「開発途上国向け視力矯正センター」の責任者を務めています。

子ども向けの新しいデザイン、**チャイルドビジョン**はいくつものデザイン賞を獲得し、今は大量生産の試験段階です。

オランダの社会事業**フォーカス・オン・ビジョン**は「フォーカス・スペックス」という、ダイヤルで調整できるレンズを開発しました。その販売を NGO に委託しています。最終利用者が眼鏡に対価を払うことの重要性を強調しているのです（無料でもらったときよりも大事にするように、との思いがこめられています）。

> 使わなくなった眼鏡を寄付するという方法は？『オプトメトリー・アンド・ビジョン・サイエンス』で報告された 2011 年の調査では、この方法だと新しい眼鏡を提供するより倍のコストがかかるため、推奨される戦略ではないとのことです。寄付された眼鏡のうち、実際に再利用可能なのはたったの 7% です。

YOU
- 年配の女性は、読書用に眼鏡を複数購入する場合が多いそうです。ビジョンスプリングがこの顧客層向けにオンラインで製品を開発・販売する活動を支援しましょう。
- 現場で実践経験を積みたい検眼医は、ビジョンスプリングに連絡してみてください。
- フォーカス・スペックス（Focusspecs.com）は眼鏡がひとつ売れるたびに、もうひとつを提携 NGO に寄付しています。

EDU
- ワンダラー・グラス（OneDollarGlasses.org）で、学生向けに掲載されているスライドショーを見てみてください。

- VisionSpring.org • VDWOxford.org

女の子と女性の健康

女の子と女性の健康に関しては、いい知らせと悪い知らせがあります。

悪い知らせ——低資源地域の女性は、完全に予防可能な病気で毎日のように亡くなっています。その死によって多くの子どもが母親を失い、さらに苦しむことになります。世界では、あまりに多くの貧しい女性が、20世紀の驚異的な進歩から取り残されているのです。

「女性とその子どもの人生にとって、一番危険なのは子どもが生まれたその日です。出産時に必要な処置が受けられないという事実こそ、女性に対するもっとも残酷な差別の表現です。このように悲劇的で不要な死を防ぐのは人道的に最優先するべき緊急事項であるだけでなく、社会経済的発展に向けた重要な投資でもあるのです」（元ノルウェー首相イェンス・ストルテンベルグ）

いい知らせ——分娩後出血を止める**ミソプロストール**《22》の投与のように安価な対処法で、女性の命は守れます。妊産婦の健康増進と妊産婦の死亡率低下も含む2000年のミレニアム開発目標が策定されるまでは、多くの国では妊産婦の死亡についての統計すら取られていませんでした。

セクター1で取り上げたような性的に中立な健康改善に加えて、女性には女性特有の医療サービスが必要です。この章では、低いコストで高い効果をあげる対処法を紹介しています。このうち5項目が性と生殖に関する健康、家族計画、そして妊婦健診に関するものです。

性と生殖に関する健康について学ぶ機会を拡大するのは、重要なことです。女性にとって（そして男性にとっても）差し迫った課題は、女性器の損傷がいかに悪影響をもたらすかを知ってもらうことです。**教育**によってコミュニティがこの慣習を放棄する方向に動くこともしばしばあるのです《16》。

性感染症である、ヒトパピローマウイルス（HPV）によって引き起こされる子宮頸がんを発症する女性は、大半が30代から40代なので、このおそろしい**病気の検査**《17》と治療を受けることで彼女たちの命だけでなく、家族も守られます。そして、さらにいい知らせがもうひとつ。今では**HPVワクチン**《4》もあるのです。

ほかのセクターのツールも、女性の健康にいい影響を与えることができます。

識字能力《81》は、誰にとってももっとも重要な貧困削減のツールかもしれません。教育を受けた女性の子どもはより健康になります。女性を教育することで出生率は減少し、経済状況が改善します。**女の子の早すぎる結婚を禁止する法**を施行すれば《95》女の子はより長く学校に通え、出産の時期も遅くなり、思春期の女の子とその子どもの健康状態が改善することになるのです。

性別にもとづく暴力は、女の子と女性の健康を大幅にそこなう要因のひとつです。アメリカで**女性を暴力から守る法案（IVAWA）**《96》が議会を通過すれば、絶えず存在するこの脅威から女性が解放されるよう働きかける世界的な取り組みを、アメリカでも優先するようになるでしょう。

ほかにも、ときには驚くような形で役に立つ介入方法があります。
◎ 女子生徒のための**生理用ナプキン**《47》は、女の子がからかわれたり攻撃されたりするリスクを減らし、学校に通い続ける可能性を高めます。
◎ 携帯用の**ソーラーライト**《27》を夜のトイレに持っていけば、女性が襲われる可能性を少しでも減らすことができます。
◎ 女子生徒に**自転車**《78》を提供すれば彼女たちの身を守れるだけでなく、移動のために年長の男性に頼らなくてもよくなるぶん、妊娠の可能性も低めることができます。

つまりは、簡単なことです。女の子と女性がもっと健康になるほうが、自分たちと家族を極貧状態から救い出せる見こみがずっと上がるのです。

GIRLS' AND WOMEN'S HEALTH

16. 女性性器切除の慣習を、違う儀式で置き換える

女性性器切除（FGM）の撲滅で、何百万人もの女の子が身体的苦痛から救われます。代わりになる儀式があれば、この慣習を放棄することも文化的に受け入れられやすくなります。

17. 酢を使った子宮頸がん検診法

グローバル・サウスで女性のがんによる死因ナンバーワンである子宮頸（けい）がんは、酢を使った簡単な方法で検査でき、その日のうちに治療できます。

18. 避妊

「ジャデル®」という小さな2本の棒を腕に埋めこむだけで5年間避妊することができ、簡単に取り除くこともできます。「プランB」という緊急避妊薬は、避妊しなかった性交渉のあとの妊娠を防ぎます。

19. 妊産婦の栄養補助

妊産婦の栄養状態が改善すれば、母親にとっても赤ちゃんにとってもいい結果を生みます。課題となるのは流通です。

20. 衛生出産キット

衛生出産キットは安全な出産に必要な滅菌済みで使い捨ての器具をセットにしたもので、母親と新生児の両方を、死に至ることもある感染症から守ります。

21. 外科手術を伴わない薬品による中絶

外科手術を伴わない服用薬による中絶は、安全で体を傷つけない方法です。

22. ミソプロストール──母親の命を救う

安価なジェネリック薬品のミソプロストールは、世界中で多くの妊産婦の死亡を引き起こしている分娩後出血を予防・治療するものです。

idea 16

女性性器切除の慣習を、違う儀式で置き換える

女性性器切除（FGM）の撲滅で、何百万人もの女の子が身体的苦痛から救われます。代わりになる儀式があれば、この慣習を放棄することも文化的に受け入れられやすくなります。

ケニアで、代替通過儀礼の最中に静かに過ごすネリー、ソイネ、タヤイナの3人。
© Teri Gabrielsen/African Schools of Kenya

女性性器切除（FGM）の慣習を撲滅しようという動きは勢いを増しており、実施例は減ってきています。昔から続く伝統的な慣習は、アフリカやアジア・中東の一部地域でいまだに広くおこなわれています。この慣習は年若い女の子に対して、本人の意志とはまったく無関係におこなわれるもので、耐え難いほどの苦痛とトラウマをもたらします。

FGMは、以下のような命にかかわる問題や長期にわたる危険な影響をもたらします。

- ✕ 感染症。
- ✕ 出血。
- ✕ ショック症状。
- ✕ 慢性的な苦痛。
- ✕ 尿道感染。
- ✕ 排尿時の苦痛。
- ✕ 生理不順。
- ✕ 不妊。
- ✕ 出産時の合併症と死産。
- ✕ 産後の膣瘻（ちつろう）〔出産後に膣が裂けて、ガスや便が漏れる病気〕。

これらの身体的苦痛に加えて「心の傷」ももたらします。文字通り傷口に塩を塗りこむようなものです。女性性器切除が原因で、女の子が死亡する例もあります。

「FGMには健康上の利点は一切なく、女の子と女性をさまざまな形で傷つけます。これはまったく普通の健康な性器の一部を傷つけ、切除する行為で、女の子と女性の体の自然な機能を妨害するものなのです」（世界保健機関）

「女性性器切除の廃止に向けた世界的取り組みを強化する」と題した2012年の国連決議は、FGMを禁止する法律を制定するよう、すべての国家に呼びかけるものです。アフリカの女性たちがこの取り組みを主導しており、以下の理由でFGMを糾弾しています。

- ✕ 人権侵害である。
- ✕ **女性に対する暴力**の一種である《96》。

法律も重要ではありますが、FGMを撲滅するには至っていません。強制力が事実上ないのです。伝統を守っているのは長老や母親たちなので、コミュニティに呼びかけてFGMについての誤解を解いていくことが、この慣習の撲滅には欠かせません。

- FGM"こそ"健康問題の原因となることを、多くの女性が知らずにいます。ほぼすべての女の子が女性器を切除される地域、たとえばその割合が98％にものぼるソマリアでは、女性性器切除後に起こる健康問題は自然に発生するものだと思われているのです。完全に避けられる問題だということを理解すれば、伝統を見直すきっかけになるかもしれません。

- イスラム教は、FGMを是認しているわけではありません。多くの女性が、この慣習は宗教で定められているのだと誤解しています。FGM撲滅を宗教的指導者が支え、女の子と女性の健康を改善するためにFGMを放棄するよう推奨してくれることが重要です。

- 男性が必ずしもFGMを支持したり期待したりしているとは限りません。男性を交えた話し合いが突破口となる場合もあります。FGMは女性だけの伝統であり続けたため、男性はほとんど知識がなかったのです。男性がFGMを求めていないことを知れば、母親はFGMを受けていない娘でもちゃんと結婚できるという確信が持てるはずです。多くの男性が、FGM撲滅を支持する発言をしています。

セネガルに拠点を置くNGOの**トスタン**は、FGM撲滅運動の先駆者です。トスタンは、「女性性器損傷」という意味のFGM（Female Genital Mutilation）の代わりに「**女性性器切除（FGC、Female Genital Cutting）**」という言葉を使っています。判断や価値観を誘導しないような言葉を使ったほうが変化を起こしやすいことを、現地の職員が実感しているためです。

1997年、セネガルのマイクンダ・バンバラ村でトスタンの識字・医療プログラムに参加している女性たちが、娘の女性性器切除をやめるという、自主的で勇気ある決断に至りました。伝統的なFGCの儀式の代わりに実施されたのは、この革新的な決断を発表する**宣言の儀式**です。ほかの村もこれにならうようになり、指導者たちは古い慣習を新たな祝福の儀式で置き換えれば、村人たちがFGCを放棄する決断を受け入れやすくなることに気づきました。

今では、大勢が参加する「宣言大会」で複数の村が一致団結してFGCの放棄を祝福し、この変化をさらに強固なものにしています。コミュニティの連帯に欠かせない男性の参加も見られます。ジブチ、ギニア、ギニアビサウ、マリ、モーリタニア、セネガル、ソマリア、ガンビアの各国で6500以上のコミュニティが、昔ながらの演説や踊り、音楽、物語などを通じてFGCの放棄を宣言しました。

　トスタンは成長を続け、西アフリカにおける影響力を拡大しています。最近では、FGC放棄の誓いは**早すぎる結婚**《95》を終わらせる誓いと組み合わせられることもしばしばです。

　ケニアでは、マサイ族の若い女の子52人のために**代替通過儀礼**がおこなわれました。この52人の中には族長の娘も含まれ、女性性器切除を伴わずに、大人の女性への洗礼の儀式を受けたのです。部族の集まりでFGCを終わらせる誓いを祝福するのは、伝統を重んじると同時に娘たちのために新たな通過儀礼を生み出すきっかけになります。コミュニティ全体にとってめでたい、劇的な瞬間となるのです。長老たちは、儀式で以下のような知識を伝えます。

- 人としての成長と発展。
- FGCにまつわる迷信、誤解、健康上のリスク。
- 家族計画。
- HIVと性感染症の予防。
- 人権と自尊心。

　コミュニティでは、それまで女性性器切除をおこなっていた年配の女性たちに敬意を表するだけでなく、これから先の生きがいも見つけることが重要だと気づきました。儀式の際、4人いた切除係の女性たちにそれぞれ1頭ずつ**ヤギ**《72》が贈られ、進んで切除を放棄したその行為をコミュニティ全体で認識し、尊敬する気持ちを表したのです。

　エドナ・アデン・イスマイルは、FGC撲滅に向けて休むことなく活動を続けています。彼女の最高の成果である**エドナ・アデン大学病院**は、セネガルからはるか6400キロ以上、大陸の反対側である東海岸のソマリランドはハルゲイサに位置しています。この病院の第一の使命は、「妊産婦と乳幼児の医療向上、および女性性器切除の慣習の撲滅」です。

　この病院では女性性器切除が原因で長く続く、体力を消耗させる悪影響に苦しむ女性を治療しています。だからこそ、FGCを永久に撲滅しようという思いがとりわけ強くなるのです。病院の研究部門ではFGCがどの程度一般に受け入れられているのか、どのような悪影響をもたらすのかについてのデータを集め、撲滅作戦の方向性を定める一助としています。

セネガルのジガンショールで、女性性器切除に「さよなら（アデュー）」を告げる若者の演劇グループ © Tostan

- エドナ・アデン大学病院は、以下の専門技術を持つボランティアを歓迎します。
  - 医療従事者、あるいは看護科や産婦人科、薬学科、生化学科の学生
  - 職員や学生に英語を教えられる外国語教師
  - 図書館職員や目録作成者、コンピューターやITのサポートスタッフ
  - FGCの継続的調査を支援してくれる統計・データ収集専門家
- トスタンは1年間のボランティアプログラムを実施しています。フランス語が話せる大学生や新卒者、大学院生は特に歓迎です。

- tostan.org • ASKenya.org • EdnaHospital.org

idea 17

酢を使った子宮頸がん検診法

グローバル・サウスで女性のがんによる死因ナンバーワンである子宮頸（けい）がんは、酢を使った簡単な方法で検査でき、その日のうちに治療できます。

看護師のマリリン・イサークス・ミンゴが、子宮頸がん検査の準備をしています。
© Maureen Reinsel, 転載許可 Jhpiego

　看護師のマリリン・イサークス・ミンゴは、夕食の準備をしているわけではありません。今日の子宮頸がん検査の準備のため、酢酸、つまり、お酢を注いでいるのです。このごく簡単な手法は、子宮頸がんによる多くの死を防ぐことができます。

- 富裕国の子宮頸がん発症率は、何世代にもわたって子宮頸部細胞診がおこなわれてきたため、激減しました。
- 世界中で毎年27万3000人の女性が子宮頸がんで死亡しており、そのほとんどがグローバル・サウスの女性です。
- 子宮頸がんのほとんどがヒトパピローマウイルス（HPV）という、性感染症の一種によって引き起こされます。
- HIV陽性の女性はHPVに感染するリスクが高く、そのため子宮頸がんにかかるリスクも高くなります。
- 子宮頸がんで死亡する女性の多くが30〜40代で、幼い子どもが母親を失うことになってしまいます。
- 新たに導入された**HPVワクチン《4》**は、ほとんどの子宮頸がんを予防することができます。

　このお酢を使った安価な検査方法を開発したのは**ジャパイゴ**という、ジョンズ・ホプキンス大学医学部の関連団体です。お酢の溶液を子宮頸部に塗布すると、がんになる前の異常な細胞があれば数分で白く変色するので、この検査方法は**酢酸を用いた目視検査（VIA）**とも呼ばれています。病変は検査した当日に、滅菌した金属の棒を使って二酸化炭素か亜酸化窒素ガスで凍らせます。つまり、検査と治療が同時にできるのです。VIAと凍結療法を合わせた対処法は、**VIA/Cryo**と呼ばれます。

- VIAには臨床検査が必要ありません。
- VIA/Cryoの検査技術は、数週間の研修で身につけられます。
- 凍結療法はおよそ90%有効で、やけどのような感覚がありますが、数日で消えます。
- 検査結果が出るまで長い期間待つ必要も、再診の必要もありません。
- 子宮頸がんが進行していることが判明すれば、手術が必要になります。

　「**ザンビア子宮頸がん予防プログラム（CCPPZ）**」は、17の診療所を運営しています。女性を検査すると、写真のデジタルデータが**電子子宮頸がんコントロール（EC3）**を使って遠隔検査に送られます。2013年には検査数が10万件を突破しました。ここでは、ほかの国の医療従事者への研修も実施しています（acewcc.org）。

　プリベンション・インターナショナル：ノー・サーヴィカル・キャンサー（PINCC）はインドや中南米、東アフリカにチームを派遣し、研修の実施やVIA/Cryoプログラム立ち上げの支援をおこなっています。

　グラウンズ・フォー・ヘルス（GFH）はメキシコ、ニカラグア、ペルー、タンザニアのコーヒー生産地域でVIA/Cryoプログラムを立ち上げました。コーヒー農協が支援を要請すれば、現地の保健衛生推進ボランティアを訓練し、地域住民に子宮頸がんや検査についての教育がおこなえるようにしています。さらに現地の医療従事者に指導をおこない、検査会場に女性が行けるよう交通手段も提供しています。

> 診療所に冷凍設備がない場合、現地にあるコカ・コーラの瓶詰工場から液化炭酸のガスボンベを借りる場合もあります。

- PINCCは医療専門家と素人ボランティアの両方を積極的に採用しています。
- GFHは看護師や公認看護師（上級看護師の資格を持つ看護師）、助産師、医師のボランティアを歓迎しています。
- GFHはイーベイの寄付プログラム、「ギビング・ワークス」に参加しています。売り上げの10〜100%を、GFHのプログラムに寄付することができます。

- jhpiego.org • pincc.org • GroundsForHealth.org

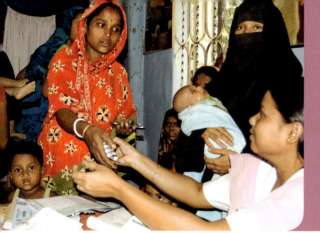

バングラデシュで高まる家族計画の需要。写真に子どもが5人写っているのがわかりますか？
© T.Cody Swift/ Pathfinder International

idea 18

避妊

「ジャデル®」という小さな2本の棒を腕に埋めこむだけで5年間避妊することができ、簡単に取り除くこともできます。「プランB」という緊急避妊薬は、避妊しなかった性交渉のあとの妊娠を防ぎます。

　世界中で、出産を制限したいと願う2億人以上の女性が近代的な避妊法を利用できずにいます。やり方は山ほどありますが、利用できる環境に恵まれていないのです。最近は以前の不適切なものとは違い、副作用が少ないうえに効果が高い手段が普及しています。

　家族計画サービスには、たくさんの人手が必要です。避妊手段は駆虫薬のように、一列に並んだ人たちにただ手渡せばいいというものではありません。世界保健機関が承認している避妊用インプラントの**ジャデル®**は国際NPOポピュレーション・カウンシルが開発したもので、一度腕に埋めこめば、5年はもちます（同じような商品では、ネクスプラノン®というものがアメリカで使われています）。ジャデルは近代的避妊法に対する膨大な需要を満たせる可能性を秘めたもので、次のような特徴があります。

◎ 購入しやすい —— 複数の関係者が粘り強く交渉を重ねた結果、2012年には**ジャデル・アクセス・プログラム**を通じて、処方1回あたりの価格が低所得国のために8.50ドルまで引き下げられました。
◎ 便利 —— 遠隔地に住む人々が、何回も診療所に来なければいけないというつらくてお金のかかる問題を回避できます。
◎ 脆弱な保健医療システムへの負担はほとんどゼロ —— ジャデルは効果が長く持続するので、医療従事者が避妊の処置にかける時間が減ります。そのぶん、ほかの医療活動に時間を割けるのです。

● マッチ棒2本くらいの大きさのジャデルは、上腕の内側に局部麻酔をしてから埋めこみます。取り除くときも同じです。
● 効果は5年間持続します。取り除けば、数日のうちには妊娠が可能になります。
● 主な副作用は経血量の変化です。不定期な経血を伴う女性もいますが、経血がまったくなくなる女性もいます。
● ジャデルは避妊手術と同じくらい妊娠を防ぐ効果がありますが、取り除けば再び妊娠できるようになります。
● 5年以上埋めこんだままでいても、副作用はありません。

ジャデルには、性感染症を防ぐ効果はありません。

　「完全に実施されれば、ジャデル・アクセス・プログラムは2013年から2018年の間に2800万件の望まない妊娠を防ぐことができます。そして最終的には、約28万件の乳幼児の死亡と3万件の妊産婦の死亡を防ぐことができるのです」（ビル・アンド・メリンダ・ゲイツ財団）

　緊急避妊薬は、強制的または無防備な性交渉を経験した女性にとっては重要なツールです。「モーニング・アフター・ピル」と呼ばれるこの避妊薬には「プランB」などの類似商品があり、排卵を止める作用があります。

　戦争や紛争の際にはしばしば起こる**レイプ犯罪**、そして**性別にもとづく暴力**《96》が世界中に蔓延する中、緊急避妊薬は被害者にとっては必要不可欠です（事後にHIVの感染を防ぐための予防薬「PEP」も、同時に提供する必要があります）。

　緊急避妊薬はアメリカをはじめ、多くの国で処方箋なしに薬局で購入することができます。

性と生殖に関する健康の授業。ナイジェリアではIUD（避妊リング）がもっとも人気の選択肢です。© Marie Stopes International/Glenna Gordon

 ippf.org　●　mariestopes.org.uk　●　pathfinder.org

セクター2　女の子と女性の健康　49

idea 19

妊産婦の栄養補助

妊産婦の栄養状態が改善すれば、母親にとっても赤ちゃんにとってもいい結果を生みます。課題となるのは流通です。

「この移動診療所に来る母親はみんな、ビタミン・エンジェルから妊婦用ビタミン剤をもらえます。ここだけで100人も女性が集まったんですよ！ 計算すればわかりますが、1日で3000個もビタミン剤が出たんです！」© Cheryl Hanna-Truscott/Midwives For Haiti

産前産後ケアは単独の活動というよりは、女性が出産して可能な限り健康な子どもを育てつつ自分の健康も維持できるよう支援する、いくつもの活動で成り立っています。

低資源地域の妊婦にとって一番危険なのは**カルシウム、ヨウ素、鉄分の不足**です《7》。妊婦は鉄分を多く必要とします。世界保健機関は妊産婦死亡のうち20%が鉄分不足による貧血の女性であると推定しています。主な原因は以下のようなものです。

- 慢性的な栄養失調。
- 鉄分を多く含む緑の葉野菜の摂取不足。
- そもそも鉄分が不足しがちな野菜のみの食事。
- 月経。

ジェニファー・ツァイとマシュー・エドマンドソンはニューヨーク大学スターン経営大学院の学生だったころにタッグを組み、インドの妊婦に鉄剤を届ける社会事業を立ち上げました。インドの妊婦の貧血率は60%と、世界最悪レベルなのです。市場調査をおこなうと、鉄剤を手に入れられる女性でも、ちゃんと飲んでいる人の割合がとても少ないことがわかりました。美味しくない後味や不快な副作用が嫌がられていたのです。

また、錠剤が栄養補助食品ではなく薬と思われたことも、強い抵抗感を生みました。妊娠中で、病気でもないのに、薬を飲む理由が理解されなかったのです。

ツァイとエドマンドソンが思いついた解決策は、鉄分を強化したビスケットを売る会社、**バイオレット・ヘルス**で、これがニューヨーク大学のコンテストで優勝しました。このビスケットは高所得市場向けには営利目的の商品となり、低所得地域では援助商品とすることができます。インドの女性も、たいていの人と同様、錠剤よりはビスケットのほうを好みました。

妊産婦用の栄養補助食品はほかにもあります。**スプリンクルズ™**は子ども向けの微量栄養素入り粉末のパックですが、今は妊娠中や授乳中の女性向けに、鉄分とカルシウム不足を補うために作られたものも出ています。

プランピーマム™は、**プランピーナッツ™**《12》のメーカーであるニュートリセットの新商品です。こちらも妊娠中や授乳中の女性向けの商品で、低体重で体の弱い赤ちゃんが生まれる原因となる妊産婦の栄養不足を補い、出生後の成長を促進させるものです。

ラジ・ニュートリミックス《7》は、インドのバーンスワーラーで**WFO**と**栄養改善の世界同盟（GAIN）**が共同で開発した、現地の女性自助グループが袋詰めしている粉末の微量栄養素補助食品です。妊娠中や授乳中の女性、乳幼児や幼い子ども向けに調合されたこの粉末は栄養強化小麦、大豆、トウモロコシ、砂糖、12種類のビタミンと6種類のミネラルを含んでいます。

栄養強化作物《59》は、別の角度からこの問題に取り組むものです。普通の食材と同じように食べられるものに、鉄分を強化しているのです。トウジンビエは、一般的に食べられているコムギやコメ、トウモロコシより鉄分が多い穀物です。栄養強化作物の開発に取り組む国際的プログラム「ハーヴェストプラス」では、干ばつに強い鉄分豊富な新種のキビを開発しています。その名前は「ダーンシャクティ」で、「繁栄と強さ」を意味します。

スプリンクルズ™の微量栄養素パック。© www.sghi.org

- バイオレット・ヘルス（VioletHealth.com）は、営利目的の社会事業です。ツァイとエドマンドソンはエンジェル投資家〔新規事業に資金を提供する投資家〕を募っています。

- VitaminAngels.org ・ sghi.org

idea 20

衛生出産キット

衛生出産キットは安全な出産に必要な滅菌済みで使い捨ての器具をセットにしたもので、母親と新生児の両方を、死に至ることもある感染症から守ります。

インドのチェンナイで、衛生出産キットを袋詰めするアイズの製造ライン。
© ayzh/Justin George

　安価な日用品を詰めたチャックつきのビニール袋に救命用具が入っているようには思えないかもしれませんが、それが感染症を防ぎ、母親と新生児の命を救ってくれるのです。母親が出産時に命を落とすと、新生児の生存率は急激に下がります。産婦と新生児の死亡率は、密接に関係しているのです。すでに生まれている子どもも、母親を失うと生命のリスクが高まります。

　衛生出産キットは、もう何十年も前から出回っています。世界中で毎年約6000万人の女性が自宅で出産しており、床は地面がむき出し、清潔な水さえないこともしばしばです。年間36万件という産婦の死亡原因の約10%が、感染症によるものです。

　このキットは、世界保健機関が定める「清潔にすべき6項目」に必要なツールを提供します。
◎ 手：石けんまたは消毒用ウェットティッシュ。
◎ 会陰（産道）：拭き取り用のガーゼ。
◎ 出産場所：折りたたんだビニールシートまたは血液を吸収するパッド入りシート。
◎ へその緒切断：滅菌済みのカミソリまたはメス。
◎ へその緒を縛る糸。
◎ へその緒処置：**CHX クリーム**など《5》。

　キットには、使い方を図解で示した説明書も入っています。アップグレード版にはビニール手袋や産後に使える生理用ナプキン、タオル、新生児用の毛布や布も入っています。

　インドで衛生出産キットの社会事業に取り組む女性がズバイダ・バイです。きっかけは彼女自身が出産時に感染症にかかったことです。何年も苦しみ、やがてもう子どもが産めなくなったことを知りました。機械工学と設計の専門家であるバイは、ほかの女性が同じ苦しみを味わうのを防ぐために、**アイズ**を立ち上げ、キットの開発に情熱と技術を注ぎました。

> 低所得国の病院はしばしば、滅菌済みの消耗品を切らしています。女性は、そういったものを自分で持ってこなければならないのです。

　その結果生まれたのが、2ドルで買えるおしゃれな衛生出産キット、「ジャンマ」（ヒンディー語で「出産」を意味する言葉）です。チャックつきのビニール袋ではなく、再利用できる魅力的な麻のハンドバッグに衛生出産キットが詰められています。このキットはインドで袋詰めの作業をおこなうことで、現地の女性の雇用を創出しています。顧客には非営利組織も民間の販売業者もいて、いわゆる「B2B（ビジネス・トゥ・ビジネス、企業間での商取引）」モデルも展開しています。ほかにも商品があり、一目でアイズのものとわかるハンドバッグに詰めて売られています。アイズは信頼できる、安価で、すぐれたデザインの女性向け健康ツールのブランドを築いたのです。

　オーストラリア人のブロガー、アドリエル・ブッカーは、**ブロガーズ・フォー・バースキット（出産キットを応援するブロガー）**を立ち上げました。ブロガーたちは7000以上のキットを集め、安全な環境で出産できる女性がとても少ないパプアニューギニアへ船便で届けました。

ハンドバッグに入ったアイズの衛生出産キット。© ayzh

  ● **クリーンバース**は、妊産婦と乳幼児の死亡率が世界最悪と言われるラオスで活動しています。出産前パーティー用の記念品を販売し、お祝いのカードが1枚売れるごとに**アイズ**の衛生出産キットをひとつ寄付するという活動です。

 ● 合同メソジスト教会の海外災害支援部は、衛生出産キットを袋詰めして彼らのもとに送ってくれるボランティアを募集しています。袋詰めと発送の方法はウェブサイトに掲載されています。キットには赤ちゃん用の毛布やつなぎ型のベビー服が入り、人道的支援をもっとも必要としている地域に送られます。www.umcor.org

● CleanBirth.org ・ ayzh.com

セクター2　女の子と女性の健康

idea 21

外科手術を伴わない薬品による中絶

外科手術を伴わない服用薬による中絶は、安全で体を傷つけない方法です。

バングラデシュで、2013年のホットライン立ち上げイベント。
© Asia Safe Abortion Partnership

医学的人工中絶（薬で誘発する堕胎）は外科手術を伴わないため、女性の体を傷つけずに最後の月経から最大9週間までの初期の妊娠を中断させることができる手法です。この手法には2種類の薬が使われます。

ミフェプリストン（RU-486）は、女性ホルモンのプロゲステロンを阻害します。プロゲステロンが分泌されなければ、受精卵が子宮壁に着床できません。

分娩後出血《22》の治療にも使われる**ミソプロストール**は、子宮収縮を誘発します（ミソプロストールは単独でも使えますが、ミフェプリストンと併用したほうが確実です）。もともとは潰瘍（かいよう）の治療薬だったミソプロストールは、1980年代半ばから安全な人工中絶薬として使われてきました。

多くの組織が、人工中絶と施術の知識を低資源地域の女性に利用しやすくするために活動しています。安全な方法が利用できなければ、女性は危険な選択肢を選ばざるを得ないからです。オランダ人の医師で人権活動家のレベッカ・ゴンペルツが創設した**ウィメン・オン・ウェイブ（波に乗る女性たち）**は中絶が違法になっている国の近くまで船を走らせ、女性に中絶を施すと同時に安全な中絶の権利を訴えています。その姉妹組織である**ウィメン・オン・ウェブ（ウェブ上の女性たち）**はミフェプリストンとミソプロストールを組み合わせた中絶方法について、詳細で医学的に正確な情報を提供し、ダウンロードできる指示書を8カ国語で作成しています。

彼らは各国内の取り組みとも連携し、たとえばバングラデシュでは中絶ホットラインを立ち上げたりもしています。**リネア・アボルト・インフォルマシオン・セグラ**は、中南米でも中絶に関する法律がもっとも厳しいチリで、何千人もの女性に情報を提供しています。

ノースカロライナに拠点を置く**IPAS**は女性が錠剤やその他の安全な手法によって安全な中絶をおこなえるよう活動する組織で、20カ国以上の国の組織と提携しています。

「どのような女性も、自分の命、健康、生殖能力、幸福、そして家族の幸福を犠牲にする必要はないはずです。私たちは、人生の一番いい時期に女性が命を落とす原因となっているこの根本的な社会的不公正と戦います」（IPAS）

中絶が規制されていると、女性は危険な中絶方法を選ばざるを得なくなります。そうすると危険な結果を招くことになり、最悪の場合は死にも至るのです。世界保健機関は危険な中絶をこのように定義しています。「必要な技術を持たない者、あるいは最低限の医療水準を備えていない環境、またはその両方による妊娠の中絶」

危険な中絶は多くの女性の命を奪い、母親を失った無数の子どもたちの命も危険にさらします。

✕ 毎年、4万7000人の女性が危険な中絶に関連する症状で死亡します。これは、すべての妊産婦の死亡者数の13%にも相当します。

✕ 危険な中絶が原因の死亡のうち85%が、開発途上国で起こっています。

✕ 中絶率は、国が規制しているからと言って低いとは限りません。女性は望まない妊娠を終わらせるために、命をかけて中絶するのです。

✕ レイプの被害者が妊娠し、安全な中絶を拒否されるということは、二重に被害を受けるということです。

✕ 危険な中絶による死亡のもっとも多い要因は感染症と、子宮に穴が開くことです。

> アメリカでは、違法な人工中絶10万件あたりの死亡例は0.6件です。世界に目を向けると、危険な中絶の死亡率はその350倍にもなり（10万件あたり220件）、サハラ以南のアフリカではなんと800倍、10万件あたり460件にもなるのです。──グットマッハー研究所（アメリカ政府管轄の医療研究機関）

 ● WomenOnWaves.org ● WomenOnWeb.org ● Ipas.org

ハイチのアンシュにある聖テレーズ病院で、新米助産師ミシェリン・リュールブール、キャルリン・ジャン＝ジル、イェモニク・テレスモンとフェデリン・マグミーたちは出産の改善に取り組んでいます。© Cheryl Hanna-Truscott/Midwives For Haiti

idea 22

ミソプロストール
母親の命を救う

安価なジェネリック薬品のミソプロストールは、世界中で多くの妊産婦の死亡を引き起こしている分娩後出血を予防・治療するものです。

妊婦は、普通の女性より余計に鉄分を必要とします。栄養不足の女性は特に**鉄分不足による貧血**《19》にかかりやすく、出産後に過度の出血が起こる分娩後出血で死亡する可能性がさらに高まります。また、感染症による死亡のリスクも高くなります。

✗ 世界の妊産婦死亡の 99% は開発途上国で起こっています。その大半が、分娩後出血によるものです。

✗ 技術を持つ医療従事者や医療設備が少なく、移動手段が少ない地方の女性は特に、妊産婦死亡率が高くなります。

常温で保管できる安価な錠剤、**ミソプロストール**は、分娩後出血の予防・治療用の経口薬です。通称「ミソ」と呼ばれるこの薬は 1 回の値段が 1 ドル未満で、子宮収縮を誘発し、過剰な分娩後出血を食い止めます。

ミソプロストールは 2012 年に世界保健機関の「必須医薬品リスト」入りしました。その採用率は、国によって異なります。NGO や国際的な保健機関、保健省が提携し、ミソプロストールのサプライチェーンを構築しようと動いています。

ミソプロストールは**安全な人工中絶**《21》や不全流産〔流産した際、胎児の組織の一部が体内に残ること〕の治療にも使われ、多くの女性の命を救っています。ですが中絶が法律で禁止されていたり厳しい規制を受けていたりする国では、たとえ命にかかわる分娩後出血に対処するためだとしてもミソプロストールを手に入れるのが難しく、防げるはずの妊産婦死亡を防ぐことができません。

目指すべきは、訓練を受けた助産師がいて必要な物資がある設備で妊婦が出産できるようにすることです。低所得の地方に暮らす女性の多くにとって、自宅出産は普通のことです。運が良ければ、技術を持つ助産師が間に合うように来てくれるかもしれません。ですが間に合わない場合に備えて、技術を持つ助産師が出産を控えた女性と一緒に出産計画を事前に立て、出産のための指示を与え、助産師不在で自宅出産をする場合のためにミソプロストールを持たせておくのが理想です。

ライフ・フォー・アフリカン・マザーズ（LFAM、アフリカの母親の命を救う）は 11 カ国で活動する組織で、「女性の命を救う安価な薬を提供するという、シンプルな取り組みを掲げる妊産婦のための慈善団体」です。イギリスのウェールズ出身のアンジェラ・ゴーマンは新生児専門の看護師を引退し、2005 年に BBC がチャドの妊産婦死亡を取材したドキュメンタリー番組『Dead Mums Don't Cry（死んだママは泣かない）』を見たことをきっかけに、活動を始めました。彼女は看護師に復帰し、LFAM を機能する組織へと育て上げるべく、薬品の提供や訓練の実施、サハラ以南のアフリカで妊婦健診を推進することで何千人もの女性の命を救っています。

ベンチャー・ストラテジーズ・イノベーションは、ミソプロストールの安い値段と使いやすさに目をつけ、この薬をもっとも必要としている女性が簡単に手に入れられるようにするため、2008 年に立ち上げられました。対象としている国は妊産婦死亡率が高い国で、今では 20 以上のアジアやアフリカの国で活動し、ミソプロストールを 1 回ぶん 1 ドルで提供しています。ほかにも、女性の命を救うさまざまな活動をおこなっています。

- 医療専門家は、LFAM のボランティア活動に参加できます。「LFAM での短期プロジェクトは、活動国のコミュニティに大きな影響をもたらすことができます。ですが、LFAM で活動を共にする専門家の多くが、彼ら個人にとって、そして彼らの職業にとって、このときのボランティア経験がどれほど有意義だったかを語ってくれます」
- ミッドワイブズ・フォー・ハイチ（ハイチのための助産師、MidwivesforHaiti.org）でも、医療専門家のボランティアを募集しています。

- LifeforAfricanMothers.org ・ VSInnovations.org

sector 3

暮らしを変えるエネルギー

先進工業国は電力の大半を、大規模な集中型の発電所で、通常は石炭や天然ガス、水力、あるいは原子力を動力源として作っています。電力は、送電線を伝って顧客の家庭に直接届きます。電気は便利で、ボタンを押したり、スイッチを入れたり、プラグをコンセントに差しこんだりするだけで、機器を動かせます。電気のことを意識するのは、ニュースになるほどの停電がたまに起こったときぐらいではないでしょうか。

電化が始まったのは20世紀初頭で、最初は主に明かりを届けていました。その後、生活を豊かにし、労力を節約してくれる便利な電化製品の数々が絶えず生まれ続けています。ですが低所得国では、推定13億人が今も電力網からこぼれていると言われています。

こうした国々では地方の農村の多くが電化されておらず、都市部の周辺に広がり続けるインフォーマル居住区も同様です。国が集中型の発電所を建設して、インフラに欠ける遠い地方や都市部のスラムに送電線を引くことができないからです。

エネルギー貧困——安価なエネルギー源にアクセスできない状態——のため、途上国の人々は電池や灯油、薪、家畜のフン、作物の収穫かす、木炭など、手に入れられるわずかなエネルギー源をかき集めて暮らさざるを得ません。

こうしたエネルギー源は：
× 電力網よりもコストがかかります。
× 煙が出るため、健康被害を引き起こします。
× 火事、やけどの原因となります。
× 黒色炭素の排出や電池の水銀によって環境を汚染します。
× 広範囲の森林破壊につながります。

近年では、電力網が整うのを待つよりも、現場で発電できる「**分散型エネルギー**」と呼ばれる仕組みのほうが、利用しやすい選択肢となってきています。太陽光発電技術の価格が下がれば、灯油ランプに取って代わることができ、エネルギー貧困を削減できる可能性もあります。

開発途上国では、初歩的な便利ツールである**携帯電話**《84》を使うにはしょっちゅう充電しなければならないため、電力網から外れたところに暮らす携帯電話利用者の間で電力需要が急激に高まっています。そのため最近のソーラーライトには、携帯電話の充電機能がついているものが増えてきました。携帯電話を充電したいというニーズが、太陽光発電の普及の原動力になっているのです。

電力網から外れた顧客にエネルギー製品を供給するというのは、とてつもない課題であると同時に、このうえないビジネスチャンスでもあります。顧客の意識向上を呼びかけ、新製品の供給・流通網を作るには、独創的なビジネスモデルが必要です。

ソーラーライト《27》は、短期的な対処法です。屋上にソーラーパネルを設置する**太陽光発電システム**《26》なら多くの家電に電力を供給でき、予算さえ許せば、パネルを増やすこともできます。

電池は、エネルギーという複雑なパズルの中で今も中心となるピースです。**電池の再充電**《23》のような革新的なビジネスモデルは利益を生み、顧客にはより少ない費用でより多くのエネルギーを供給できます。自転車で動かす機械《30》も、電力網から外れた場所での動力供給方法としては期待が持てます。

エコ燃料も、エネルギーの方程式の一部です。よりクリーンで、より効率のいい調理用の燃料にはいくつものメリット《32、33》があり、**改良型コンロ**《50》と併せて使えます。

省エネの電化製品は、女性の労働力と時間を節約してくれます。余分なエネルギーが手に入れば、電動粉挽き機、調理器具、ミシンなどが使えます。

灯油ランプとたき火での調理が排除されれば、女性と子どもにとっては健康上の大きなメリットが生まれます。煙を吸いこまなくなれば目や呼吸器系の疾患が劇的に減りますし、より効率のいい料理ができれば使う燃料も少なくてすみ、薪拾いの苦労も軽減できるからです。

煙は肺を真っ黒にして地球の大気を汚染するだけでなく、家の中の壁や床、そして服も汚します。クリーンエネルギーになれば、女性が掃除や洗濯にかける時間が減ります。

このセクターでは、革新的で効果的なアプローチを紹介しています。ついに、世界でもっとも貧しい女性たちのエンパワーメントが実現するのです。

LIGHTS, CELL PHONE CHARGING, ENERGY!

23. 充電ビジネス
　使い捨て電池は、もっともコストがかかるエネルギーの利用方法です。電池の再充電ビジネスはより品質が高く、コストが安く、環境にやさしい電池を提供するものです。

24. オープンソースのブライトボックス電池
　小型のソーラーパネルで充電するブライトボックスは、照明2つとラジオ1台に電力を供給し、携帯電話やその他の電子機器を充電することもできます。

25. LED 電球
　LED電球は安価で超長寿命の高品質な照明で、世界中の自家発電地域に明かりを届けられる可能性を秘めています。

26. 住宅用の太陽光発電機
　屋上のソーラーパネルで照明をつけ、携帯電話を充電し、小型のテレビを見られるだけの家庭用電力が供給できます。

27. 携帯型ソーラーライト
　持ち運びのできるソーラーLEDライトは、灯油ランプに替わる安価な代替品として普及が進んでいます。このランプなら十分な光を届けつつ、健康被害や燃料費を減らすことが可能です。

28. サンサリューター
　サンサリューター（「太陽におじぎする」という意味）は東から西へとソーラーパネルを回転させることで、ただ平らに並べただけのパネルよりも40%多く発電することができます。

29. 分割払い電力
　電力網から外れていて自家発電もしていない家庭にソーラーパネルを設置し、パネルの代金は携帯電話を使って毎週の分割払いで回収します。

30. 自転車動力機械
　自転車をこぐ力を利用して多種多様な機器を動かし、電力も燃料も使わずに仕事を早くこなせます。

31. バイオガスのバックパック
　バイオガスのバックパックは、調理用のバイオガスを運ぶごく原始的な手法です。

32. エコ固形燃料
　廃棄物から作ったエコ固形燃料は燃やしても環境を汚さず、現地雇用を創出し、森林を保全します。

33. バイオ炭
　バイオ炭をベースにした固形燃料なら作物の収穫かすを使って、高品質で安価な調理用燃料や肥料を生産しながら森林破壊を防げます。

idea 23

充電ビジネス

使い捨て電池は、もっともコストがかかるエネルギーの利用方法です。電池の再充電ビジネスはより品質が高く、コストが安く、環境にやさしい電池を提供するものです。

ガーナのボマスで、再充電可能な単3電池4本で充電できるバローの携帯電話充電器で充電しながら通話し、同時にほかの仕事もこなしているエヴァ・ナルテイ。
© Steven Adusei/BurroBrand

電力網から外れている人たちにとって、電池は必要不可欠です。その主な用途は懐中電灯やラジオの電力供給。再充電可能な電池のほうが経済的ではあるものの、根本的な問題があります。その充電器はどうやって充電すればいいのでしょう? 使い捨て電池は送電網が供給する電力と比べるとキロワットあたりのコストがはるかに高く、貧困の悪循環の要因となっています。13億人もが電力網から外れた生活をしており、この状態はしばしば**エネルギー貧困**と呼ばれます。

携帯電話が広く人々の手に行きわたったことで、毎日充電したいというニーズも高まり、電力問題はさらに拡大しています。何十万人もが、携帯電話を充電するために、毎日充電スタンドに行かなければならないという不便を強いられているのです。

バロー・ブランドは革新的な社会事業で、人口の84%が電力網から外れているというガーナで、2009年に立ち上げられました。バローの事業は再充電可能な電池と、その電池で動かせる携帯電話の充電器のレンタルサービスです。

- 顧客は、毎週配達される電池に対して保証金を前払いします。
- 「切れた」電池は再充電のため回収され、代わりに新しい電池が届きます。
- 顧客の出費は、使い捨て電池よりも少なくてすみます。
- バローの電池は輸入ものの炭素亜鉛電池よりも高品質です。
- 使い捨て電池の製造量と廃棄量が減れば、地球のためにもなります。

バローを創設したのは、アメリカ人のウィット・アレクサンダーです。彼のルーツは、若いころ西アフリカで国際開発に携わっていたキャリアにまでさかのぼります。彼もまた、低所得層の村人が恩恵を受けにくい、援助物資の無料提供や大型の建設プロジェクトでは、貧困はなくならないという結論に達しました。バローの顧客の中には、頭上を送電線が走っているのに、誰もそこから電力供給を受けたことがないという村の住民もいます。彼らは文字通り、無(電)力化されているのです。

そのような場所で革新的なビジネスが雇用を創出し、すぐれたデザインの製品を生み出し、すばらしい顧客サービスを提供すれば、顧客の生活向上の手助けができます。現地に根づいたビジネスは従業員の起業家精神を活用し、現地の問題に特化した、現地ならではの解決策を編み出すことも可能です。

バローは、従業員が試作した、4本の単3電池で使える電池式の携帯電話充電器(上の写真参照)も商品ラインナップに追加しました。この製品は、携帯電話を充電する際に利用者にかかる手間に目をつけて開発されました。電池の切れた携帯電話を移動充電屋に預けたり、遠くにある充電スタンドに出かけたりしなければならないというのは面倒で苛立たしく、お金も時間もかかるものです。バローの家庭用電池式充電器は顧客の時間とお金を節約し、生活リズムも安定させてくれます。携帯電話を充電しに行くために店を閉めたりしなくてもよくなるからです。バローは製品のデザインを手がけ、製造は中国でおこなっています(バローの充電器によって消費量が減っている使い捨て電池も、同じく中国製です)。

- バローでのインターンシップに参加できます。毎年、夏にガーナの大学と海外の大学から来る優秀なインターンを2人1組にして、能力の高いチームを作っています。
- 初期段階の**インパクト投資**〔開発途上国の支援と投資家の経済的利益を両立させることを目標とする社会貢献型の投資〕先として、バローを検討してみてください。

- BurroBrand.biz • Appropedia.org

リベリアで、ワン・ディグリー・ソーラーの看板商品である太陽光オレンジボックス充電器を自慢する未来の顧客。© Gaurav Manchanda/One Degree Solar

idea 24
オープンソースの
ブライトボックス電池

小型のソーラーパネルで充電するブライトボックスは、照明2つとラジオ1台に電力を供給し、携帯電話やその他の電子機器を充電することもできます。

太陽光エネルギー業界は、進出するのが難しい市場でもあります。まず、顧客が非常に貧しいということ。再充電可能な機器を買えば長期的には節約になるとわかっていても、その性能が確実なものであると納得しなければお金を出してはくれません。また、灯油や電池、携帯電話の充電にかかる費用を節約して貯めたお金の中から支払いができるよう、掛け売りにする必要もあります。

低資源地域で企業が成功するためには、ただ顧客を惹きつけるだけでなく、同時に以下の要素を管理しなければなりません。

- サプライチェーン。
- 関税。
- 在庫。
- 品質管理。
- 従業員。
- 顧客関係。
- 顧客が製品を購入できるようにするローンの仕組み。

利幅は非常に少ないので、多くの顧客を獲得することが必須です。低コスト製品を市場に導入する企業はますます増えていて、アフリカだけでも40以上の太陽光エネルギー企業や製品があります。

ワン・ディグリー・ソーラーはケニアに拠点を置き、西アフリカから東南アジア、南米にまで市場を拡大している企業です。主な製品は**ブライトボックス**です。CEOゴーラヴ・マンチャンダが開発したこの製品は、**オープンソース**のハードウェアが80ドルという価格でいろいろな電子機器に電力を供給できます。このシステムには、以下のような特徴があります。

- 持ち運び可能な5.4ワットのソーラーパネルで電力を供給できます。
- 直接つなげる電球が2個と、長いコードがついています。また、追加で2個の照明に電力を供給できます。
- 携帯電話、スマートフォン、タブレットの充電ができます。
- ラジオが聴けます。
- ライティング・アフリカ〔アフリカの貧困地域にソーラーライトを提供する活動〕が推奨する性能基準を満たしています。
- 数カ月で購入費をまかなえるので、その後は無料で使えます。

もっと高機能な機器が利用できる都市部の顧客も、開発途上国では停電が頻繁に起こるので、非常用としてこの製品を購入しています。また、店舗経営者は、営業時間を長くしても照明にかかる費用が減らせるので満足しています。

ワン・ディグリー・ソーラーは、電力網から外れた人たちがチャンスを拡大できるよう、無利息で融資をおこなうマイクロファイナンスサイト**キヴァ（Kiva.org）**と提携し、分散電力が利用できるよう支援しています。

ワン・ディグリー・ソーラーは社会的、経済的、環境的なリターン、つまり「人、利益、地球」という**トリプルライン**を掲げる社会事業です。

インテル・アワードを受賞したカリフォルニア州サラトガ出身のイーシャ・ハーレ。© Chris Ayers/Intel

ハーレの作品は2013年のインテル国際工学フェアで携帯電話の急速充電機のデザイン1600人の最終選考作品の中から最高賞に選ばれました。彼女が設計・実演したのは、30秒で充電が完了する小型のスーパーコンデンサです。

- **キヴァ（Kiva.org）**のホームページをチェックしてみましょう。ワン・ディグリー・ソーラーに融資ができる場合もあります。
- ワン・ディグリー・ソーラーではもっと多くの販売店を募集しています。

OneDegreeSolar.com

idea 25

LED 電球

LED 電球は安価で超長寿命の高品質な照明で、世界中の自家発電地域に明かりを届けられる可能性を秘めています。

グアテマラで、灯油ランプの代わりに使えるキンゴの風力発電 LED ライトの愛用者。
© Juan Rodriguez

電気は灯油ランプやロウソクよりもはるかにすぐれていますが、**LED（発光ダイオード）**はほかの種類の電球をさらに大きく上回る性能を持っています。LED は初期費用こそ高いのですが、消費電力が非常に少なく、何年ももつので長期的には元が取れます。LED が普及するにつれ、価格も下がってきました。

LED が登場したのは 1960 年代ごろからですが、電力網から外れている人たちの生活を変える可能性に初めて目をつけたのは、カナダの機械工学教授、デイヴ・アーヴァイン＝ハリデイでした。長期休暇でネパールに滞在中、彼は電気のない地方の生活を自ら体験し、この不平等と戦うことを誓ったのです。

カナダに戻った彼は助手とともに、日亜化学工業という日本企業が開発した白色発光ダイオードをテストしました。大当たりです！アーヴァイン＝ハリデイは事業に打ち込み、何千万もの人たちの暮らしを変えることになったのです。

「デイヴ・アーヴァイン＝ハリデイは、0.1 ワットの白色発光ダイオードがあれば、子どもは十分文字が読めることに気づきました。**ライト・アップ・ザ・ワールド財団（LUTW）**が各家庭に提供する、このシンプルながらも革命的な技術は、従来型の 100 ワット電球 1 個が消費するよりも少ない電力で地方の村をまるごと明るくすることができるのです」(2002 年ロレックス賞ウェブサイトより。ロレックス賞は時計メーカーのロレックスが人類のより良い未来に貢献する目的で活動する人々に与える賞)

LED は、照明にかける支出を大きく上回る利益を、限られた電力で暮らす村人やスラムの住民にもたらします。
◎ 白熱球のように発熱しないため、エネルギーの無駄がなく、暑い気候でも快適に過ごせます。
◎ LED は白熱球のわずか 6 分の 1、コンパクト蛍光灯と比べても半分から 3 分の 1 しか電力を消費しません。
◎ LED の一般的な寿命は 2 万 5000 時間、または 20 年間が保証されています。
◎ 明るさを変えることで節電できます。
◎ LED はわずかなエネルギーでとても明るい光を発することができるため、電力源の太陽光充電器も小型ですみ、購入しやすくなります。
◎ LED は小型化が可能で、ごくわずかな電力しか消費しない小さなハンディタイプの電球も作ることができます。

携帯電話と同様、LED も既存の商品を一気に飛び越し、最先端の技術へと到達しました。ほかのセールスポイントとしては、以下が挙げられます。
◎ 鮮やかで見た目にも美しい白い光。
◎ すぐに明るくなり、一般的な蛍光灯のようにスイッチを入れてから明るくなるまでの待ち時間がありません。

ライティング・アフリカの使命は、業界全体で共通の LED 基準を徹底することです。ちゃんと機能しない低品質の照明は「**市場を台無しにする製品**」とも呼ばれ、顧客の不信感をあおりかねません。ライティング・アジアでも LED の品質試験を実施したり、性能基準を設定したりしています。基準があれば、メーカーにとってはより高い品質の製品を作ろうという動機づけになります。

● 直近のボランティア募集については、**ライト・アップ・ザ・ワールド財団（LUTW）**に確認してください。「ボランティアは、LUTW にとって貴重な資源です。長年の間に、数えきれないほどの献身的な個人が時間と情熱を費やして技術サポートや IT、研修、調査、管理、コミュニティの意識向上、資金集めをおこなってくれました」

● LUTW.org ● LightingAfrica.org

ネパールの僻地の村、フムラまでソーラーパネルを運ぶ女性たち。
© Jodi Winger, 転載許可 Bradley Hiller

idea 26

住宅用の太陽光発電機

屋上のソーラーパネルで照明をつけ、携帯電話を充電し、小型のテレビを見られるだけの家庭用電力が供給できます。

　電力網が途上国のすみずみにまで行きわたるには、まだあと何十年もかかるでしょう。つまり、地方の貧困層は、灯油ランプだけが頼りの暗い夜と携帯機器に電力を供給するための苦労に、いつまでも悩まされ続けるということです。ですが、分散型エネルギーという解決策があります。

　地方の低所得家庭は、屋上に設置する75ワットのソーラーパネルが1枚あれば電力網に頼る必要がなくなります。フル充電されたパネルは、4つの照明（LEDならもっとたくさん）とテレビに電力を供給し、携帯電話も充電することができて、コストはそれまでのエネルギーにかけていたよりもずっと安くすむのです。住宅用太陽光発電機は、ますます経済性が高まっています。

◎ ソーラーパネルの価格は下がってきています。
◎ 灯油、電池、ディーゼル燃料の価格は上がっています。
◎ **LED電球**《25》はわずかな電力で十分な光を生み出すことができます。

　住宅用の太陽光発電機は、家族の生産時間を夜まで引き延ばしてくれます。煙の出ない読書灯があれば、子どもたちは本を読み、宿題をすることができます。女性は家事や内職をしたり、お隣さんと交流したりもできます。職人なら、仕事にかけられる時間がもっと増えます。家庭で携帯電話が充電できれば、時間とお金の両方が節約できるのです。

　バングラデシュの**グラミン・シャクティ**（シャクティは「村のエネルギー」という意味）はソーラーエネルギーの先駆者で、1995年から住宅用の太陽光発電機を販売しています。2012年には100万人目の顧客に電力を提供しました。たった1店舗から1000店舗にまで増えたグラミン・シャクティは、充実したカスタマーサービスを通じて集めた意見をもとに、常に製品の改善を続けています。

返済プランは24カ月か36カ月。顧客はそれまで灯油や電池に費やしていた家計を、ソーラーパネルのローンの支払いに回せます。

　シャクティでは、特に貧しい顧客向けにマイクログリッド（小規模発電）プログラムの支援もおこなっています。これは太陽光発電設備の所有者が、設備を持つだけの余裕がない隣人に余分な電気を売ることができるプログラムです。

　住宅用太陽光発電機は、以下のメリットがあります。

◎ クリーンで高品質な明かりを提供します。
◎ 灯油ランプの煙が原因で起こる、呼吸器系や目の健康被害をなくします。
◎ 火事ややけどの危険をなくします。
◎ 支払いが完了すれば固定資産となり、最大30年は無料で電気が作れます。
◎ 勝手に発電してくれます。毎日外に出さなくても、日中は屋根の上で常に電気を溜めているのです。
◎ コミュニティにとっても地球にとっても、環境効果を生みます。

[課題]

● 設備のメンテナンスのため、所有者は基礎知識を学ぶ必要があります。
● 雨の日や曇りの日には電力供給が減ります。
● 人口の少ない地域では特に、現場でのカスタマーサポートに時間がかかります。
● 台風の多い地域では、嵐の前にパネルを家の中に避難させる必要があります。
● 洪水の多い地域では、電池を高い位置に移動させる必要があります。バングラデシュでは、ふだん外に置いているパネルを天井の梁の上にまで持ち上げるところもあるのです！

YOU
● インドのベアフット・カレッジで太陽光発電技師としての訓練を受ける女性たちのドキュメンタリー、『ソーラー・ママ』の上映会を企画しましょう。
● 中南米やアジアの貧困地域に再生可能エネルギーを届ける活動をおこなっているNGOグリーン・エンパワーメントでボランティアをしましょう。

EDU
● グラミン・シャクティの発展についてナンシー・ウィマーが記録した著書『Green Energy for a Billion Poor（10億人の貧困層のためのグリーン電力）』を読みましょう。

● GreenEmpowerment.org

セクター3　暮らしを変えるエネルギー　59

idea 27

携帯型ソーラーライト

持ち運びのできるソーラー LED ライトは、灯油ランプに替わる安価な代替品として普及が進んでいます。このランプなら十分な光を届けつつ、健康被害や燃料費を減らすことが可能です。

ペルーで、算数の問題を解く少女たち。© GVEP/EMPRENDA

ついに、家計を助けながら生活の質を向上させられる可能性を秘めた、低コストの初歩的な携帯型ソーラーライトが登場しました。電力が届かない 13 億の人たちがふだん使っている照明は、灯油ランプの弱々しい光だけなのです。

化石燃料である灯油は煙と有害なガスを発生するので、直接浴びている人だけでなく、地球の大気にも悪影響をおよぼします。灯油にはほかにもマイナス点がいくつもあります。

× 常に火事ややけどの危険があり、燃えやすい素材で作られた家が狭い空間にびっしりと立ち並ぶ人口密集地域では、特にリスクが高くなります。

× 爆発の危険があります。

× 煙を吸いこむことで、呼吸器系や目に健康被害がおよび、命にかかわるような病気のもととなる場合もあります。

× 灯油を買いに行くための時間と労力がかかります。

× 風が吹いてランプが消えてしまうこともしばしばです。

× 灯油ランプの明かりは薄暗く、本を読むのもやっとです。

低資源地域の多くの家庭が、収入の最大 5 分の 1 までをロウソクや灯油に使っています。それは、あまり質のよくない、臭い明かりに費やすにはかなりの額です。ソーラーライトの価格は下がってきています。ローンが組めれば、灯油や懐中電灯用の電池を買わなくなったぶん節約できたお金で、すぐに完済できるはずです。

夜、質の高い明かりを得ることには、多くのメリットがあります。

◎ 学校に通う子どもたちは、読書や宿題ができます。
◎ 女性は夜にもっと生産活動ができます。
◎ 自営業なら、営業時間を延ばせます。
◎ 小売店を経営しているなら、灯油の煙で商品についたすすを掃除する必要がなくなります。
◎ 明るい家は、安全性が高まります。
◎ 携帯可能な照明は、女性の夜の外出をより安全にしてくれます。
◎ ソーラーライトはインフレ知らずです。燃料費が高騰を続けても、太陽光は無料だからです。
◎ 助産師たちが頭に装着するソーラーライトを独自に考案した結果、夜中でも安全な出産ができるようになりました。

「ビーディ（タバコの葉）を巻いて収入を得ている年配の女性が、灯油ランプの火がタバコの葉に燃え移ることへの不安から作業が遅くなる、という話をしていました。それまでは 1 週間に 5000 本しかタバコを巻けなかったのですが、ソーラーライトのおかげで今は 7000 本巻くことができ、毎週の収入が 250 ルピー（4 ドル）上がったそうです」（インドの個人向けマイクロファイナンス組織、ミラープ）

10 〜 20 ドルの価格帯でソーラーライトやランプを製造している企業は数多くあります。その照明セットには以下の部品が含まれます。
◎ 自立する太陽光充電パネル。
◎ LED 電球。
◎ 蓄電池が格納された自立タイプまたは吊せるタイプのケース。

通常、1 日充電すると 8 〜 10 時間の連続使用が可能です。強／弱スイッチがついていて、利用者が電力を節約することもできます。携帯電話の驚異的な普及に合わせて、電話の充電機能がついている高価格帯のランプも多く出回っています。

潜在需要は膨大で、地方だけでなく都市近郊のスラムでも高いニーズがあります。ソーラーライトは、停電が毎日のように起こる不安定な電力網よりもあてになるのです。だから、電力供給を受けている家庭でも、非常用にソーラーライトを購入しています。曇りの日でも充電ができる新型製品も出ています。

メーカーは常に商品ラインナップを更新していて、性能は向上し、価格は下がり続けています。たとえば**ディー・ライト**は 100 万個以上を売り上げ、利用者が合計で 5 億ドル近くも電気代を節約できたと推計しています。

[課題]

● 安価なソーラーライトを手っ取り早く市場に届けようと焦るメーカーが多く、蓄電池が交換できず長期利用に向かない製品も出回っています。このタイプは電池がだめになると、本体もごみになってしまいます。

● 質の悪い製品は市場を台無しにする製品となり、購入を検討している顧客に不信感を抱かせてしまいます。今では多くのメーカーが 1 年保証をつけています。ライティング・アフリカのような取り組みが、製品の質を向上させていきます。

● 日中、外に出して充電するのを忘れてしまうと、その夜は電気

が使えません。

- ソーラーライトはお手頃価格で健康と生産性を向上させてくれますが、顧客がライトを購入し、使い慣れる必要があります。ただ、支払いが完了すれば何年間も無料で電気が使え、かかるコストは蓄電池の交換だけです。

ウガンダに拠点を置く**ソーラー・シスター**は、太陽光発電ビジネスの起業を目指す人に研修を提供し、事業の立ち上げ資金を融資する革新的なソーシャルビジネスです。太陽光製品の実演と販促をおこない、現地コミュニティで販売するのです。最新式のライトがもたらす数々のメリットについて、地元ならではの情報を持つ女性ほど詳しい販売員はいないでしょう。

色鮮やかなブランドロゴ入りの制服が有名なソーラー・シスターは、いろいろなメーカーの製品を販売しています。ソーラー・シスターの販売員は、まず取り扱う製品のメンテナンスと修理の技術を身につけ、消費者との信頼関係を育んで顧客基盤を構築します。現地出身なので、専門技術も現地にずっと残ります。彼女たちは自分だけでなく家族を支援しつつ、クリーンで安価なソーラーライトの恩恵を現地コミュニティにも広めることができるのです。

⇨ **LED**《25》、**ペットボトルのソーラーライト**《76》、**ルミネイド**《34》も参照。

ソーラー・シスターの分析によると、ソーラー・シスター起業家1人に投資する金額1ドルあたりの経済効果は初年度だけで46ドルにもなるとのことです。その内訳は起業により得た収入と、高価な灯油にかかるコストが下がったぶん、顧客が節約できたお金の合計です。

南スーダンのドロ・マバーンUNHCR難民キャンプで、エムパワードが製造したソーラーLEDライト「リュシ」を掲げる13歳のアミナ・イブラヒム・アブドゥラ。© Sebastian Rich

---

- **エレファントエナジー**（www.ElephantEnergy.org）は電力が十分に行きわたっていないアメリカ南西部のナバホ居住区と、アフリカのナミビアで活動しています。彼らの特徴は、**ひとつ買ったらひとつ寄付する**ソーラーライトプログラムです。
- **ソーラー・シスターのビジネス・イン・ア・バッグ**に寄付をして、起業家を支援する基金を支援しましょう。支援を受けた起業家が完済したら、その資金は別の起業家に貸し付けられます。

- Luminet.org • SolarSister.org

idea 28

サンサリューター

サンサリューター(「太陽におじぎする」という意味)は東から西へとソーラーパネルを回転させることで、ただ平らに並べただけのパネルよりも40%多く発電することができます。

サンサリューターの発明者、エデン・フル。© Della Robbins

　大規模な太陽光発電所では、ソーラーパネルが東から西へと回転するようになっています。そうすることで、1日の中で太陽光に当たる時間を最大限にしているのです。一方、家庭用のソーラーパネルはただ置いてあるだけ。一番日光が当たるのは、太陽が真上にある正午ごろだけです。カナダのブリティッシュコロンビア出身のエデン・フルは、まだ10代のころに、この問題に目をつけ、すぐに実現可能な解決策を模索し始めました。

　そうして生まれたのが独創的な**サンサリューター**という、従来のソーラーパネルに取りつけられる道具です。フルは当時、ティール・フェローシップという奨学金を受けて一時期休学し、サンサリューターを開発しました。現在はプリンストン大学に戻って機械工学を専攻しています。

　単純な構造でどこででも手に入る材料で作られるサンサリューターは、ソーラーパネルを東から西へと回転させ、電力を一切消費せずに発電量を40%向上させることができます。これは水の移動を活用したごく原始的な仕組みで、パネルは1日をかけて東から西へと弧を描いて動きます。

- ソーラーパネルを、蝶番(ちょうつがい)で固定された中心軸を支えとする木製の台に載せます。
- 水を入れて逆さにしたボトルを2本、パネルの東向きの端から吊します。そこにチューブを接続し、ボトルの中身が1日かけてゆっくりと出るように流れる量を調整します。流れ出た水は清潔な容器で受けます。
- ボトルには浄水フィルターがついていて、さらに付加価値を高めます。電力網から外れている地域では、処理済みの水も手に入りにくい場合が多いからです(利用者が日光消毒法の **SODIS** 《39》を信頼するなら、フィルターも不要です)。
- パネルの西側の端には、釣り合いをとるための重りが吊されます。東側の水が減ると、西側の重りがゆっくりとパネルを下げていき、朝には東を向いていたパネルが、夕方には西に向かって傾くのです。

　フルがケニアの村で試験運転をしていたとき、ある女性が、自分の充電器では3つあるソーラーライトのうち2つしか充電できないと苦情を言いました。フルは、サンサリューターを作る材料を持ってくると約束しました。数日後、その女性を探すと、どこにもいません。残念なことに、女性は夜中に明かりを持たずに薪を集めに出かけ、スイギュウに踏みつぶされて命を落としてしまったのです。あとには2人の子どもが遺されました。フルにとって、エネルギー貧困を乗り越えられるよう人たちを支援するという任務は、いっそう個人的で緊急の課題になったのでした。

[課題]
- 毎朝、システムの準備をする必要があります。効果をもっとも得るためには、日の出とともに起きなければなりません。
- 清潔な水を毎晩別の容器に移す作業も必要です。

　NPOのサンサリューターはタンザニアとメキシコ、ウガンダで試験運転を実施してきました。フルは講師としてひっぱりだこで、貧困削減に役立つイノベーションや人道的技術を取り上げたイベントでしばしば基調講演をおこなっています。

 ● 自分でサンサリューターを作ってみましょう。NPOのサンサリューターは教育プロジェクトの相談にも喜んで乗ってくれます。

 ● SunSaluter.com

ペルーで、12歳のアマンダがキーパッドにコード番号を入力すると、初めて電気が点灯しました。© Jonathan Raphael/Lumeter

idea 29

分割払い電力

電力網から外れていて自家発電もしていない家庭にソーラーパネルを設置し、パネルの代金は携帯電話を使って毎週の分割払いで回収します。

ペイ・ティル・ユー・オウン（自分のものになるまで払い続ける）は、新しい形の分割払いです。携帯電話での支払いを活用することで、利用者が頭金だけでクリーンエネルギーの恩恵を受けられるようにしています。毎週支払う代金にはその週ぶんの電気代と、発電システムの購入費用の一部が含まれます。決められた回数の支払いがすめば、発電システムは利用者のものになるのです。

簡単なプリペイド方式で代金を支払う**ペイ・アズ・ユー・ゴー**（使うぶんだけ支払う）も、電子マネーを活用した支払い方法です。この方法なら、機器を購入する必要がありません。

電子決済は業者にとっては経費節減になりますが、企業側が顧客に融資しなければなりません。ペイ・ティル・ユー・オウン方式は以下の3つを組み合わせたものです。

- 現地で作る再生可能エネルギー。
- **電子決済**《90》。
- 電力会社または提携企業が提供する**小口融資**《88》。

利用者にとっては電池や灯油、携帯電話の充電にかかっていた費用を大幅に削減でき、そのぶんのお金を電気代の支払いに充てることができます。しかも支払いが完了すれば、ほとんどコストなしに何年間も電気を得られるのです。

このほかにも、顧客は以下のメリットを得られます。
- クリーンエネルギーの健康効果を実感できます。
- 支払いの記録が残るので、将来別の融資を受けるときも有利になります。
- それまで燃料の調達や携帯電話の充電に費やしていた時間が節約できます。

キンゴは、グアテマラで活動する認証済みの**Bコーポレーション**〔アメリカの非営利組織Bラボが定める基準を満たした企業〕で、人、利益、地球に寄与するという**3つの目標**を掲げています。200万以上のグアテマラ人が電力網から外れていて、この不平等を正そうとしているのです。

アズリはケニアのペイ・ティル・ユー・オウン形式の太陽光発電会社で、2013年には、第1弾の顧客全員が支払いを完了しました。顧客の1人のアンは、発電システムの所有者となりました。「システムが自分のものになった今、近所の人たちはみんなうらやましがっています。自分たちも支払いが終わるのを待ちきれないのです」。アズリはイギリスのNGOアシュデンのイノベーション賞を受賞し、さらに事業を広げようとしています。アズリは、もっと多くの照明やラジオ、テレビ、ミシンまでも動かせる大型の発電システムを、段階的に電気の利用料を増やしていける**電力エスカレーター**という方式で提供しています。

[課題]
- 個々の小規模発電システムは独立しているため、顧客は自分のシステムが作るぶんのエネルギーしか利用できません（これはすべての分散型エネルギーに言えることです）。

ナイロビに拠点を置く**タカモト・バイオガス**は、小規模農家に堆肥を利用したバイオガス発電装置を販売し、その代金の回収に携帯電話の電子決済を利用しています。顧客は装置に動物の排泄物を投入し、生成されたメタンガスを使って料理やその他の活動に電気を利用します。

リュメーターは、携帯電話を使った支払いを記録するプラットフォームを提供する会社です。上の写真は、風車を動かすために必要なシステムのキーパッドを操作する様子です。リュメーターの技術はソーラーパネルやテレビ、電動の水汲みポンプにも使え、どのような電子機器でもプリペイド方式にできます。

- **サンファンダー（Sunfunder.com）**は、ウガンダでペイ・ティル・ユー・オウン方式の太陽光発電システム用の投資プラットフォームを運営する営利目的組織です。
- **キンゴ**は、個人や財団、企業向けに支援の機会を提供しています。

- Kingoenergy.com • Ashden.org

idea 30

自転車動力機械

自転車をこぐ力を利用して多種多様な機器を動かし、電力も燃料も使わずに仕事を早くこなせます。

タンザニアのアルーシャで、グローバル・サイクル・ソリューションの自転車で動く脱穀機でトウモロコシの実を外す女性。© Philemon Kivuyo

エネルギーの乏しい環境では、**自転車《78》**はただの交通手段ではありません。ペダルをこぐ力を利用して農業用や家庭用、小規模事業用の機械を動かすことができるのです。

◎ グアテマラの**マヤ・ペダル**は寄付された自転車を足こぎ機械、**ビシマキナ**（自転車マシン）に改造しています。

◎ **グローバル・サイクル・ソリューション**は普通の自転車に取りつけられるツールを設計しています。

ビシマキナの値段は100ドル以上しますが、だいたいは協同組合で購入し、共同で利用しています。寄付された自転車は提携するNGOが回収して、サン・アンドレス・イツァパにあるマヤ・ペダルの工房へと送ります。工房はこれらの自転車を修理し、看板商品のビシマキナと並べて売ることで運営費をまかなっています。

ビシマキナは以下のような機器に適しています。
◎ 水汲みポンプ
◎ 粉挽き機
◎ 脱穀機
◎ 瓦製造機
◎ 殻むき機
◎ ミキサー（石けんやシャンプーの製造、食品の加工など）

「今、報告書やマニュアルをダウンロードできるようにして、私たちのデザインを世界に広めようとしているところです。私たちの目標はペダルエネルギー研究開発の中心となり、適正技術や小規模で持続可能な農業を推進するNGOにとっての情報源となることです」（マヤ・ペダル）

MITで教育を受けた機械工学士ジョディ・ウーがトップを務める**グローバル・サイクル・ソリューション**は、タンザニアに本部を置く組織です。一番人気の製品は、自転車に取りつける携帯電話充電器です。自転車に乗っている最中に充電できるもので、停めた自転車をこぐだけでも充電可能です。

グローバル・サイクル・ソリューションは現在、**万能自転車アダプター**を試作中です。「これはどのような自転車にも取りつけられ、利用者が簡単に人力発電できる農業技術を手に入れることができます。乗り物としての自転車の機能を変えることなく、自転車の動力を活用できる仕組みになっています」とウーは語ります。

同社は、取り外し可能なトウモロコシの脱穀機も60ドルで販売しています。人の手でトウモロコシの実を外すよりも10倍速く仕事ができるこの機械は、1ヵ月もあれば元が取れます。これは、トウモロコシの脱穀が必要な場所で自転車をこぐだけで仕事ができるので、収入創出の第一歩となり得ます。

「私たちのビジネスは、BOP層の顧客向けに、自転車を活用したシンプルで安価な収入創出技術を提供するものです。どんな困難が待ち受けていてもグローバル・サイクル・ソリューションを立ち上げるしかないとわかっていました」（CEO ジョディ・ウー）

● マヤ・ペダルは組織的に中古自転車を回収・発送してくれるボランティアと協力して活動しています。マニュアルを作成するためのライターや写真家、翻訳者だけでなく、長期ボランティアも募集しています。
● **グローバル・サイクル・ソリューション**は事業拡大のための資金を提供してくれる**インパクト投資家**を募集しています。また、タンザニアで実際に開発に携われる研究プログラムも実施しています。

● mayapedal.org ・ GCStz.com

エチオピアのグーデルで、カトリン・プエッツが発明したバイオガス運搬容器。
© Katrin Puetz

idea 31

バイオガスの バックパック

バイオガスのバックパックは、調理用のバイオガスを運ぶごく原始的な手法です。

ドイツ生まれのカトリン・プエッツはアフリカでの国際協力の経験を通して、社会事業こそ近代的なクリーンエネルギーを人々に届けられるモデルだと確信しました。そして、堆肥を使ったバイオガスの生産に着目したのです。

バイオダイジェスター（堆肥装置）は洗練された、評価の高い技術です。通常は地下に造られるもので、排泄物をメタンガスとどろっとした半液体状の肥料とに分けることで、排泄物の処理と燃料の供給の両方を一度に実現できます。

バイオダイジェスターには、少なくとも小規模農家1世帯ぶんの排泄物が必要です。世界の多くの地域では、各農家にバイオダイジェスターが設置されています。プエッツはバイオガスを使ったエチオピア向けのビジネスモデルを考案しました。これは複数の農家が排泄物を集めて、より技術的に高度な堆肥装置まで運ぶというものです。農家は排泄物を運び、ガスの割り当てを受け取ります。余分なガスは、販売されます。

プエッツは少量のガスを運ぶ手段として、背負って運ぶ非常にシンプルな方法を思いつきました。見た目はかさばりますが、バックパックいっぱいに詰めた1.2立方メートルのバイオガスの重さは4.5キログラムにもなりません。ガスが充満した状態なら安全ですが、念のため、屋外に置いたまま、柔軟性のあるホースで屋内のコンロにつなぎます。

プエッツは、現地で手に入る材料を使ってバックパックを作ろうと努力しました。そして、ビニールで裏打ちされたハチミツ輸送用の袋をアジスアベバの市場で見つけたことが大きなヒントとなります。ドイツに戻ったプエッツは、密閉できる頑丈なダンネージバッグというものを見つけました。これは貨物船の積み荷の隙間を埋めるためのものですが、プエッツはそれをバイオガスの運搬用に作り変えたのです。現在、このバックパックの価格は35ドル前後です。

プエッツが立ち上げた会社**（B）エナジー**は、バイオガスの利用者にとって多くのメリットを提供します。

◎ 排泄物処理の解決策
◎ 排泄物に集まるハエなどの虫の減少
◎ 薪のための枝拾いや木の伐採にかかる時間と労力の節約
◎ 森林破壊の減少
◎ ほとんど煙を出さないクリーンな燃料で、煙が原因となる目や呼吸器系の疾患・不快感の減少
◎ 肥料の生成により、市販の肥料を購入する費用の節約
◎ 半液体状の物質を**魚**のエサに再利用《73》
◎ バイオガスの販売と配達で現地雇用の創出

（B）エナジーはバイオガス起業家にリボルビング型の小口融資を提供します。堆肥装置は通常2～3年で元が取れ、数十年は使えます。

⇨ 小口融資制度《88》も参照。

シーメンス財団の2013年「エンパワリング・ピープル・アワード」を受賞したバイオガス・バックパックの発明者カトリン・プエッツ。
©Georgina Goodwin/Siemens Stiftung

> 「cooking with gas（ガスで料理する）」という英語表現は、今ではあっという間に片づけられる仕事のことを指しますが、もともとは、薪の代わりにガスコンロを使ったほうがいいことを宣伝するキャッチコピーでした。

YOU
- このバイオガスを使ったビジネスモデルはどこでも大規模に展開可能なモデルです。チャンスを求める起業家は**（B）エナジー**に連絡して、ほかの地域で事業を立ち上げて同社のネットワーク構築に協力しましょう。
- **（B）エナジー**は**インパクト投資家**からの問い合わせを歓迎しています。

 ● Be-nrg.com

セクター3　暮らしを変えるエネルギー

idea 32

エコ固形燃料

廃棄物から作ったエコ固形燃料は燃やしても環境を汚さず、現地雇用を創出し、森林を保全します。

グアテマラのサカプラスで、エコレーニャのエコ固形燃料の前に立つフンダシオン・プログレサールのカタリナ・ロペス。© Peter Stanley/LegacyFound.org

　エコ固形燃料は泥まんじゅうのように見えるかもしれませんが、廃棄物から高品質でクリーンな燃料を作る確立された事業です。電力があまり使えない人たちは、家畜のフンや作物の収穫かす、薪を燃料にしています。簡単に手に入るとはいえ、これらは非常に効率の悪いエネルギー源で、有害な煙も排出するので、たき火での料理は危険なうえに健康に悪いのです。

　エコ固形燃料には以下のような原料が混ぜられています。
- 可燃ごみ（廃棄物処理の問題解決につながる場合も）。
- 水。
- つなぎ（通常は粘土ですが、でんぷんや現地の木から取れる樹液でも可）。

燃えやすい原料としては、以下のようなものがあります。
- おがくず。
- サトウキビやトウモロコシのかす。
- 紙くず。
- コーヒー豆の殻。
- わら。
- 売るには細かすぎる木炭のくず。

　これらを混ぜ合わせたものを押し固めて水分を抜き、形を整えて、空気乾燥させます。表面積が広いほうが燃えやすいので、真ん中に穴を開けています。

　色々な作り方があり、手で作ることもできます。簡単な製造機として使えるラチェットプレスには多少の投資が必要ですが、高品質な固形燃料が多く作れるので収入向上につながります。

　固形燃料と熱効率のいい**改良型コンロ**《50》を併用すれば、いくつものメリットが得られます。
◎ 女性と女の子が薪を集めるために時間を費やさなくてもよくなり、別の活動に取り組めます。
◎ 女性が重い薪を運ぶ肉体的苦痛から解放されます。
◎ 森林破壊を軽減します。
◎ 廃棄物を有効活用できます。
◎ 現地にビジネスを立ち上げる機会が生まれます。そうした事業の多くは女性が運営しています。

エコ固形燃料は、以下の点で薪よりはるかにすぐれています。
◎ ずっと早く火がつきます。
◎ より多くの熱を発生させます。
◎ 煙が少なく、目や呼吸器系の疾患・不快感を減少させます。
◎ 鍋につくすすが少なく、家事の手間を省きます。

　ケニア育ちのメアリー・ンジェンガ博士は、ワンガリ・マータイ〔ケニア出身の環境保護活動家、政治家。2004年にアフリカ人女性として初のノーベル平和賞を受賞〕の考え方に強い影響を受けました。博士課程の研究を、もっとも効率のいい固形燃料を生み出す技術の開発に費やし、環境にやさしくコストもかからないエコ固形燃料を実現しました。

◎ ンジェンガ博士が調査したナイロビのキベラスラムでは、自作の固形燃料を作った住民がなんと70%も燃料費を節約できました。既製品を購入した家庭でも、30%の節約に成功しています。
◎ ネパールでは、**持続可能技術財団（FOST）**の支援を受け、カトマンズにあるジャルワラシ孤児院がエコ固形燃料を自作しています。そのおかげで薪にかける費用が30%節約でき、二酸化炭素排出量も減らせました。

　オレゴン州アッシュランドに拠点を置く**レガシー財団**は30カ国以上の団体と協力し、エコ固形燃料についての情報を提供しています。

固形燃料の燃焼性を研究するメアリー・ンジェンガ博士。© Robin Chacha

YOU ● レガシー財団はボランティア活動やインターンシップ、アイデア共有などを通じた参加を歓迎しています。

 ● LegacyFound.org

idea 33

バイオ炭

バイオ炭をベースにした固形燃料なら作物の収穫かすを使って、高品質で安価な調理用燃料や肥料を生産しながら森林破壊を防げます。

ウガンダでバイオ炭を売る、エコフュエル・アフリカの販売員。
© EcoFuelAfrica

サンガ・モーゼスは、教育を受けることで、ウガンダの田舎村から抜け出すための切符を手に入れました。彼はカンパラの大手銀行の会計士になったのです。ある日帰郷したとき、曲がり道の向こうから現れた幼い妹が、山のような薪を重そうに背負っているのを見て、心を痛めました。「お兄ちゃんが学費を払ってくれても意味がない。薪を集めるのに忙しすぎて学校に行けない日が多くて、授業に追いつけなくなってしまったから」と妹は涙ながらに訴えたのです。

モーゼスも、10年前の少年時代には薪を集めに行っていました。ですがそのころ、木々はもっとたくさん、しかも村の近くに生えていたのです。深刻な森林破壊のせいで、薪集めは一日がかりの仕事になってしまったのでした。モーゼスは、持続可能な解決策を見つけると心に誓いました。

彼が注目したのは、**バイオ炭**で作る固形燃料でした。従来の木炭は、木を窯で炭化させて作ります。バイオ炭も**炭化**によって作られますが、原料には木ではなく作物の収穫かすを使うのです。農家はそれまで、収穫かすを燃やして廃棄していました。バイオ炭の固形燃料は、改造した石油ドラム缶の中で収穫かすを炭化させて作ります。

バイオ炭の固形燃料は、最終利用者に以下のメリットを提供します。

◎ 木炭より20％安く買えるため、お金が節約できます。
◎ 煙が出ないため、薪や木炭を使うよりも安全で快適です。
◎ 各地域の**コンロ**に合わせて成形でき、炎が長く続きます《50》。
◎ すすが少ないので、鍋を洗う時間が短くてすみます。
◎ 薪集めの時間が節約でき、子どもたちが学校に行けます。

サンガ・モーゼスが立ち上げたソーシャルビジネス、**エコフュエル・アフリカ**は、畑から売店に至る総合的なサプライチェーンを特徴としています。

◎ バイオ炭は現地農家のネットワークから原料を集めるので、農家に収入をもたらします。また、土壌の質と生産性を高めるためにも**バイオ炭**を使えます《57》。
◎ 電力網のない場所では、水力を使った手動の製造機**エコフュエル・プレス**で成形できます。
◎ 固形燃料は子どもたちが**自転車**《78》で配達するため、ここにも雇用が生まれます。
◎ ブランドロゴのついた売店では、生活に困っている女性たちが販売員として働いています。多くが離婚経験者やシングルマザー、未亡人などで、エコフュエル・アフリカが雇っています。彼女たちはバイオ炭のほかに、日用品も売ることができます。
◎ 住環境を修復するため、エコフュエル・アフリカは学校や現地団体に苗を配布して15万本以上の**木**《69》を植えました。

> 「販売員を採用する際には、少なくとも1人は娘を持つ女性を選んで、ぼくたちの製品を売って得た収入の少なくとも一部が、娘の教育に充てられることを約束してもらっています」（サンガ・モーゼス）

エコフュエル・アフリカは、**マイクロフランチャイズ**《92》を構築して拡大を続けてきました。このビジネスにはすばらしい可能性が秘められています。燃料は毎日必要なもので、ウガンダには農業廃棄物ならいくらでもあるからです。

- ボランティアやインターンシップの機会について、エコフュエル・アフリカに問い合わせてみましょう。
- 社会事業であるエコフュエル・アフリカは、インパクト投資を募集しています。

- TED〔「テクノロジー・エンターテインメント・デザイン」の略で、革新的なアイデアを共有する講演イベントとして知られる〕で**エイミー・スミス**がおこなった講演、「命を救うシンプルなデザイン」を聞いてみましょう。70万回近くも視聴されているこの講演では、スミスが立ち上げて代表を務めているMITのDラボのプロジェクトであるバイオ炭固形燃料の生産について語られています。詳細は **d-lab.mit.edu** をチェックしてください。

- EcoFuelAfrica.com ・ CharcoalProject.org

sector 4

水と衛生設備

蛇口の栓をひねれば、あふれるほどに飲料水が出てくる環境に暮らしている人にとっては、必要なときに水が手に入ることなど驚きでもなんでもありません。そうした人たちは、水を探したり、運んだり、消毒したり、保管したりする必要がありません。
ですが、清潔な水が手に入りにくい環境で暮らす世界中の何十億という人たちにとっては、こうしたことは毎日直面する差し迫った困難です。

インフラに恵まれた人たちは以下の恩恵を享受しています。
- トイレと手洗いは日常生活のありふれた行動であって、事前に計画しなければならない日々の困難ではありません。
- おむつは買い置きし、汚れたら洗濯（あるいは使い捨てなら廃棄）できます。
- ごみ箱の中身は通りに出しておけば、遠くの埋め立て処理場に持っていってもらえます。
- 自治体によってごみのリサイクル制度が実施されています。

現在、地球上では約25億人が洗面所やトイレ、ごみ処理システムのない生活をしています。排泄物は水源を汚染し、下痢性の病気を広め、子どもの命を奪うという悪循環を生んでいます。
世界中の女性と女の子が、水の入手と家庭の衛生管理という任務を背負っています。旧約聖書に出てくる井戸の傍のラケルの場面〔創世記第29章。ラケルという名の女性が、羊に水を飲ませるために井戸に連れてくる〕を何百万何千万という女性や女の子たちが毎日再現し、何時間もかけて水を汲んでは運んでいるのです。それでも、ラケルには井戸があっただけよいでしょう。現代の社会でも、井戸すらない場所が世界中にはあるのですから。水が湧いたり流れたりしている場所まで出かけていき、ポリタンクに18リットルの水を詰めて運ぶのは大変な苦労で、赤ちゃんも背負っていればさらに負担は重くなります。
19世紀の衛生システムを再現するのは可能ではないし、望ましくもありません。当時の衛生システムは清潔な水を大量に消費して排泄物を押し流し、費用のかかる処理施設まで下水システムで運び、浄化するために薬品を投入し、残りを水路に排出していました。もっとスマートでもっと環境にやさしいのは、**環境にやさしい衛生システム**によって排泄物からエネルギーと肥料を取り出す方法です。
同様に、水を中央施設で殺菌処理して運ぶにも費用がかかりすぎます。安価な自家用浄水の方法で、同じ作業がもっと効率よく、効果的にできるのです。

水と衛生設備への投資は、膨大な見返りを生みます。水と衛生設備は健康と生産性を向上させ、投資された1ドル1ドルを何倍にもして返してくれるほどの影響力を持っているという認識で、開発専門家の意見は一致しています。水の入手と衛生設備の改善には文化的にも技術的にも複雑な問題が伴いますが、簡単にできる対策は存在します。それを、このセクターで説明します。
水と衛生設備サービスがないことには、とりわけ女性にとっては、以下のような特有のデメリットがあります。
- ✕ 女性の時間と労力が、水の入手に費やされてしまいます。
- ✕ 水の殺菌処理が女性の仕事になっています。これは時間がかかる作業で、たき火でお湯を沸騰させることで処理をしているのなら、煙による健康被害も加わります。
- ✕ 女性はプライバシーもなく、夜にはしげみの中で用を足さなければならず、性的暴力の被害に遭いやすくなります。
- ✕ 学校に女子専用のトイレや生理用品を捨てる場所がないため、多くの女の子が生理中は学校を休んだり、初潮を迎えると学校に来なくなったりします。
- ✕ 水が媒介する病気に子どもがかかると、女性は看病という負担を強いられます。

安価な水と衛生の対策は女性の生産性と生活の質を劇的に改善し、同時に家族と国の経済状況を引き上げる可能性を秘めています。水と衛生設備を改善しようという意識の高まりは、間違いなく追い風となってすべての船を前進させるのです。

WATER AND SANITATION HYGIENE

34. 災害支援──明かりと清潔な水
　災害支援の分野では、新たに2つのコンパクトで軽量なツールが出ています。膨らませて光を拡散させるライトと、浄水錠剤と併せて使う水運搬用のバックパックです。

35. 雨水貯留
　雨水を集めて溜めれば水が確保でき、清潔な飲料水が手に入るため、女性は家族のために水を運ぶ必要がなくなります。余分な水は、畑の水やりにも使えます。

36. 水の運搬方法の改善
　ウェロの水運搬用タンク「ウォーターホイール™」を使えば従来の倍の量の水が運べて、しかも負担は軽くなります。パックH2Oは、水の運搬方法を人間工学的に向上させた容器です。

37. 貯水場所での水の塩素処理
　実験によれば、貯水場所での水の塩素処理は、家庭で消費者自身がおこなう塩素処理よりも幅広く受け入れられるようです。

38. 水質検査キット
　安価な水質検査により、現地住民が水源のモニタリングと管理をおこない、コミュニティに最新の水質情報を届けることができます。

39. SODIS（日光消毒）
　未処理の水をペットボトルに入れて日の当たる場所に6時間置いておけば病原菌が死に、安全な飲み水になります。

40. SODIS 測定器
　SODIS（日光消毒）が完了すると計測器や測定器で視覚的にわかるので、利用者は消毒できていることが確認できます。

41. ソルヴァッテン──日光消毒・温水器
　ソルヴァッテンには水が利用可能になったことを示す計測器が内蔵されており、水の運搬を容易にし、日光消毒を短時間でできるようにしてくれます。

42. 水ろ過器
　水を多孔質の陶器や砂の層などでろ過することで微生物や病原菌を濾し取り、殺菌することができます。

43. 日光による脱塩処理
　エリオドメスティコの太陽光発電脱塩器は、しょっぱい海水を飲める水に変えてくれます。

44. 手洗い
　ただ手を洗うだけで病気の感染率は下がり、蔓延を遅らせ、多くの命を救うという劇的な効果があります。

45. 資産としての排泄物の管理
　ピープープルは、排泄物を肥料に変える汚物収集袋を開発しました。

46. トイレ──環境にやさしい衛生設備
　環境にやさしい最先端の衛生設備は、排泄物を安全に収集し、その栄養分を活用してメタンガスと肥料に変えてくれます。

47. 生理用品
　学校で生理用品を提供すると女の子の出席率が上がるという認識が高まっています。その国で生産された生理用品なら、増える需要にも対応できます。

48. おむつ
　安価なおむつが手に入りにくいということは赤ちゃんのうんちがしばしば衛生の監視網から漏れ、現地の水源を汚染している可能性があるということです。

49. ごみ再生
　自治体がごみ収集やリサイクルをおこなっていない地域では、住民は非公式に自分たちでごみの再生をおこなっています。

idea 34

災害支援
明かりと清潔な水

災害支援の分野では、新たに2つのコンパクトで軽量なツールが出ています。膨らませて光を拡散させるライトと、浄水錠剤と併せて使う水運搬用のバックパックです。

膨らませて使う不思議なLEDライトがハイチに到着しました。© LuminAID

　災害時の利用を想定した革新的な製品が2つ、どちらも女性によって設計され、被災地でも明かりと清潔な水を提供できる独創的な解決策をもたらしました。ルミネイドのライトはこの項目では水の殺菌処理と併せて紹介されていますが、LEDの**ソーラーライト《27》**に含めることも可能です。

　地震や洪水、台風など自然災害、あるいは戦争や紛争などの生存者に必要なシェルターやインフラを提供する災害支援には、スピードと適切な援助物資が必要不可欠です。

　災害支援業界、各国政府の連合体、国連傘下の政府間組織、赤十字などの独立NGOなどは、それぞれ幅広い専門知識を持っています。災害援助物資はほとんどが寄付によってまかなわれます。シェルターや食糧、医療、水、通信の提供は数時間か、最低でも数日のうちに準備して利用できるようにしなければなりません。被災者は着のみ着のままでやってくる場合が多く、サービスの代金を支払うこともできないのです。

　ルミネイドの共同創設者アンナ・ストークとアンドレア・スレーシュタはどちらも建築学科の学生で、太陽光を活用した人道的技術に関心を持っていました。2010年にハイチで大地震が起きたあとで、2人はルミネイド研究所を立ち上げたのです。

　ルミネイドのライトは平たくつぶすことができて、重さはたったの約230グラムのため、運搬費用も空間も節約してくれます。懐中電灯なら8個しか入らない箱に、ルミネイドのライトは50個も収まるのです。

　このライトは半透明になっていて、中に入っているLED電球の強すぎる光を和らげてくれます。災害時の利用を目的に作られたものではありますが、電力網がない場所で近代的ですぐれたデザインの明かりを必要としている人たちなら誰でも気に入るでしょう。

　トリシア・コンパス＝マークマンはカリフォルニア州立ポリテクニック大学の学生だったころに災害支援用の浄水法を思いつき、「国境なきエンジニア」を立ち上げました。彼女が開発した革新的な**デイワン・レスポンス・ウォーターバッグ™**のバックパックは平らにして運搬することができ、重量と空間の節約になります。この製品は最近フィリピンに届けられ、台風30号「ハイエン」の被害者に安全な水を提供しました。

　容量10リットルのこの袋には水が詰められ、目的地に届くと、内蔵しているフックで吊して保管されます。簡単に水が出せるようホースがついていて、水差しやポリタンクよりもずっと運びやすくなっています。プロクター・アンド・ギャンブルのPŪR® 浄水パックを使えば、30分で水を浄化することができます。

　PŪR® 浄水錠剤は効果的で安価ではあるものの、ビジネスとしてはうまくいきませんでした。PŪR® はしばしば、災害現場で配布されます。ひとつ3.5セントのパックは凝固と消毒の作用で、見るからに汚い液体を透明で飲める水に変えてくれるのです。この方法は、大規模な浄水施設で使われているのと似たような技術です。ただ、災害現場ではPŪR® の浄水手順を厳守するのが難しいのです。

⇨ **ソーラーライト《27》**も参照。

 ● ルミネイドはシェルターボックスなどの災害救助NGOに製品を提供し、提携団体にもライトを寄付しています。ルミネイドの特色は「ライトを寄付して、ライトを買おう」という販売戦略で、ライトがひとつ売れるごとに、現場の提携団体にライトがひとつ寄付される仕組みです。

 ● PŪR® を異物がたくさん入った汚い水で試して、魔法のような効果をその目で確かめてみましょう。

 ● CSDW.org ・ luminAID.com

idea 35

雨水貯留

雨水を集めて溜めれば水が確保でき、清潔な飲料水が手に入るため、女性は家族のために水を運ぶ必要がなくなります。余分な水は、畑の水やりにも使えます。

グアテマラのケツァルテナンゴで、レインソーサーで水を集める女性。© RainSaucer™

雨水を溜める技術は、大昔からありました。これは先進工業国でも一般的におこなわれている節水技術で、自治体の貯水率に貢献しています。水関連のインフラが不足している地域では、溜めた雨水は特に乾季の間、家庭や小規模農家にとって貴重な水源となります。

昔から、家族のために水を手に入れてくるのは女性と女の子の仕事でした。そのために彼女たちは毎日つらい水探しの旅に出かけ、重い容器を満たしてそれを持って帰ってこなければならないのです。暑い乾燥した季節には、これは特にきつい仕事です。井戸や小川が干上がり、一家は大変な出費をして水を購入したり、水を探すために女性をさらに遠くへ行かせたりしなければならなくなります。

雨水貯留にはいくつものメリットがあります。
◎ 乾季に備えて水が確保できます。
◎ 女性の時間が節約できます。
◎ 女性や女の子の水を運ぶ苦痛を解放、または軽減します。満タンにしたポリタンクは、20キロ近い重さになります。
◎ 水を購入していた場合、そのぶんの費用が節約できます。
◎ 特に乾季に、畑用の水が確保できます。

もっとも原始的な雨水の溜め方は瓶にじょうごを差しこんで受け口を広くする方法で、これなら1リットル単位で雨水を集められます。雨量が多い地域では、柔軟性のある貯水タンク（ウォーターバッグやウォーターバスケット、空気袋などとも呼ばれます）が置かれ、乾季に家庭で使うぶんと、畑の水やりにも使えるだけの水が十分確保できます。『世界一大きな問題のシンプルな解き方』（東方雅美訳、英治出版、2011年）の著者ポール・ポラックは雨水貯留の熱心な支持者で、集めた雨水を使ってアジアの自給自足農家の**ドリップ灌漑（かんがい）**《64》を実現したほどです。乾季にも作物が作れるようになれば、収入は大幅に上がります。

柔軟性のある貯水タンクは固定式の貯水槽よりもずっと安価で、水源を最大限に活用するために移動させることもできます。ミャンマーに拠点を置く**プロキシミティ・デザイン**は2012年に容量は250ガロン、価格は23ドルのウォーターバスケットを発売しました。ポリ塩化ビニルでコーティングされたキャンバス地でできたこのバスケットはたたんで保管することができ、水を入れていくと自立するタンクになります。ポンプとホースをつなげば、畑の水やりは女性1人でも簡単にできる作業になります。

レインソーサー™は自立式の雨水貯留タンクで、取水力を最大限に高めるため、大きな平たいじょうごがついています。レインソーサーは現在、2ドルで買える、プラスチックで強化した段ボール製の初歩的な雨水貯留樽を試験運用しています。中南米では、多くの市民がボトル入りのミネラルウォーターに頼っています。雨水を溜められればミネラルウォーターを買う量も最小限に抑えられますが、溜めた水は飲む前に殺菌処理する必要があります。

屋上での雨水貯留は世界中でおこなわれています。タイの地方にある村では、巨大なコンクリート製の雨水貯留壺が一般的です。これは25ドルほどで買え、850ガロン近くもの水が入ります。持ち主が汚染を防ぐための基本的な手順さえ守れば、天然の飲料水を無料で手に入れることができるのです。ちなみに、ミネラルウォーター850ガロンぶんの値段は雨水貯留壺の75倍もします。

トタン屋根は雨水を集めるのには理想的です。溝に沿って雨水が流れてくるからです。パイプや竹を使って、簡単な雨樋を作ることもできます。

● **レインソーサー™**は、2ドルの雨水貯留樽の普及に一緒に取り組んでくれるNGOパートナーを募集しています。
● **プロキシミティ・デザイン**は、ミャンマー語が話せる高卒者や大学生向けに競争力の高いインターンシップを提供しています。成績優秀な大学院生には奨学金が与えられます。

● 学校の菜園用に雨水貯留システムを研究し、設置しましょう。

● PloximityDesigns.org ・ Rainsaucers.com

idea 36

水の運搬方法の改善

ウェロの水運搬用タンク「ウォーターホイール™」を使えば従来の倍の量の水が運べて、しかも負担は軽くなります。パックH2Oは、水の運搬方法を人間工学的に向上させた容器です。

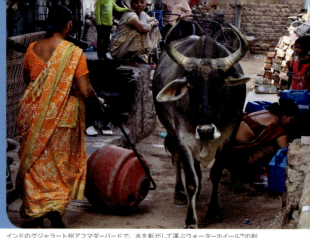

インドのグジャラート州アフマダーバードで、水を転がして運ぶウォーターホイール™の利用者。© Wello/Cynthia Koenig

世界中で7人に1人が、一番近い水源から1キロ以上離れたところで暮らしています。地方の村では井戸まで容器を持っていかなければならず、もっと不運な場合は川などの自然の水源まで行かなければなりません。スラム街に暮らす女性たちは共同の水場で列を作り、自分の番まで水が尽きないよう祈るしかないのです。キャサリン・ブーの『いつまでも美しく──インド・ムンバイのスラムに生きる人びと』(石垣賀子訳、早川書房、2014年)を読んだ人なら、この抒情的な本に登場するムンバイのスラム、アンナワディでは、水道の水がすぐに出なくなってしまうことを覚えているかもしれません。待っていても、無駄になる場合が多いのです。

水道は、世界の最底辺にいる10億人にとっては今日明日に実現するものではありません。何億人もの女の子と女性の暮らしを改善する道筋のひとつが、水を運びやすくする道具を安い費用で開発することです。**社会起業家**シンシア・ケーニッヒが実行したのがまさにそれで、**ウォーターホイール™**のデザインを何度も見直し、人道的工学デザインの原則に沿うよう改良しました。
◎ 最終利用者と**共同で作ったもの**であること
◎ 文化的に受け入れられるものであること
◎ 魅力的であること
◎ 安価で、大量生産されればさらに値段が下がること

ウェロのウォーターホイール™は容量が50リットルで、インドの女性がふだん水の運搬に使っているマトカという壺の倍の量が運べます。地面を転がして簡単に運べるため、少なくとも片手は自由になります(携帯電話が使えるのです!)。通常の半分の時間で水を運べるため毎日1～2時間が節約でき、もっと生産的な作業に使えます。女の子は宿題に時間をかけられますし、水汲みで疲れ果てた状態で学校に行かなくてもすみます。成人女性は収入を創出するような作業に取り組んだり、社会活動に参加したりできます。実際にウォーターホイール™を使っている女性のヴァルシャは、こんな感想を聞かせてくれました。「水汲みに毎日何時間もかけていたころは、子どもにいらいらすることもよくありました。でも今は、いい母親になれたと思います」。利用者は、1日平均10リットルもの余分な水を手に入れることができるようになったのです。

「ウォーターホイール™は水汲みに行くことが多い女性を念頭に作られたものですが、[発明者の]ケーニッヒによれば、ウェロは男性の間でとても人気になったので驚いているとのことです。『一番うれしかったのは、男性が使いたがるようになったことです。これを便利な道具とみなしているのです』」(『ガーディアン』紙の貧困についてのブログ、「ポヴァティ・マターズ・ブログ」)

ウェロのウォーターホイール™は数々のデザイン賞を受賞し、初期の試作品を製造するための資金を集めてきました。小口融資を使えば、予定販売価格の25ドルにも手が届きます。このツールは、水をよく使う以下のような小規模事業にも役立ちます。
◎ 冷たい飲み物の販売
◎ 水の配達
◎ お茶スタンド
◎ 洗濯屋

現在検討されている改良点は、運送中に水の浄化が始められるフィルターの設置と、ホイールを回転させるエネルギーを活用して携帯電話の充電ができるようにする機能です。

パックH2Oウォーターパックは背中に背負う形状で、水を運ぶ女性の体への負担を減らします。人間工学的に負荷を分散させるようにデザインされたこのツールは、ポリタンクやバケツよりはるかにすぐれた容器です。パックH2Oはポリタンクの7分の1の重さで、それだけでも十分な改善です。

- ウェロのウォーターホイール™は、パートナーを募集しています。
- ウェロではボランティアを歓迎します。

- WelloWater.org ・ PackH2O.com

ケニアのラバン・スプリングスで、塩素処理の普及員であるキャロラインが、塩素ディスペンサーの使い方を実演しています。© Jonathan Kalan

idea 37

貯水場所での水の塩素処理

実験によれば、貯水場所での水の塩素処理は、家庭で消費者自身がおこなう塩素処理よりも幅広く受け入れられるようです。

　水の殺菌処理は、細菌論になじみのない村人には受け入れるのが難しい習慣です。目に見えない細菌が水の中に潜んでいて病気を引き起こしているという概念が理解しにくいからです。処理にかかる面倒な手間と費用を考えると、必ず水を処理するよう動機づけるのは困難な任務です。先進国では、あらかじめ処理した水を家庭に届けるという方法でこの問題を解決してきました。

　ポバティ・アクション・ラボ（J-PAL）は、さまざまな取り組みを研究して、どの方法が効果が高いかを突きとめようとしています。

　J-PAL は効果的な水の殺菌処理の普及戦略を模索中です。清潔な水は、ごくわずかな費用で大きな健康効果をもたらします。水を介して広がる病気は体力を奪い、薬が必要になるものです。子どもが病気になれば看病しなければならず、母親はほかの仕事に使う時間がなくなります。推奨されている浄水方法を受け入れるよう、女性に動機づけをするもっとも効果的な方法はなんでしょう？

　J-PAL の研究では、貯水場所で塩素処理をするほうが、そこから水を持って帰った利用者が各自で殺菌するよりもはるかに効果的だということがわかりました。**塩素ディスペンサー**は安価な貧困対策ツールです。安全な飲み水を作るために沸騰させるのは塩素処理よりもずっと手間のかかる仕事なので、女性にとってもこっちのほうが便利です。

　塩素ディスペンサーの維持管理には現地の女性が雇われ、塩素を補充し、各家庭から費用を集め、水の健康習慣を促進します。このシステムにはさらに次のようなメリットがあります。

◎ 塩素は大量に購入したほうが、小分けのパックで買うよりもはるかに安く上がります。
◎ バルブからは正確に量られた量が出てくるので、家庭で塩素を混ぜるよりも信頼性が高くなります。
◎ まわりと同じように役立つことをしたいという思いから、公共の場で塩素を投入したがるようになります。
◎ 塩素を投入すると、化学反応が始まります。運搬中に揺れることで中身が混ざり、塩素の効果も早く出ます。
◎ 女性はどっちみち水を汲みに来ているので、その場で塩素を投入するのはほんのちょっとした手間が加わるだけ。家で塩素を混ぜるという新しい習慣よりは受け入れやすいはずです。

　貯水場所で使う塩素ディスペンサーにかかる費用は 1 人あたり年間たったの 50 セントです。

　ジンバという革新的な自動塩素投入装置が、人道的技術革新の中枢である MIT の D ラボで開発中です。現在はインドの西ベンガルに拠点を置き、最終テストをしています。ジンバは水にかかる重力を利用して 1 回ぶんずつ塩素を出す装置で：
◎ 故障しやすい蝶番や歯車などを使いません。
◎ 電気がいりません。
◎ 水の量を感知し、自動的に塩素を計量します。
◎ 数世帯で共有すれば、各家庭の負担額は年間 6 ドル程度です。

　利用者は、自分で塩素を入れる必要がありません。ジンバがやってくれるのです。

> 原子番号 17 の塩素 Cl_2 は、水に加えるとバクテリアを殺す化学反応を起こします。自治体の飲料水の殺菌処理に使われるほか、塩素系漂白剤にも入っています。塩素処理された水泳プールのあの特徴ある臭いは、屋外の溜め水を無菌状態に保つために高い塩素濃度が必要だからです。

 ● ジンバは、販売に協力してくれるパートナーを募集しています。

 ● PovertyActionLab.org ・ EvidenceAction.org ・ ZimbaWater.com

idea 38

水質検査キット

安価な水質検査により、現地住民が水源のモニタリングと管理をおこない、コミュニティに最新の水質情報を届けることができます。

インドのマンガロールにある学校の実験室で水質を検査する生徒。© BASF

つい最近まで、水質検査には高価な実験機材と高度な訓練を受けた技術者が必要でした。検査技術の進歩のおかげで、水質検査キットは簡単で持ち運びやすく、安価なものになっていて、汚染された水が病気の蔓延を招く低資源地域でも使えるようになっています。

衛生状況の改善は水質汚染の予防につながります。開発途上国では水媒介の病気による入院患者が全体の40％を占め、5歳未満の子どもの主な死因にもなっています。下痢の症状が出た人は感染性の細菌を含む便を排泄します。衛生的なトイレや洗面所がないと、この排泄物はしばしばそのまま地域の水源に流され、さらに感染が広まるという悪循環を生むのです。

水質検査は、感染性の細菌の存在を見た目でわかりやすくしてくれます。住民が見て理解しやすいので、細菌論について教育し、共有の衛生設備を改善するために地域を動かす動機づけにはとても効果的なのです。

市場には、安価な検査キットが数々出回っています。検査する際には適量の水を入れてしばらく待ち、色の変化で水が飲めるくらい安全かどうかを確認します。たとえば**携帯微生物検査キット**に含まれるのは以下のようなものです。

- 水のサンプルを集める自立式のワール・パック® バッグ
- 大腸菌に反応して色が変わる成分を含む10ミリリットルの試験管
- サンプルに含まれるバクテリアのコロニーを数えられるペトリフィルム™シャーレ
- 水をワール・パックから試験管やペトリフィルム™に移すための、滅菌済みで使い捨てのピペット

ドイツの慈善財団 BASF は国連人間居住計画（UN-HABITAT）と協力し、水の汚染がしばしば問題になっているインドのマンガロールで化学プロジェクトを立ち上げました。水の保護と保全、そして衛生を学ぶ5000人の現地の生徒たちが、地元の水質を検査する方法を教わりました。そして身につけた知識を現場で活かし、故郷の水質を検査する任務を与えられたのです。

ウィメンズ・アース・アライアンスは女性グループに対して水と衛生技術の幅広い訓練を実施しており、水質検査も指導しています。検査結果で汚染が判明すれば検査員は現地住民と話し合い、解決策を検討し、必要に応じて代わりとなる安全な水源の確保に取り組みます。

オープンソースで無料の**エムウォーター**は、水のサンプルをシャーレに取って培養した大腸菌を検知する携帯電話のカメラ用アプリです。データは膨大な知識ベースに加えられて村単位、地域単位、もっと広い単位で水質状況を見ることができます。ユーザー登録をすればアラートを受け取ったり、代わりとなる安全な水源の提案を受けたりすることも可能です。

> 「タンザニアでは、安全な水を利用できる人の数よりも携帯電話を利用している人の数のほうが多いのです。そのため、携帯電話は水質検査の安価なインフラとなることができます」（エムウォーター CEO アン・フェアリー）

- 家の近くの川で、水質を検査してみましょう。先進国では、汚染の原因はほとんどが工場や農場からの汚水による化学汚染です。水質検査キットの一覧は**エムウォーター**のウェブサイトに掲載されています。

- WomensEarthAlliance.org　・ mWater.co

ホンジュラスのテグシガルパで、日光消毒しておいた水に手を伸ばす女性。
© Matthias Saladin/ Fundación SODIS

idea 39

SODIS（日光消毒）

未処理の水をペットボトルに入れて日の当たる場所に6時間置いておけば病原菌が死に、安全な飲み水になります。

　殺菌処理されていない水によって広がる感染症は、毎年何百万人もの人々の命を奪っています。驚くことに、日光を利用した無料の浄水法、**SODIS**（日光消毒＝ SOlar DISinfection の略称）はまったく知られていません。SODIS は、1990 年代には研究によってその効果が確認されています。世界保健機関、国連、アメリカ疾病予防管理センターも皆、SODIS を推奨しています。日光に 6 時間（もっと短くてすむ場合もあります。曇りの場合は 2 日間）さらしておけば、紫外線がウイルスやバクテリアをすべて殺してくれるので、ボトルの中身が安全に飲めるようになります。

　SODIS の普及を妨げているのはなんなのでしょう？
- NGO が SODIS の普及促進に努めてはいるものの、現地の人たちの認識不足が大きなハードルとなっています。スイス連邦水科学技術研究所（**EAWAG**）が、SODIS についての幅広い教材を提供しています。
- 利用者の不審感が SODIS の受け入れを遅らせています。こんなに簡単な方法で、本当に効果があるのでしょうか？　この問題は **SODIS 計測器や測定器**《40》で解決できます。水の温度が十分高くなったことが目で見てわかれば、利用者はこの処理方法を信頼できるようになります。
- SODIS に最適な容量は 2 リットルなので、水の量が多ければ容器に詰めたり空けたりするのが大変になります。EAWAG は、吊すタイプの 4 リットル SODIS バッグを開発しています。

　SODIS は二酸化炭素を排出せず、燃料を消費しません。たき火でお湯を沸かして煮沸消毒している家庭にとって、SODIS は時間とお金、そして屋内の空気汚染を大幅に軽減してくれます。

　1 リットルのお湯を沸かすには約 1 キロの薪が必要です。お湯を沸かすためだけにどれだけの木材が無駄に消費されているか考えてみてください。しかも、その薪を集めているのはたいてい女性や女の子なのです。薪集めの作業をなくすことで女性と女の子の時間は節約され、森林破壊も抑えられます。

> 水を 65 度に温めるだけで病原体となるバクテリアやウイルス、寄生虫は死に絶えます。100 度まで熱すれば水が安全だという物的証拠が得られますが、温度をもう 35 度上げるために消費されるエネルギーは無駄に消費されることになります。課題は、いつ 65 度になったのかわからないということです。

> 調査によると、SODIS の手法を適切に用いれば、容器がペットボトルでも化学物質が水に浸み出して人体に悪影響を与える恐れはないことがわかっています。殺菌処理済みの水が利用できない人たちにしてみればペットボトルの化学物質よりも水に病原菌が入っていることのほうが心配ですが、この手法が安全だと知ればいっそう安心できるでしょう。

YOU
- 特定のブランド名がない無料の手法を推奨するのはなかなか難しいことです。皮肉なことですが、どこかの社会事業が魅力的な SODIS のボトルキットをデザインし、ブランド化して販売したほうが早く広まるかもしれません。**ソーラーボトル**（SolarBottle.org）のデザイン案を見てみてください。
- **フンダシオン SODIS** は、中南米の SODIS プロジェクトに協力してくれる経営、財務、資金調達、研究、通信、情報システムに経験があるボランティアを募集しています。

EDU
- SODIS を試してみましょう。**ウォータースクール**には総合的な質疑応答リストがあります。

 Sodis.ch　•　FundacionSodis.org　•　EAWAG.ch　•　WaterSchool.com

セクター 4　水と衛生設備　75

idea 40

SODIS 測定器

SODIS（日光消毒）が完了すると計測器や測定器で視覚的にわかるので、利用者は消毒できていることが確認できます。

ウガンダのジンジャで、水の低温殺菌測定器（WAPI）の使用法の訓練を受ける女性たち。
© Diane Parrish

　水の日光消毒、SODIS《39》は未処理の水を清潔なペットボトルに入れ、日光に6時間（曇りの日なら2日間）さらすだけで完了します。
　SODIS で水を消毒する方法には多くのメリットがあります。
◎ 大腸菌やロタウイルス、ランブル鞭毛（べんもう）虫、A 型肝炎ウイルスなど、水を介して広がる感染症の病原体を死滅させた安全な水は、多くの命を救います。
◎ 日光消毒には燃料が必要なく、森林を保護できます。
◎ それまでお湯を沸かすための薪集めに費やされていた女性と女の子の時間が節約され、ほかのことに使えるようになります。

　水の低温殺菌測定器、WAPI は、SODIS の効果を利用者に納得してもらうためのツールです。大豆ワックスは、水の殺菌処理に必要な温度と同じ65度で溶けます。WAPI は密閉された小さな透明のプラスチック製シリンダーで、中には緑色の大豆ワックスがひとかけ入っています。これを水の入ったボトルの中に入れて、ワックスが溶ければ殺菌処理が完了したという合図になります。
　ワシントン大学の研究チームは、「安全な水を確実に届ける」という目標を掲げ、SODIS 計測器「ポタヴィーダ」をデザインしました。南米で SODIS の普及を目指す財団フンダシオン SODIS が開催したコンテストで優勝しました。
　ポタヴィーダはその後3回改良され、開発者たちは最終利用者たちの意見を取り入れ、彼らのニーズにあう製品を共同で開発しました。初期のデザイン（右の写真参照）はボトルに取りつけるタイプのものでしたが、チーム・ポタヴィーダの最新デザインは紫外線測定器を SODIS バッグと一体化させたものです。このほうが直感的で利用しやすいと考えたためです。
　人道技術に特化したオーストリアの社会事業組織ヘリオズは WADI™（水殺菌＝ WAter DIsinfection の略）をデザインしました。この製品は SODIS 処理のため水平に寝かせたボトルの上部に取りつけられ、太陽の紫外線を検知して測定します。太陽電池式で、水が飲めるようになったらスマイルマークが点灯します。

　理想的な環境であれば、殺菌は推奨されている6時間よりもずっと早く完了します。曇りの場合は2日間かかります。計測器を使う利点は、ボトルを日光にさらすのに必要な時間がわかることです。殺菌に要する時間は以下のような条件によって異なります。
● 天候（晴天、曇り、雨）
● 日光の強さ
● 高度（標高が高いほうが早く殺菌できます）
● 緯度（赤道に近いほうが早く殺菌できます）

　ヘリオズはアジアやアフリカのさまざまな地域のさまざまな気候条件で実地試験をおこなっていて、低温殺菌には45分から数時間までの幅広い時間がかかることがわかっています（計測器がない場合、推奨されている6時間は日光にさらしておいたほうがいいでしょう）。

ニカラグアで、共同開発されたポタヴィーダ。© Anna Young

 ● WAPI のキットは大量購入して自分で組み立てる場合は1個42セントで購入することができます。カリフォルニア州フレズノのロータリークラブ〔国際的な社会奉仕の連合団体〕が WAPI プロジェクトを実施していて、組み立てが完了した WAPI を配布用に回収しています。

 ● IntegratedSolarCooking.com　● Potavida.com　● Helioz.org

ケニアのブンゴマで、ソルヴァッテンを使って水を殺菌する母娘。
© Solvatten/Johanna Felix

idea 41

ソルヴァッテン
日光消毒・温水器

ソルヴァッテンには水が利用可能になったことを示す計測器が内蔵されており、水の運搬を容易にし、日光消毒を短時間でできるようにしてくれます。

　ソルヴァッテンという名は、まるでイケアで売っている家具のような名前ですが、それもあながち間違いではありません。イケアが生まれたスウェーデンの言葉で「太陽水」を意味するこのツールは、スウェーデンの微生物学者で芸術家のペトラ・ワドストロムが発明した浄水器なのです。

　ワドストロムはインドネシアに住んでいたことがあり、女性や子どもたちが水を運んで殺菌処理するのに、多くの時間と労力を費やしていたのをその目で見ていました。もっと効率のいい方法があるはずだと確信した彼女はスウェーデンに戻ると、ソルヴァッテンを開発する11年がかりの仕事に取り組んだのです。いろんな意味で洗練されたこのツールは、SODIS《39》の処理をスピードアップさせつつ、温水器としての機能も果たします。仕組みはこんな感じです。

◎ 蝶番がついた10リットル入りの黒い箱で、大きくぱたんと開くので、日光にさらされる表面積が最大限に取れます。
◎ 内蔵されているフィルターは取り外して洗うことも、古いサリーを数枚重ねて代用することも可能です（このフィルターは異物を濾し取るためのもので、微生物は取り除きません）。
◎ 容器内部の温度が低温殺菌レベルの65度まで上がると緑色に点灯する、押しボタン式の測定器が特徴です。
◎ 空の状態の重さは2.7キロ、水を充満すると14キロになります。
◎ 耐用年数は5年以上で、コストは1リットルあたり0.02セントです。

　直射日光に当てると、ソルヴァッテンは2時間から6時間で水を浄化するため、1日に何回か低温殺菌することができます。利用する際は、水が65度以上の高温になっているので注意が必要です。家庭用温水器の設定温度は通常、50～60度です。
　ほかにもこんなメリットがあります。

◎ 調理時間を短縮したり、燃料を消費せずにお茶をいれたりするのに使えるお湯が作れます。
◎ 女の子の健康状態が改善し、薪集めの時間が少なくなるため、学校の出席率が上がります。
◎ 体を清潔にするためにお湯が使えます。

　ソルヴァッテンは起業家たちの独創性を刺激しています。
◎ ウガンダの首都カンパラにあるカウェンぺというスラムにある料理屋では、食事と一緒にソルヴァッテンで殺菌処理した水をグラス1杯無料で提供し、ミネラルウォーターのボトルを売らなくなった理由を説明しました。すると、以前は1日50食程度だったこの店の売り上げが、数カ月で70～100食にまで増加しました。
◎ 2人のウガンダ人の女性が、ソルヴァッテンで浄化した水をジッパーつきのビニール袋に詰めて、地元の売店で販売しています。ソルヴァッテンを2台使って、晴れた日には180袋、曇りの日でも120袋は詰め、1日5ドル稼げる日もあるのです。

　ワドストロムは現在、ハイチ、ケニア、ネパール、ウガンダでパートナー組織と協力しながら自身が立ち上げたNGOソルヴァッテンの代表を務めています。パートナーNGOを通じて、ソルヴァッテン浄水器は1台35ドル前後で販売されています。
　ソルヴァッテンは、森林保護に果たした役割から、**ゴールド・スタンダード**〔温室効果ガスの削減につながる活動の認証基準〕の**カーボンオフセット・クレジット**の条件を満たしました。

⇒ **SODIS《39》**、**SODIS測定器《40》**も参照。

賞を取ったソルヴァッテンを持つペトラ・ワドストロム。© Catharina Hansson

YOU ● ソルヴァッテンの普及活動を支援しやすくなるよう、ソルヴァッテン友の会を立ち上げましょう。
　　● Solvatten.se

セクター4　水と衛生設備　77

idea 42

水ろ過器

水を多孔質の陶器や砂の層などでろ過することで微生物や病原菌を濾し取り、殺菌することができます。

ウガンダのクミで、2012年にハーバードの学生たちが始めたスパウツ・オブ・ウォーターの活動の一環で、水をろ過する方法を学ぶ子ども。
© SpoutsOfWater.org / SSugaiGunasekaran

陶器製ろ過器は1981年にフェルナンド・マザリエゴス博士によってグアテマラで開発されました。ほとんどの地域ではすでに粘土の壺を使っていたため、陶器を使ったろ過は文化的にも受け入れやすい技術だったのです。

花瓶の形をした陶器のろ過器が、蓋と栓がついた大きなプラスチックの壺の中に入っています。未処理の水を上から入れると、陶器の中を通って壺の中に溜まります。水は汚染から守られ、使うときは栓をひねれば下から出てくる仕組みです。

ポッターズ・フォー・ピースが開発して普及させた手順にもとづき、今では20以上の国の工場で陶器のろ過器が作られています。ポッターズ・フォー・ピースは世界的に認められたこのデザインの特許を取らないことを選択しました。製造法はオンラインで公開され、**オープンソース**の意見交換や改良が奨励されています。陶器のろ過器の価格は10ドル前後です。

- 現地で手に入る粘土でろ過器が作られるため、材料費や輸送費が低く抑えられます。
- 職人は現地にいるため、現地に雇用が生まれます。
- 陶器職人を4人抱える工場で、1日50個のろ過器が作れます。
- 粘土におがくずなどの焼成過程で燃え尽きる素材を練りこんで焼き上げることで、ろ過器の表面に病原菌をとらえられるほどの数の微小な穴ができます。
- ろ過器は8〜10リットルの水が入る均一な大きさに成形します。
- 焼成したろ過器は殺菌剤の役割を果たす銀コロイドでコーティングします。

水のろ過は、薪や木炭などの燃料を消費する煮沸消毒の代わりになります。2012年にイギリスの慈善団体「アシュデン」が、IDEハイドロロジックというカンボジアの陶器製ろ過器メーカーにグリーン・エネルギー賞を与えました。この企業のろ過器は森林保護と気候変動の軽減に大きな役割を果たし、**カーボンオフセット資金**を受け取る条件も満たしました。

[課題]

- ろ過器ではバクテリアを除去することはできますが、ウイルスを除去する効果はあまりありません。
- ろ過には数時間かかります。
- 再汚染を防ぐため、ろ過器を定期的に洗浄する必要があります。
- 当然ながら、陶器は壊れやすい素材です。ひびが入ったフィルターは交換する必要があります。

バイオサンドろ過器は1990年代にカナダ人のデヴィッド・マンツ博士が開発しました。バイオサンドを使ったろ過器はコンクリート製またはプラスチック製の垂直型の箱です。中には綿密に計算された砂利や砂の層が敷き詰められ、未処理の水に含まれる病原菌を少しずつ濾し取っていき、下の管から飲める水が出てくるという仕組みです。材料は現地で手に入るもので、現地の労働力で作れ、健康改善と同時に雇用の創出も実現できます。1台の価格は約50ドルで、最長30年間使えます。デザイン自体は特許を取得していますが、製造方法はオンラインで無料で入手できます。

2013年、18歳のメーガン・シアが**モリンガの種**《69》を使った実験をおこない、汚染された水から病原菌を濾し取る方法を発見しました。この実験でシアはインテルの高校生向け科学コンテスト「サイエンス・タレント・サーチ」の最終審査に残りました。モリンガは、開発途上国ではたくさん生えている木です。

- ポッターズ・フォー・ピース・ブリゲードが毎年冬に開催するニカラグアでの2週間の活動旅行に参加しましょう。現地の陶器職人とろ過器の工場で1日過ごします。
- ポッターズ・フォー・ピースは活動を拡大するため、助成金の申請書類作成やパソコンが得意なボランティアを募集しています。

- PottersForPeace.org

海と太陽から清潔で飲める水をいただきます。© Gabriele Diamanti

idea 43

日光による脱塩処理

エリオドメスティコの太陽光発電脱塩器は、しょっぱい海水を飲める水に変えてくれます。

　昔から、人類は海水から真水を作れたらどんなにいいだろうと夢を見続けてきました。人口増加で水が足りなくなることが予想される今、無料で手に入る日光を使った海水の脱塩処理は膨大な水資源をもたらしてくれるかもしれません。現在の脱塩技術には大量の化石燃料が必要となるので、ひとつの問題を解決してもまた別の問題を引き起こしますし、貧困削減の手段としてはお金がかかりすぎます。

　地上の水の97.5%は、しょっぱい海水です。それだけの水が簡単に、お金をかけず、持続可能な形で真水に変えられたら、私たちの飲み水や衛生、農業のニーズを満たせるようになるかもしれません。

　都市は、海岸線に沿ってできる傾向があります。脱塩処理が可能になれば、都市部の多数の住民は水に対するニーズを少なくとも部分的には満たすことができるはずです。四方を海に囲まれ、限られた量の真水しか手に入らない島の住民にとっては、脱塩処理技術はさらに役に立つでしょう。

　フリーランスのイタリア人デザイナー、ガブリエル・ディアマンティは、海水や汽水域の半塩水から毎日5リットルの真水を作り出せる太陽熱蒸留器、**エリオドメスティコ**を開発して数々の名誉ある賞を受けています。

　国連は、料理や飲み水だけで人間は毎日5リットルほどの水が必要だと言っています。授乳中の母親なら、推奨される量は7.5リットルです。すでに安全な水源があっても、エリオドメスティコがあれば補えるかもしれません。

　ディアマンティのこの蒸留器は、コーヒーを淹れるときに使うパーコレーターをひっくり返したような形をしていて、蒸気を集め、下に置いた容器に誘導する仕組みになっています。

1. 朝、蒸留器の上にのっている黒い陶器の蒸発器に海水を注ぎます。蒸気が逃げるのを防ぐため、蓋をしっかりと閉めます。
2. 黒い蓋が太陽熱を吸収し、中の圧力が高まります。
3. 温度が十分に上がると水が沸騰して蒸気になり、塩分が抜けます。
4. 凝縮された蒸気が管を通って下にある集水容器に溜まり、最大5リットルの真水となります。
5. この水は殺菌に必要な65度以上まで上がるため、消毒も同時にできます。
6. 真水を取り出し、家に持ち帰ります。
7. 塩分はすべて抜けているため、健康上の理由と、味をつけるために蒸留水にヨウ素添加塩を足してもいいでしょう。水源が化学物質で汚染されていないのであれば、蒸発器に溜まった塩を使うことも可能です。
8. 運搬中に水に病原菌が入った場合は、殺菌処理が必要になります。

　執筆時点で、ディアマンティはエリオドメスティコの3回目の改良版の開発を終えようとしているところです。設計図は**オープンソース**でネット上に公開され、作りたい人が誰でも作れるようになっています。この魅力的で、手入れの必要も少ないデザインに使われているのは以下のようなものです。

◎ 現地で手に入る、安価な材料
◎ 開発途上国の陶器職人になじみのある技術
◎ 化学薬品やフィルターは不要
◎ 動く部品は不要
◎ 電気や電池も不要

　ディアマンティは、製造コストを引き下げれば現地の人たちの生活支援につながるという考えから、現地生産を後押ししています。価格は1台50ドルで、本当に貧しい人たちにはローンや補助金が必要な金額です。ディアマンティはイタリアにある自分の工房でもエリオドメスティコを製造・販売して宣伝に努め、普及のための資金を集めています。

GabrieleDiamanti.com

idea 44

手洗い

ただ手を洗うだけで病気の感染率は下がり、蔓延を遅らせ、多くの命を救うという劇的な効果があります。

ボリビアのコチャバンバで、さかさまにしたボトル、ティッピー・タップから出てくる水で手洗いの練習をする女の子。ネジ式の蓋はゆるく閉めてあり、触ると水が少しずつ出てくる仕組みです。© Avery White/Proyecto Horizonte, Bolivia

手洗い？ そんな簡単なことが貧困削減に役立つなんて意外に思えるかもしれませんが、石けんを使って手を洗うのは、世界でもっとも強力な公衆衛生活動のひとつと言っても過言ではありません。ただ、水道がない低資源地域では、そんな簡単なことが難しいのです。

安くてシンプル、そして水の節約になる手洗いツールの**ティッピー・タップ**は、1980年代にジンバブエでジム・ワット博士が開発しました。水の容器をさかさまに吊して石けんを置いたこのツールは下にペダルがついていて、踏むと容器が少し傾いて、手を使わなくても水が出てきます。ほかにも、いろいろな形のティッピー・タップが作られています。

手洗いの意識向上キャンペーンでは、以下の行動の際にきちんと手を洗うように訴えています。

● トイレのあと。
● 料理の前。
● 子どもに食事を与える前。
● 赤ちゃんの体をきれいにしたあと。

「グリッター・ボール・ゲーム」は病原菌について楽しく学べる方法です。ワセリンを塗ったボールを、グリッター（ラメ）の中に落とします。そのボールを投げ合うと、手にラメがくっつきます。それを取るには、石けんを使ってちゃんと手をこすらないといけません。病原菌も、同じことなのです。

[衛生についてのQ&A]

Q お湯は必要ですか？
A いいえ。常温の水で十分です。お湯を使うと肌が乾燥しやすいですし、お湯を沸かすための無駄なエネルギーを使わなくてすむので、水のほうがメリットがあります。

Q 石けんは必要ですか？
A はい。「石けんは、水だけで洗うよりも効果的です。石けんに含まれる界面活性剤が汚れや微生物を肌から取り除きますし、石けんを使って洗ったほうが手をしっかりとこする傾向があるので、それで病原菌がさらにきちんと落とせるというメリットもあります」（アメリカ疾病予防管理センター）

Q シャンプーは必要ですか？
A いいえ。先進国では、「ノーシャンプー」の洗髪方法が広まり始めています。シャンプーは、髪に含まれる天然の油分を取り除いてしまう化学薬品だから使わないという考え方です。水や重曹だけで、やさしく髪を洗うという人もいます。また、開発途上国ではシャンプーは1回ぶんずつの小分けパックで売られていることが多く、低所得層の人たちにとってはぜいたく品です。

Q 水道がない地域では、どうやって体を洗っているのですか？
A 世界でもっとも貧しい人たちの多くが、とても暑い地域で、エアコンもなしに生活しています。熱いシャワーは必ずしも好まれません。もっとも一般的なのはバケツを使ったシャワーか、川での水浴びです（ただし川は汚染されている可能性があるため、あまり望ましくありません）。

バイオ衛生センター《46》の建設は、水道がない地域に衛生サービスを届けるための有望な方法です。バイオ衛生センターには洗面台、清潔なトイレ、個室シャワーが完備されていて、1回の利用ごとに料金を払うシステムになっています。排泄物は中央の**堆肥装置**《31》に集められてメタンガスを取り出し、お湯を沸かすのに使います。

> 10月15日は「世界手洗いの日」です。

 ● **プロイェクト・ホリゾンテ**は、スペイン語が話せるボランティアを募集しています。活動内容は手洗いを推進する健康・教育・地域開発を融合させたプログラムの支援です。

 ● 世界中で使えるように一般公開されている設計図を参考にして、展示用のティッピー・タップを作ってみましょう。

 ● TippyTap.org ・ GlobalHandwashing.org

idea 45

資産としての排泄物の管理

ピープープルは、排泄物を肥料に変える汚物収集袋を開発しました。

自治体が衛生設備を提供していないナイロビのスラム、キベラでピープー・バッグを手にする子ども。© PeePoople/Camilla Wirseen

うんちは臭いし、ウイルスやバクテリア、寄生虫が入って、水や手を介して病原菌が広がる原因となります。ですが、人の排泄物には価値があります。栄養がとっても豊富なのです。先進国ではトイレから下水に排泄物を押し流すのに、飲めるくらい安全な水を大量に使っています。そして膨大な量の資源を使って下水に化学薬品を投入し、川に流しても安全なようにしています。そこに、価値は生まれません。

低資源地域に暮らす人たちは、大規模なインフラがなくても安く安全に排泄物が処理できる方法を求めています。排泄物をうまく封じこめれば、水の汚染によって地域に病気が広がるという悪循環を断ち切ることができます。**環境にやさしい衛生システム**とは、以下のような特徴を備えたものです。
◎ 最小限の水と、場合によっては化学薬品も使って、排泄物を封じこめて浄化します。
◎ 排泄物から、価値のある副産物を生み出します。

堆肥装置《31》は排泄物を密閉された空間に集め、そこで空気を使わずに分解し、料理に使えるメタンガスを発生させると同時に、どろりとした半液体状の肥料も作り出します。ただし、一般家庭が出す排泄物の量ではとても足りません。町や村の単位で集中型の**バイオ衛生センター**を設置するのは効果的な解決策です《46》。

多くの地域ではバケツで集めた「糞尿」、つまりうんちやおしっこを肥料に使っています。ただし、最初に安全に分解しておかなければ、これは病気を広める危険な習慣になってしまいます。

トイレがない地方の人たちは、しげみの中に隠れて用を足すことが多く、これを屋外排泄と言います。大規模なスラムでは何百人もがあまりよく管理されていないトイレを共同で使っています。汚水混じりの水は、密集した住居の間をそのまま流れていきます。袋に詰めた糞尿（「空飛ぶトイレ」などと呼ばれます）は道路脇の溝に投げこまれます。明らかに、もっといい方法を今すぐ考えなければならない状況です。

スウェーデンの建築家で都市計画者のアンダース・ヴィルヘルムソンが発明した**ピープー**は、排泄物の生物分解が安価におこなえる使い捨てのビニール袋で、ごく普通のバケツにかぶせて使います。利用者は袋1枚あたり3セントを支払い、いっぱいになったら中央集積所に持っていくと1セントの払い戻しを受けます。この費用は、公衆トイレを使うのにかかるお金よりも安いのです。満杯の袋は、数カ月で窒素を多く含む肥料に変わります。ピープー・バッグはミニ処理施設のようなもので：
◎ 水を必要としません。
◎ 袋には尿素が入っていて、尿や便をアンモニアに変えます。アンモニアは、病気のもととなるバクテリアを数日で死滅させます。

ピープーは排泄物が地域の水源を汚染しないようにして公衆衛生を改善するだけでなく：
◎ 家庭にプライバシーをもたらします。
◎ トイレで列に並ぶ必要がありません。
◎ しばしば性的暴力の現場になる夜の公衆トイレを使わずにすむことで、女性はより安全に用を足せるようになります。
◎ 病気を広める原因となるハエなどの害虫が減ります。
◎ 袋を売る商人の雇用を生み、収入を増やします。

⇨ **トイレ**《46》、**尿肥料**《62》も参照。

> 「衛生に1ドル投資して得られる経済利益は、平均すると9.10ドルになります」（世界保健機関、2007年）

● **ピープープル**はスラムや教育、難民、緊急支援に注力するNGOと協力して活動しています。提携に興味がある団体は直接問い合わせてみてください。

● PeePoople.com

idea 46

トイレ
環境にやさしい衛生設備

環境にやさしい最先端の衛生設備は、排泄物を安全に収集し、その栄養分を活用してメタンガスと肥料に変えてくれます。

インドのタミル・ナードゥ州ポンヌサンガムパッティで、生まれて初めて共同トイレを使うヴェラヤンマル・ボディ。© Water.org/Marla Smith-Nilson

世界中で3人に1人、つまり約25億人が、トイレなどの衛生設備をいつでも使える状況にありません。この大きな問題を解決するために真剣な取り組みがおこなわれていて、ビル・アンド・メリンダ・ゲイツ財団の「トイレ再発明チャレンジ」もそのひとつです。このチャレンジは、以下の条件を満たすトイレを考えようというものです。

◎ 下水につながっていなくても排泄物を消毒できる。
◎ 水を使わない。
◎ 利用可能な副産物を生み出す。
◎ 利用者の負担を1日最大5セントに抑える。

安価で使いやすく、環境にもお財布にもやさしいトイレという解決策には、今すでに実用化されているものがいくつもあります。

もっとも基本的なトイレの**アーバールー**は、1.5～2メートルの深さに掘った穴をプラスチック製の便座でふさぎ、軽量構造の囲いをつけます。穴がいっぱいになったら便座と囲いを取り外し、新しく掘った穴につけかえます。いっぱいになった穴には15センチから30センチ程度の土をかぶせ、木を植えれば、木は排泄物を栄養にしてすくすく育つというわけです（「アーバー」は「大木」という意味です）。

ハイチに拠点を置く**サステナブル・オーガニック・インテグレーテッド・ライブリフッド**（SOIL、持続可能で有機的に融和する暮らし）は便座の下に15ガロンの容器を備えつけ、尿を分離するトイレを作っています。いっぱいになった容器は横の扉から取り出し、集中堆肥施設に運ばれます。尿と便を分けることで集めた排泄物の量を減らして輸送費を抑え、臭いも少なくできるのです。**尿**は処理がほとんど必要ないため《62》、周辺の地面に浸みこんで、近くの畑の肥料になります。

「SOILのCEOサーシャ・クレイマーは、排泄物の廃棄という問題を解決し、むしろ経済的に利益が出る栄養分を抽出して農業に再利用するという方法を編み出しました。最新の事例の中でも、特に期待が持てる実験であり、こんな活動はほかに例がありません」（シュワブ財団の2014年「ソーシャル・アントレプレナー・オブ・ザ・イヤー」の表彰式より。シュワブ財団は社会起業の支援をおこなうスイスの非営利組織で、毎年すぐれた社会起業家を表彰しています）

人口密度の高いスラムでは、有料トイレという商売が新しく生まれています。ケニアの**イコ・トイレ**のように明るく、魅力的でブランド力のある共同トイレは、それまでの公衆トイレよりもはるかにいいトイレで、住民はそのトイレを使うために少しの料金なら喜んで払います。**バイオ衛生センター**には個室トイレが並び、排泄物は**堆肥装置**のある部屋に溜められて、料理などに使えるメタンガスの原料となります。センターに隣接する空間はテナントとして日用品や食料を扱う小売店や携帯電話を利用した銀行サービス、靴磨き、理容店などに貸し出され、地域の拠点としての役割も果たします。

イコ・トイレを発明した**社会起業家**デヴィッド・クリアはデザインを重視し、トイレがおしゃれなら、利用者はちゃんときれいに使ってくれるはずだと主張しています。実際、イコ・トイレの清掃係は誰もがなりたがる職業で、ブランドであるイコ・トイレを清潔に保つことに誇りを持っているのです。

ナイロビに拠点を置く**サネルギー**は、衛生問題に取り組む**マイクロフランチャイズ**《92》のブランドとして成功しているサービスです。サネルギーの共同トイレには必ず「フレッシュライフ・オペ

ハイチに拠点を置くSOILの創設者でCEOのサーシャ・クレイマーは、スタンフォード大学で生態学の博士号を取得しました。© Jon Brack

レーター」がつき、料金の徴収やトイレの掃除などをおこなっています。この「フレッシュライフ・トイレ」は現地で製造されていて、以下のようなメリットがあります。
◎ 掃除がしやすい。
◎ 小さなサイズなので密集した地域でも設置しやすい。
◎ 安価ながら、手洗い場やソーラーライトなどを設置するアップグレードも可能。
◎ インフォーマル居住区では道が狭すぎて車が通れないため、手押し車を使って排泄物を毎日運び出すことが可能。

溜まった排泄物は別の場所で再生可能エネルギーと有機肥料に変換されます。料金システムは一回ごとの支払いから月払いの家族会員制まで、いろいろです。

学校にちゃんとしたトイレを設置すると、生徒たちが安全な衛生習慣を身につけ、その習慣をさらに促進する効果があります。そして特に重要なのが、女の子の出席率を上げるという効果です。中には、課外活動としてトイレを建設する学校もあります。トイレの外に**ティッピー・タップ**《44》をぶらさげれば、きちんとした手洗いの習慣も簡単に促進することができます。

トイレの設置にも、**小口融資**《88》が使われるようになってきています。一部のマイクロファイナンス機関が、収入を創出する小規模事業にだけ融資するという本来の枠組みを超えて、**住宅用太陽光発電機**など家庭のインフラ改良のためにもローンを組めるようにしているのです。

カンボジアには衛生設備の建設に融資をする事業があります。カンボジアのマイクロファイナンス機関**ビジョンファンド**がトイレを建てたい家庭の仲介役となって、トイレの建設会社に直接代金を支払います。購入者がビジョンファンドにローンを返済しながら家庭で専用のトイレを使うことができるこの仕組みは、事実上は分割払いと同じことです。

IDEカンボジアの「**かんたんトイレ**」はジェフ・チャピンが開発したもので、とても人気の高い製品です。

> 堆肥装置つきトイレは通常、臭いを抑えてハエが来ないようにし、分解を促進するために、用を足すたびに生物分解可能な植物性の材料やおがくずを上からかける必要があります。

◎ 現地にある材料ででき、値段は35ドル程度です。
◎ 販売員は「衛生先生」と呼ばれ、衛生習慣とトイレの両方を普及させます。
◎ 土台のタイルは色や模様が選べ、魅力的なだけでなく、掃除もしやすくなっています。
◎ 排泄物を溜める容器がいっぱいになったら、新しい容器と取り替えます。いっぱいになった容器は1年間保管され、貴重な堆肥に生まれ変わります。
◎ トイレの建設と設置をする会社が増えてきています。多くの顧客が、補助金やローンを使わずにトイレを購入しています。

衛生的なトイレはほかにも経済効果と健康効果をもたらします。
◎ 自宅にトイレがあれば、女性は夜中に公衆トイレに行って性的暴力の被害に遭うリスクが減ります。
◎ 地域によっては夜中にしげみの中で用を足さなければならず、ヘビなどに咬まれる危険があります。トイレのほうがずっと安全です。
◎ 衛生環境がよくなって病気が減れば時間が節約でき、女性が看病にかける時間も少なくてすみます。
◎ 用を足す場所を探す時間が必要なくなります。世界保健機関は、トイレのない地域に暮らす人が毎日30分は人目を避けて用を足す場所を探していると推計しています。

⇨ **堆肥装置**《31》、**尿肥料**《62》、**小口融資**《88》、**マイクロフランチャイズ**《92》も参照。

「私たちが作ったもの、見て！」ジンバブエのエプワースで、チスング学校の女子生徒たちが真新しいトイレを披露しています。© Peter Morgan/SuSanA

- 衛生のためのマイクロフランチャイズを拡大できるよう、**キヴァ（Kiva.org）**を通じて**サネルギーのフレッシュライフ・オペレーター**に融資しましょう。
- ハイチに拠点を置く**SOIL**は、能力の高いグラフィックデザイナーやウェブプログラマー、IT経験のある人の支援を歓迎しています。連絡先は volunteer@oursoil.org です。

- SuSanA.org • saner.gy • oursoil.org

idea 47

生理用品

学校で生理用品を提供すると女の子の出席率が上がるという認識が高まっています。その国で生産された生理用品なら、増える需要にも対応できます。

ルワンダで農業を営むアンジェリーク・カリディが、SHEの生理用ナプキンに使われるバナナの繊維を集めています。© Sustainable Health Enterprises

生理にまつわる考え方や風習のせいで生理中の女性と女の子の行動の自由や社会参加が制限され、彼女たちを不当に孤立させ、チャンスを奪っています。

女性は、経血を処理するために土や葉っぱ、ぼろきれ、新聞紙まで使っています。このような間に合わせの対処法は効果が低く、不快で、感染症を引き起こすおそれもあります。女の子は服を汚してしまい、それをからかわれるのが嫌で学校に行かなくなってしまいます。思春期の女子生徒の出席率を向上させる活動には以下のようなものがあります。
◎ 女の子だけでなく男の子も対象とした性教育。
◎ 女子専用トイレの設置。
◎ わかりにくいように汚物を捨てられる仕組み。
◎ 生理用品の無料配布。

小学校で性教育を実施して衛生的な生理用品があることを教育すれば、女の子はいずれ来る初潮に対して心の準備ができるでしょう。

「性について教えるのは、生理用品について教えるのと同じくらい大事なことです」（デイズ・フォー・ガールズ）

生理用ナプキンには、使い捨てのものと再利用可能なものとがあります。伝統的な文化が根強く残っている地域では、膣に挿入するタンポンや月経カップ〔ゴムまたはシリコン製のカップで、膣内に挿入して経血を集めるもの〕は女子生徒には不適切と考えられています。

使い捨てナプキンは女子生徒の間では再利用するタイプよりも好まれ、多くのメリットがあります。
◎ 使いやすく、不快感がありません。
◎ 洗ったり干したりする必要がなく、水資源が少なかったり湿気の多かったりする地域では便利です。
◎ 不必要に異性の注目を集めなくてすみます（生理用ナプキンが干してあると女の子の体が成熟したことが一目瞭然で、性的な関心を集めるリスクが高まります）。

一方、使い捨てナプキンには以下の欠点があります。
● 政府やNGOが毎月現金を支出する必要があります。女子生徒が自分ではナプキンを買えないためです。
● ごみになるという意味で、環境にはやさしくありません。

生理用品に携わる社会事業がいくつも新しく創設され、現地の材料を使って輸入品よりもずっと安いナプキンを製造し、サプライチェーン全体に雇用を生んでいます。

ウガンダでは、首都カンパラのマケレレ大学で教えるモーゼス・キイザ・ムサアジ博士が、現地で手に入るパピルスの繊維から作った使い捨ての生理用ナプキン「**マカパッド**」を開発しました。マカパッドの従業員の多くは難民の女性です。UNHCR（国連難民高等弁務官事務所）も、難民キャンプで配布するために購入しています。また、オーストラリアのNGO **ワンガール（OneGirl.org）** もシエラレオネで女の子に配布しています。

スウェーデンのデザインスクールの学生が開発した「**ジャニパッド**」は、ホテイアオイの繊維で作られます。ホテイアオイは水分を吸収する植物で、その吸収性能が生理用品にはぴったりです。まさにエコで現地密着の解決策です。ビレッジ・ボランティアがジャニパッドをプロジェクトとして引き受け、資金援助を募っています。

サステナブル・ヘルス・エンタープライズ（SHE、持続可能な健康関連事業） は農業廃棄物として多くの地域で手に入りやすいバナナの繊維で作った使い捨てナプキンを製造しています。ルワンダに拠点を置くSHEの新工場は、製造と販売の両部門で現地に雇用を生んでいます。1枚たった5セントのこのナプキンは、無料で配布するために慈善活動家がまとめて大量に購入しています。また、マイクロフランチャイズを通じて小売りしています。

再利用可能でデザインのすぐれた布製の吸収パッドには以下のメリットがあります。
◎ 長い目で見れば、使い捨てナプキンよりも安く上がります。
◎ 何年も使えます。
◎ 環境にやさしい製品です。
◎ 毎月繰り返す現象に何度でも自分で対処できる、信頼性の高い方法です。

再利用可能な布ナプキンには以下の欠点があります。
● 洗濯が必要で、時間と清潔な水、石けんが必要です。
● 湿気の多い地域や雨季には、乾く前にカビが生えてしまうおそれがあります。

- 外から見える場所に干すとその家に年頃の女の子がいることが知られ、女の子の身に危険がおよぶかもしれません。

魅力的な布ナプキンはグローバル・サウスでも作られていて、世界中のボランティアが愛情をこめて縫っています。

ウガンダに拠点を置く**アフリパッド**では60人以上の従業員を雇い、学校で配布するための布パッドを縫っています。

6大陸に散らばる45以上の**デイズ・フォー・ガールズ**の裁縫クラブでは、参加メンバーが色とりどりの布ナプキンを縫って、パートナーNGOが配布できるよう現地に届ける活動をおこなっています。ナプキンには吸収素材が縫いこまれ、生理用ショーツと石けんがセットでついてきます。型紙はデイズ・フォー・ガールズのホームページで公開されています。クラブに入らなくても、ボランティアとして個人で縫うことも可能です。

「私はもう生理用ナプキンなんかとっくに必要なくなった年齢ですけど、今は家じゅうがナプキンだらけだって人には言っていますよ」(デイズ・フォー・ガールズのオーストラリア支部リーダー、グロリア・バッツワース)

品質が高く、安価な生理用ナプキンを必要としているのは低所得層の女子生徒だけではありません。現代の女性は昔よりも生理の回数が増えているのです。なぜなら以下の理由があるからです。
- 栄養状態がよくなり、初潮が早まったため。
- 結婚が遅くなり、初産前の生理の回数が増えたため。
- 出産率が低下したため。妊娠する回数が減れば、そのぶん生理の回数が増えます。
- 授乳中は排卵と生理が抑えられますが、妊娠の回数が少ないということは授乳の期間も少ないため。
- **母乳育児**《1》が減っているため。哺乳瓶を使う母親のほうが生理が早く再開します。

女性の社会的地位が上がるにつれて、生理用品に対する需要はさらに高まっています。インドの女性が作る自助グループの多くが生理用ナプキンを製造する小規模事業を立ち上げ、インド人社会事業家アルナチャラム・ムルガナンタムが発明した機械を使っています。賞を取ったこともあるこの機械は、現地で手に入る材料を使って1時間に120枚のナプキンを作ることができ、かかるコストは輸入品の3分の1です。インドの23の州で600台以上の機械が稼働し、それぞれが雇用と収入を生み出し、女性の健康と暮らしの質を高めています。

アザディ・パッズが拠点を置くインドのウッタル・プラデーシュ州では、雑貨店の85%が男性経営で、女性用製品を置くことに抵抗を感じています。そこで代わりに女性グループがそういった製品を販売し、ニーズを満たしているのです。

⇨ **おむつ**《48》も参照。

ルワンダのンゴマにあるSHEの工場でバナナの繊維をき刻む女性。
© Sustainable Health Enterprises/Tash McCarroll

- ビレッジ・ボランティア(VillageVolunteers.org)がホテイアオイの繊維で生理用ナプキンを作る**女性の生理を応援するプロジェクト**を推進できるよう協力しましょう。
- デイズ・フォー・ガールズのメンバーは、世界中の女性と女の子のために活動する献身的で知識豊富な活動家になれます。**デイズ・フォー・ガールズ(DaysForGirls.org)**を通じて裁縫クラブに参加するか、自分でクラブを立ち上げましょう。

- **ルナパッズ(LunaPads.com)**はアメリカの市場で製品を販売する布ナプキンメーカーですが、自社で展開する**パッズ・フォー・ガールズ**プロジェクトを通じて、アメリカで1枚製品が売れるたびにウガンダの女の子にアフリパッドを1枚寄付しています。

- DaysForGirls.org ・ Afripads.com ・ SheInnovates.com ・ Azadi.co.in

idea 48

おむつ

安価なおむつが手に入りにくいということは赤ちゃんのうんちがしばしば衛生の監視網から漏れ、現地の水源を汚染している可能性があるということです。

女性向けの世界的に使えるツールにとっての課題

**持続可能で安価な
おむつ問題の解決策を
あなたが考えてください！**

乳幼児の排泄物が低資源地域でどう処理されているかについては、ほとんど注目されていません。もっとも貧しい10億の人々はほとんどが暑い地域に暮らしているのだから子どもたちはお尻丸出しのまま走り回っていて、トイレトレーニングはそれほど苦労せずに早い時期からやっているのだろうという思いこみはあまりに現実を美化しすぎています。衛生的な環境が整っていないために高くなっている乳幼児死亡率を考えると、公衆衛生の改善方法としておむつを推奨する努力がほとんどされてこなかったのが意外なくらいです。

尿は通常、害がありませんが、子どもの便には無数の病原菌が存在します。おまるを使う子どももいますが、その中身が安全なトイレに流されない限り問題は残ったままです。

トイレは大きくぽっかりと口を開けているので、小さな子どもが落ちてしまう危険性があります。**イノベーション・フォー・ポバティ・アクション（貧困のためのイノベーション運動）**では子ども用のトイレマット、**セーフ・スクワット™**を便座の上に載せます。子どもは喜びますし、母親は子どものトイレのあとに掃除をする手間が省けます。

中国の子どものズボンは後ろに切れ目が入っているので、おまるにしゃがんで用を足しやすくなっています。一人っ子政策の中国では、熱心な親はこれを使って早くからトイレトレーニングを始めているかもしれません。「エリミネーション・コミュニケーション」という手法がありますが、これは赤ちゃんが排泄するタイミングを言葉以外のサインから読み取り、おむつを使わなくてもいいようにするというものです。ただ、吸収力の高い使い捨てのおむつをしている子どもよりもお尻丸出しの子どものほうがトイレトレーニングは早く終わるとは言っても、開発途上国の母親がエリミネーション・コミュニケーションを実行しているという事例の証拠はごくわずかです。

布を畳んでおむつ替わりに使う母親も多いですが、防水シートがないので、漏れてしまいます。

低所得国では、輸入品の使い捨ておむつはぜいたく品で、一度に1枚や2枚といった数でしか売れません。ときには、使い捨てなのに洗って使い回される場合もあるのです。

子どもと環境にやさしい出産や育児に関する情報を届けるブログ「**グリーン・ママ**」の執筆者であるマンダ・オーフォックス・ギレスピーは、冬のあいだはグアテマラに行って自分の幼い子どもたちと一緒に過ごします。ギレスピーは現地の母親について報告し、おむつの問題に強い関心を寄せていて、もっといい解決策を知りたいと願っています。

ギレスピーはおむつを作る社会事業の構想を抱いています。製品は人気の高い3層式です。

1. **おむつカバー**は現地で縫製します。足回りに伸縮性を持たせ、中のおむつパッドがずれないよう、そして漏れを抑えるようにします。ネット上に、デザインや型紙が何種類も掲載されています。
2. **防水シート**をおむつカバーに一体化させます。これにはポリウレタン接着布（PUL）がよく使われます。
3. **おむつパッド**は布でも使い捨てでも大丈夫です。再利用可能な吸収性の高い布パッドを現地で縫製します。使い捨てのパッドには**生理用ナプキン《47》**の製造ですでに実績のあるパピルスやホテイアオイ、バナナの繊維などの安価な材料がいいでしょう。使い捨ておむつパッドにも適しているはずです。

おむつの製造が社会事業になる市場を作るには、まず顧客候補となる人たちの意識向上からおこなわないといけません。おむつは開発途上国では誰もがあこがれるステータスシンボルですが、単なる高級な消耗品ではありません。ちゃんと処理して、理想的には堆肥にすることができれば、危険な病原菌が蔓延するのを防ぐこともできます。また、おむつは母親をはじめとして赤ちゃんの面倒を見る保護者に多くの選択肢を与え、汚れをきれいにする手間が省けるので、ほかの仕事に使える時間が増やせます。

 ● 現地密着型のおむつビジネスは雇用を生み、健康と衛生状態を改善し、世界中の母親の暮らしを楽にすることができます。3つの偉業が一度に達成できるのです。今すぐ会社を立ち上げましょう！

idea 49

ごみ再生

自治体がごみ収集やリサイクルをおこなっていない地域では、住民は非公式に自分たちでごみの再生をおこなっています。

インドのプネーで、ごみを集める女性たち。
© Julian Luckham for WIEGO and Waste Pickers Trade Union KKPKP

開発途上国の貧しい地域では、自治体がごみ回収を実施している場合がほとんどなく、住民にはごみ処理の選択肢がほとんどありません。埋め立て地にごみをそのまま積み上げる都市もあり、ろくに管理されず、病原菌や害虫の温床となる衛生的に危険な地域を広く生み出しているのです。

世界中で、貧しい人たちがごみ収集人として、貴重なサービスを提供しながら自らの健康を犠牲にしています。集められたごみは驚くほどリサイクル率が高い場合もあり、自治体は埋め立て費用が抑えられるうえに資源も保護され、環境効果が得られます。

非公式雇用の女性たち──国際化と組織化（WIEGO）は、世界中のごみ捨て場で毎日働く女性たちを代表する組織です。ごみ収集人が安全でより良い労働環境で働けるよう活動しています。最近コロンビアのボゴタ市はごみをリサイクルする「レシクラドーレス（リサイクルする人々）」と呼ばれる人たちを自治体の従業員として公式に認定しました。その結果、彼らの収入は倍増しました。

「ごみプレミアム保険医療プログラム」という革新的な仕組みは、ガマル・アルビンサイードの発案によってインドネシアで立ち上げられました。低所得層の登録者は毎月 83 セントの**マイクロ保険《91》**料を支払います。そのお金は登録者が集めてくるごみでまかなわれ、ごみに含まれる有機廃棄物は重さを量って堆肥装置に入れられます。

ビリキス・アデビイ＝アビオラがごみのリサイクル事業**ウィサイクラーズ**を立ち上げたのは、MITのスローン経営大学院で学んでいたときでした。母国ナイジェリアに戻った彼女は、人口1800万を抱える中心都市ラゴスを拠点にこの社会事業を始めました。ウィサイクラーズは、自動車が入りこめないスラムの密集地帯で、荷車つき自転車によるごみ回収をおこなっています。ラゴス州の廃棄物管理局（LAWMA）と契約するサービス提供者として、ウィサイクラーズは住民と市の両方に、以下のような大きなメリットをもたらしています。

◎ 住民はリサイクル可能な資源を出すとポイントがもらえ、そのポイントは携帯電話の通話時間や食料、家庭用品と交換できます。

◎ ウィサイクラーズは参加者にショートメールで公共サービスについてのメッセージを配信しています。

◎ 活動にかかる費用は集めたごみを仕分けし、リサイクル業者に売ることでまかなわれています。

評価の高いグアテマラの社会事業**バイオアース**のCEO、**マリア・ロドリゲス**は、ごみを分解するミミズを使い、埋め立て地の膨大なごみを減らすことに成功しました。コーヒー農園で育ったロドリゲスは環境にやさしい廃棄物管理方法と土壌を豊かにする有機堆肥の必要性を、幼いころから理解していたのです。

バイオアースはこのミミズビジネスを、以下を含むさまざまな方面に活用しています。
◎ 廃棄物の処理を有料サービスとして実施
◎ ミミズがごみを分解して作った堆肥の販売
◎ 家庭のごみの量を減らし、利用可能な堆肥を作るための家庭用ミミズキットの提供

グアテマラに拠点を置くバイオアースは作った肥料を農園や農場に提供し、ごみから収入を生むという、完結したループの中で事業を展開しています。

グアテマラで、バイオアースのミミズ養殖実演の様子。© ByoEarth

 バイオアースではインターンを募集中です。語学学校でスペイン語を学びながらパートタイムでのボランティア活動をおこない、バイオアースの事業拡大を支援してもらいたいと考えています。

 Wiego.org • WeCyclers.com • Byoearth.com

sector 5

家事を支える テクノロジー

世界中の裕福な女性の家事は徹底的に研究され、この層の女性に買ってもらえるような製品が、次々と開発されています。ですが、世界のもっとも貧しい女性たちの状況はまったく違います。彼女たちが支出できる金額はごくわずか。この層の女性に適した労力を節約してくれる製品の開発については、ほとんど注目が集まっていません。

男女の役割がはっきりと分けられてきた開発途上国の伝統文化の中で、家事という分野のために技術を開発しようという視点を持った男性はごくわずかでした。多くの場合、彼らは女性の仕事についてほとんど何も知りません。ですが、**改良型コンロ**《50》はデザインの面でもマーケティングの面でも、大きな注目を集めています。何百というデザインのコンロが作られ、機能性を高めるために繰り返し改良されており、以下の3つの大きな効果を生んでいるのです。

1. 煙にさらされるリスクを抑えたことによる、健康効果。
2. 燃料の消費量を抑えたことによる、経済効果。
3. 森林を保護し、**黒色炭素**の排出を抑えたことによる、環境効果。

ソーラークッカー、つまり太陽光を利用した**調理器具**《51》はさらに効果が高く、使う燃料はゼロ、煙もまったく出ません。**保温調理**《53》なら燃料をもっと節約できます。太陽光調理と保温調理がほかにもたらす2つのメリットはあまり知られていません。
◎ 汚れの出にくい調理方法なので、女性は後片づけの時間がかなり節約できます。
◎ 食材が焦げることがないので、じっとそばにいる必要がなく、これまでよりも時間にゆとりができます。

低資源地域の女性がエネルギー貧困にも苦しんでいることを考えると、労力を節約してくれるツールに電気を使うわけにはいきません。ここでいくつか紹介しているものの中には後片づけの時間を節約してくれる**焦げつき防止の鍋**や、手作業の時間を節約してくれるトウモロコシの**脱穀機**もあります《54》。

洗濯は時間がかかる仕事ですが、負担を軽くする努力はあまりされてきませんでした。アメリカで洗濯板というと、ウォッシュボードという楽器を思い出す人が多いかもしれません。ですが低資源地域では、女性は何百年も前と変わらずにこの道具を使って、川や、家庭のたらいで洗濯をしているのです。そこに登場した**ジラドーラ洗濯機**《56》は、期待が持てる革新的な機械です。

重視されるのは機能だけではありません。美しいデザインも大事です。**ラッキー・アイアン・フィッシュ**《54》の開発者たちは、調理をする鍋に鉄の塊を入れることを指導するだけでは、誰も惹きつけられないことを知りました。そこでその鉄の塊を幸運のシンボルである魅力的な魚の形にしたところ、すぐに受け入れられるようになったのです。

電力供給と所得が増えるにつれ、小型家電を売るチャンスは増えていきます。粉砕機や野菜を刻むチョッパー、製粉機などは、退屈で反復的な作業をスピードアップしてくれるでしょう。

家事の労力を減らす道具は、女性を自由にしてくれます。余った時間は収入創出に限らず、ほかのさまざまな仕事に使うことができます。また、ご近所づきあい、文化的・教育的活動、休息などの暮らしを豊かにする活動にも使えます。

女性が日々の家事をどうこなしているかにもっと注目して、その仕事をもっと早く、もっと少ない労力でこなせるようにする方法を見つけましょう。うまくいけば、この本の続編では、家事にかかわる技術の成功談がお伝えできることと思います。

DOMESTIC TECHNOLOGY

50. 改良型コンロ
　エコな調理用コンロは使う燃料が少なくてすみ、有害な煙や黒色炭素の排出が抑えられ、女性は薪集めにかける時間を減らすことができます。

51. ソーラークッカー（太陽光調理器）
　木の箱でできたソーラークッカーはほとんどの調理に対応でき、経済的、健康的、環境的効果をもたらします。

52. パラボラ型ソーラークッカー
　パラボラ型の太陽光反射器が日光を集め、通常のソーラークッカーより早く鍋を沸かすことができます。

53. 保温調理
　保温調理器は、あらかじめ沸かした鍋を入れる断熱容器です。鍋を火にかけておかなくても、内部で調理が続きます。

54. 調理器具のデザイン
　より良いデザインの調理器具は女性の時間と手間を節約し、生産性と生活の質を高めてくれます。

55. 食品の冷蔵保存
　陶器と濡れた砂で作る蒸発冷却器は食品を何日間も新鮮なまま保存でき、農家や商店の収入向上につながります。

56. 洗濯
　手洗いは肉体的に大変な労働で、時間もかかります。この労働を軽くするための努力は、これまでほとんどされてきませんでした。

idea 50

改良型コンロ

エコな調理用コンロは使う燃料が少なくてすみ、有害な煙や黒色炭素の排出が抑えられ、女性は薪集めにかける時間を減らすことができます。

グリーンウェイ・グラミンのコンロの特徴。インド、ラジャスタン。© Greenway Grameen

頑丈なアルミの本体 壊れたり傷ついたりしません

体耐荷重 25キログラム

持ち運び可能 軽量 (3.5kg) で使いやすい構造

近代的なコンロ台 底が平らでなかったり、大きさがまちまちな鍋にも対応可能

合成樹脂ベークライト製の、持ちやすい取っ手

特許出願中の気流構造 外の空気を燃焼室に引きこむ仕組み

ステンレス製の焚き口 薪の大きさや種類に応じて簡単に調節可能

修理いらず 可動部品がなく、頑丈な設計

世界中で、何百万という貧しい女性が今も毎日薪を拾い集めては、石を3つ置いただけの昔ながらのかまどで調理をしています。たき火での調理には欠点がいくつもあります。

× 女性や女の子が毎日何時間もかけて薪を集め、運ばなければいけません。

× 煙を吸いこむのは危険です。屋内の空気汚染によって、毎年推定700万人もが命を落としているのです。

× 火事ややけどの危険が常にあります。

× バイオマス〔植物などの生物由来の資源〕を燃料として直接燃やすと、地球温暖化の大きな要因である**黒色炭素**が発生します。

× 森林破壊によって薪を探す時間はどんどん長くなり、土壌破壊も引き起こされます。

安価な**改良型コンロ**（「高効率コンロ」とも呼ばれます）を使えば、こうした欠点は補えます。市場には何百種類も出回っていて、それぞれが現地の燃料需要や調理方法に合わせてデザインされています。燃費がよく、経済的、健康的、環境的に多くのメリットをもたらします。

◎ 燃料消費が減るため家庭の支出が抑えられ、コンロの元が取れたあとはお金が貯められるようになります。

◎ 薪集めにかける時間が少なくてすみます。

◎ 煙を吸いこむことが少なくなり、女性と子どもの健康が改善し、命が救われます。

◎ 料理を焦げつかせることも少なくなり、鍋をずっとかきまぜている必要もなく、しかも料理は早くできあがります。

◎ 子どもがやけどをするおそれもなく、調理場の近くにいても安全になります。

◎ 鍋や壁、布などの表面につくすすの量が少なくなり、掃除の苦労が減ります。

◎ 黒色炭素の排出が減り、環境にいい効果をもたらします。

◎ 森林破壊が抑えられて木が増えれば、二酸化炭素を吸収するだけでなく土壌も安定させてくれます。

改良型コンロに替えるべき理由はこれだけたくさんあるのに、その普及はもどかしいくらいにゆっくりです。

開発段階で、最終利用者である女性のニーズや好みについて意見を聞くことがほとんどなかったため、初期のころのデザインは

> 「毎日毎日、何時間もたき火のそばで過ごす女性や幼い子どもたちが吸う煙は、1日2パックぶんのタバコを吸うのと同じ量です」（世界保健機関生活のための燃料——家庭用エネルギーと健康）

彼女たちの調理法に合ったものではありませんでした。それに女性たちは、新しいコンロにすると自分たちの料理の質や味が変わってしまうのではないかと心配していたのです。

● 新しくデザインされたコンロは、研究室ではうまくいっても実際の調理現場ではそれほどうまくいかない場合がよくあります。

● 多くの家庭が改良型コンロを2台目のコンロとして使っていて、前のコンロを使うのはやめませんでした。

● コンロのデザインは、現地で手に入る燃料に合ったものでなければいけません。

● 改良型コンロの代金は高く、利用者にはとても手が届かない額です。貧しければ貧しいほど、効果が実証されていなくてなじみのない技術にお金をかけようという気持ちは少なくなります。

● 改良型コンロの恩恵を一番受けるのは女性ですが、何を買うかについての決定権は男性にあるのが一般的で、調理器具の購入は後回しにされるか、改良品など必要ないと判断されてしまう場合がほとんどです。

こうした問題に対処するため、連携して資源を有効活用しようと国連財団主導の**クリーン・クックストーブ設置のためのグローバル・アライアンス**が活動しています。このアライアンス（同盟）は900以上の提携組織と協力して、改良型コンロの普及や燃料に関する問題を解決しようと努力しているのです。そうした中で期待の持てる動きとしては、以下があります。

◎ コンロのデザインを共同開発し、試験運用し、評価して、女性が使いたがるコンロを作ろうという意識が高まっています。

◎ アップグレード版の2口コンロもあります。

◎ さまざまな種類の燃料に対応できるタイプもあります。

◎ コンロを販売する小売業者は燃料を製造・販売する小規模事業を立ち上げ、燃料のサプライチェーンを生み出しています。コンロを買うのは1回きりですが、燃料は毎日必要なので、これは賢い商売の方法です。

◎ **カーボンオフセット補助金**で、コンロの価格を引き下げることができます。
◎ 小口融資制度はコンロにはぴったりの制度です。購入者は、燃料費が減ったぶん節約できたお金の中からローンを返済していけるからです。
◎ 30日保証などの顧客サービスがあれば、用心深い顧客も安心できます。
◎ 現地で実演をおこなったり、満足した利用者の声を聞かせたりすることで普及が促進できます。販売員としては女性が雇われることが多く、友人や近所の人、買ってくれるかもしれない人たちに、豊富な知識にもとづいて自分が調理してみたときの体験談を語って聞かせます。

「村の女性たちは、料理をするといえば煙の充満する台所で、火を焚いて料理するのがあたりまえだと思っていました。今では、50万人の女性が煙のない台所で改良型コンロを使ってカレーを作っていて、大満足しています。グラミン・シャクティは、村の意識を変えることに成功したのです」（ノーベル平和賞受賞者ムハマド・ユヌス）

コンゴ民主共和国で活動する世界自然保護基金（WWF）が陣頭指揮を執って制作した**ブラックパワー・ストーブ**は最近、イギリスの慈善団体アシュデンの持続可能エネルギー賞を受賞しました。現地で生産されるこのコンロは5～10ドルで販売され、2週間でもとがとれます。必要な炭の量が50%削減でき、火の強さを調整できるので、調理もうまくできるのです。

グラミン財団の取り組みである**グリーンウェイ・スマート・ストーブ**は：
◎ 燃料を65%節約します。
◎ 煙を80%削減します。
◎ 価格は23ドル前後です。

グリーンウェイのCEO、ネハ・ジュネジャはかつて気流システムの設計に携わっていた生産工学技術者で、その知識をグリーンウェイの設計に応用しました。現地の女性との徹底的な話し合いが功を奏し、グリーンウェイは今では、インドで一番売れているバイオマス燃料のコンロです。

「私たちはインドの5つの州をめぐり、いくつものコミュニティに住みこみ、住民の意見を取り入れて10以上のデザインを考案しました。長年にわたって泥で作ったかまどを使ってきた女性たちはたき火が燃焼する原理をよく理解していて、その知識を役立てることができました」（ネハ・ジュネジャ）

オレゴン出身のナンシー・ヒューズは、医療プロジェクトに参加してグアテマラで活動し、たき火が原因で女性や子どもが受けるひどいけガをその目で見たことがきっかけで**ストーブチーム**を立ち上げました。そうして考案された頑丈な**エコシーナ**は小枝やトウモロコシの芯、コーヒー豆の殻、枝を燃料に使って調理することができ、以下のような環境効果があります。
◎ 二酸化炭素の排出量を68%抑えます。
◎ 大気汚染を86%抑えます。
◎ 薪の消費を50%抑えます。

ストーブチームはエルサルバドル、グアテマラ、ホンジュラス、メキシコにエコシーナの製造工場建設を支援しました。

⇨ **エコ固形燃料**《32》、**バイオ炭**《33》も参照。

ウガンダで改良型コンロと固形燃料を売るナミガッデ・ムワミーン。© 転載許可 GVEP

プロジェクトマネージャーのコンソレー・カヴィラが、ブラックパワー・ストーブを披露しています。© Martin Wright/Ashden

- ボランティアと現地住民が協力してエコシーナを製造・販売するストーブチームの中米**ストーブキャンプ**に参加しましょう。
- ロータリークラブやストーブチームと協力して、新しい工場を立ち上げましょう。

CleanCookStoves.org ・ StoveTeam.org

idea 51
ソーラークッカー（太陽光調理器）

木の箱でできたソーラークッカーはほとんどの調理に対応でき、経済的、健康的、環境的効果をもたらします。

朝、ボリビア人の母親が、ソーラークッカーで料理を始めます。© E+CCO

燃料を使わない太陽光調理の可能性はまだ完全には引き出しきれていませんが、改良され、メリットが広く知られるようになってきたおかげで、ソーラークッカーの利用が進みました。

ボール紙に反射材を貼った**ソーラーパネルクッカー**は、簡単に手作りできます。

木製の箱型ソーラークッカーは箱の内側に反射面、上部には反射材を貼り蝶番をつけたものです。食材を置く箱を覆うガラスの蓋は傾斜した二重ガラスになっていて、蝶番で木枠に取りつけてあります。底は黒く塗られていて、箱は断熱処理がされているので、温度が保ちやすい構造です。黒い鍋を使えばさらに熱が吸収されやすくなります。温度は120度から160度まで上がるので、ほとんどの調理に対応可能です。

ソーラークッカーには以下のようなメリットがあります。
◎ 燃料費が削減できます。
◎ 薪を集める必要がなくなります。紛争地帯や難民キャンプでは、女性や女の子が性的暴力に遭う危険が減ります。
◎ 屋内での調理による煙がなくなります。
◎ 調理場につきっきりでいる必要がないので、時間の節約になります。
◎ 森林を保護し、**黒色炭素**の排出を抑えます。

ボリビアに拠点を置く**セデソル**とパートナーNGOの**ソブラ・ラ・ロカ**は、環境にやさしいコンロを現地の材料で作っています。ソーラークッカーを自分で作るワークショップに参加すれば、そのぶん費用が節約できます。

「鍋を沸かすのに使う薪はほんの少しですみます。沸かした鍋をソーラークッカーに入れるんです。そのあと2〜3時間、鍋の中身が煮えるまで内職の編み物をしていられるので、収入が上がりました」（ボリビアのコチャバンバに住む女性、フェリシダード・オレリャナ）

セデソルでは、75ドル程度で買えるソーラークッカー用のマイクロファイナンスのプログラムを提供しています。ローンを払い終わったあとは、ほとんど燃料費がかからなくなります。

ベトナム・ソーラーサーブはオリジナルの**SQ50 ボックスクッカー**を50ドル程度で販売しています。ベトナムは北部でも1400〜2000時間、中部・南部では2000〜3000時間の日照時間に恵まれていますが、それを有効活用する方法を知っている人はごくわずかです。ソーラーサーブは太陽光調理の普及と研修に取り組んでいます。

[課題]
● 日光は確実に手に入るわけではありません。雨の日も曇りの日もあるし、必要な時間だけ太陽が出ているとは限りません。
● 通常の調理よりも時間がかかるので、事前に計画し、忍耐強く待つ必要があります。
● 太陽光調理の技術が現地の調理方法に合わない可能性もあり、その場合はソーラークッカーに合わせた新しい調理法を学ぶ必要があります。
● ソーラークッカーが広く受け入れられている地域でも、雨の日や曇りの日用、あるいは急いで料理をしなければならない場合などのために従来型のコンロが必要です。

● セデソルは**ゴールド・スタンダード認証のカーボンオフセット補助金**も提供していて、貧しい家庭向けに教育支援をおこなったり、ソーラークッカー購入を支援したりしています。
● セデソルではインターンシップを実施しています。必須条件は、最低2カ月間の参加と、基本的なスペイン語力です。

● 製造品質の高いソーラークッカーの実演番組は、需要が生まれるきっかけになるかもしれません。ルースとデヴィッド・ウィットフィールド作の動画の『Cooking with Sol（太陽で作る料理）』を参考に、シリーズ動画を制作してみましょう。

● cedesol.org ● SolarCookers.org ● She-inc.org

ネパールのアラポットで、ダルバート（豆とコメの料理）をパラボラ型ソーラークッカーで作る様子。© Allart Ligtenberg, SolarCookingWikia

idea 52

パラボラ型ソーラークッカー

パラボラ型の太陽光反射器が日光を集め、通常のソーラークッカーより早く鍋を沸かすことができます。

パラボラ型ソーラークッカー、または太陽光集光器は、**ソーラークッカー**《51》、**SODIS（日光消毒）**《39》、**天日干し台**や**太陽光食品乾燥機**《68》と並んで、日光を集めて使う調理器具のひとつです。

パラボラ型ソーラークッカーは今ではネパールとチベットではごく普通に見られる調理器具で、特に標高が高いトレッキングルート沿いでは人気です。これは、1992年にアラート・リグテンバーグという人物が太陽光技術をネパールに広めようと単独で始めた活動が大きなきっかけとなっています。この美しく遠い国は、ほかの多くの地域と同様、**エネルギー貧困**という問題を抱えています。ですが、標高が高く冬場は寒くなるネパールでは暖房のために薪が多く必要になるため、さらに森林に負担がかかり、煙による呼吸器系の病気も多く見られました。

ヒューレット・パッカードでエンジニアとして働いていたリグテンバーグは早期退職後にロータリークラブを巻きこみ、20以上の助成金交付プロジェクトを実施して、太陽光技術の紹介と改良、普及によって以下のことを実現しようと活動しています。
◎ 煙の被害を減らして、貧しい家庭の健康を改善する。
◎ 無料で手に入る日光を活用して、家庭の燃料費を引き下げる。
◎ 薪を運んだり煙の出るたき火で料理をしたりする女性と女の子の負担を軽くする。
◎ 森林破壊を減らす。

パラボラ型集光器は中央に太陽の光を集めるもので、以下の性能があります。
◎ ソーラーパネルクッカーや箱型ソーラークッカーよりも早く中身を熱することができます。
◎ ソーラーパネルクッカーや箱型ソーラークッカーよりも高い温度に達します。
◎ 氷点下でも使えます（ソーラーパネルクッカーや箱型ソーラークッカーも同様です）。
◎ 綿密に計算して作られた枠の中に鍋ややかんを置き、普通のコンロのように炒め物や煮物、湯沸かしができます。
◎ パラボラ部分が大きければ大きいほど、調理できる量は多くなります。
◎ ソーラーパネルクッカーやソーラークッカーでは光を吸収しやすい黒い鍋が推奨されていますが、パラボラ型は黒い鍋でなくてもかまいません。

パラボラ型ソーラークッカーの利用者は、以下の基本的な使い方と安全の手順を守る必要があります。
● 最高230度という非常に高い温度まで上がる可能性があるため、注意が必要です。
● 調理中に鍋を放置すると、中身が焦げる可能性があります。
● 太陽光の反射から目を守るため、サングラスの着用が必要です。絶対に、焦点を直接見てはいけません。
● 反射面に噴きこぼれないよう、鍋には蓋をするほうがいいでしょう。
● 太陽の動きに合わせて、パラボラ型ソーラークッカーの角度を調整する必要があります。

中国のメーカーでは、40ドル前後から買えるパラボラ型ソーラークッカーを製造しています。

ネパールのカトマンズに拠点を置く**持続可能テクノロジー財団（FOST）**はアラート・リグテンバーグとの協力のもと、ロータリークラブの支援を受けてパラボラ型ソーラークッカーを推進しています。

 ● **FOST** は持続可能テクノロジー分野に経験を持つボランティアを歓迎しています。

 ● 使われなくなったテレビ用パラボラアンテナは、パラボラ型ソーラークッカーに改造することができます。反射板に一番よく使われる材料は、鏡面仕上げの陽極酸化処理されたアルミシート。「マイラー」という商品が出回っています。これを細い三角形に切り分け、アンテナの内側にしっかり固定します。作り方の動画や記事が、インターネットを検索すると出てきます。

● Solarcooking.wikia.com ・ www.fost-nepal.org

セクター5　家事を支えるテクノロジー　93

idea 53

保温調理

保温調理器は、あらかじめ沸かした鍋を入れる断熱容器です。鍋を火にかけておかなくても、内部で調理が続きます。

若いリベリア人の女性が保温調理バスケットで用意した温かい昼食の仕上がりをチェックしています。© Karyn Ellis/SolarCookers International

　保温調理は昔ながらの燃料節約術で、断熱効果のある箱やバスケット、袋を使います。鍋を沸かして蓋をし、断熱処理された容器に入れ、きっちりと閉めます。熱がほとんど逃げないので、中身は調理が続くという仕組みです。

この技術にはいろいろな名前がついています。
- 蓄熱調理器
- わら箱
- わらバスケット
- 保温調理器
- スロークッカー
- サーマルクッカー
- ワンダーボックス

　わらやパンヤ〔パンヤノキという植物から取れる、クッションなどの詰め物によく使われる綿毛のような繊維〕、干し草などが昔から使われてきた材料ですが、古い毛布や寝袋など、手近にあるものならなんでも使えます。保温調理は通常の調理よりも時間がかかりますが、シチューやスープ、おかゆ、豆などをじっくりと煮込むのに向いていて、多くのメリットがあります。

- 材料の入った鍋を一度沸騰させればそれ以上の燃料は必要なく、薪を集めたり運んだりする時間が節約できます。
- 無料や再利用の材料で作れます。
- かきまぜたり、火の調節をしたりする必要がありません。
- 料理が焦げつくことがないので、無駄が少なく、片づけも楽です。
- 水分も25％少なくてすむので、安全な水が貴重な場所ではさらにメリットとなります。
- 大気を汚染する煙が出ません。
- やけどや火事のおそれがなくなります。
- すすが出ないので、女性は掃除の手間が省けます。
- 薪が少なくてすむので、森林破壊も減らせます。

　ソーラークッカーの情報サイト（solarcooking.wikia.com）には、さまざまなデザインが掲載されています。また手芸関係のブログでも、保温バッグや保温箱の型紙を掲載しているものがたくさんあります。

　保温調理は、ほかの技術と組み合わせて使うことができます。**改良型コンロ**《50》なら効果的に、わずかな燃料で調理ができますし、**SODIS**《39》は無料で手に入る日光を使って、沸騰寸前までお湯を温めることができます。

　ソーラークッカー《51》は保温調理と併せて、さらに太陽エネルギーを活用する技術です。

　南アフリカ出身のサラ・コリンズは、最新の蓄熱調理器「ワンダーバッグ」を開発した社会起業家です。スチレンで断熱処理した蓋つきのやわらかい袋は目立つ柄の布で包まれ、ひとつ買うとひとつ寄付される手法で販売されています。マイクロソフトは、ワンダーバッグの**カーボンオフセット資金調達**のために、製品を使う効果を試算しました。

　保温調理は世界中で人気のある手法で、資源を節約して責任のある使い方をしたいと考える人なら誰でも使えます。

ワンダーバッグについてのデータ
- 削減される二酸化炭素の排出量——ワンダーバッグ1個あたり年間1トン
- 増える可処分所得——1個あたり年間36.5ドル
- 保護される樹木——1個あたり年間1.7本
- 節約できる水——1個あたり年間156リットル
- 節約できる燃料——電力なら30％、炭・薪なら60％
- 創出される雇用——1000個あたり1人

マラウイの蓄熱調理器。古い毛布とバナナの葉をバスケットの内側に敷き詰めています。© Betty Londergan/Heifer Fund

- 自分の保温調理器を作って、調理による二酸化炭素の排出量を減らしましょう。

- solarcooking.wikia.com ・ www.wonderbag.co.za

idea 54

調理器具のデザイン

より良いデザインの調理器具は女性の時間と手間を節約し、生産性と生活の質を高めてくれます。

安価なトウモロコシ脱穀機ですが、手作業の倍の速さで仕事がこなせます。
© One Acre Fund/Stephanie Hanson

　低資源地域で食事の準備をするのは、とても骨が折れる仕事です。ここでは、最小限の費用で大きな効果のある調理器具をいくつか紹介しましょう。

　万之樑（ジリアン・ワン）が考案した**火のいらない再沸騰鍋**（ボド）は**保温調理**《53》の原理を利用したもので、中国では人気の調理器具です。コメ（あるいは液体の中に入った食材ならなんでも）を鍋に入れ、沸騰したら火を消せばそのまま煮え続けるのです。15ドル程度のこの鍋は、今はアジアでしか買うことができません。これを世界中に紹介すれば、もっと多くの人が以下のような恩恵を受けられるでしょう。
◎ 燃料費が50%節約できるので、すぐに元が取れます。
◎ ほったらかしで調理が完了します。
◎ 料理が焦げつかないので、後片づけの時間が短縮できます。
◎ 二酸化炭素の削減量を測定できるので、クリーン開発メカニズム〔先進国が途上国で温室効果ガスの削減に役立つ事業をおこなう制度〕の資金援助が受けられます。

　圧力鍋は、液体に入れて煮る料理に使えます。インドで人気のこの鍋は20ドル程度で買え、多くのメリットがあります。
◎ 燃料費や薪集めの時間が節約でき、すぐに元が取れます。
◎ 調理時間が短縮できます（調理に時間がかかるわら箱やソーラークッカーと違うところです）。
◎ 煙や二酸化炭素が排出されないため、健康増進と地球温暖化防止につながります。

　1960年代に登場したノンスティック加工の焦げつかないフライパンや鍋も、労力の節約につながる大発明だったと言えるでしょう。**ミッティ・クール簡易冷蔵庫**《55》を発明したインドのマンスーバイ・プラジャパーティも、焦げつき防止のコーティングを施した素焼きの「タワス」という平らな鍋を開発しました。これはロティやパラタ、ナンなど、インドの伝統的なパンを焼くのに使われる調理器具です。手の届く金額で古いものと新しいものを融合させたこの製品は、以下の特徴があります。
◎ 2ドル以下という低コストで、低所得家庭でも手の届く商品です。
◎ 使う油の量が少なくてすみ、片づけも楽です。
◎ 燃料が25%節約できるので、すぐに元が取れます。

　カンボジアの社会事業**ラッキー・アイアン・フィッシュ™**は、革新的な鉄分補給策を編み出しました。**鉄分不足による貧血**は特にアジアで蔓延しています《7》。
　鋳鉄製の鍋は使っているうちに鉄分が料理に浸み出しますが、貧しい人たちにはとても買えません。普通の鍋でも、鉄の塊を中に入れるだけで鉄分が補えます。その塊をカンボジアでは幸運のシンボルとされている魚の形にすることで、ラッキー・アイアン・フィッシュは現地の人たちに受け入れられ、貧血になる人が劇的に減りました。
　MITの**Dラボ**は、簡単に作れるトウモロコシ脱穀器をデザインしました（写真参照）。多くの国で主食として食べられているトウモロコシは、実が硬くなるまで畑で乾燥させたあとで女性たちが何時間もかけて芯から実を外すのですが、これが時間のかかる、とても退屈な作業なのです。現地で作れるこの金属製の脱穀器を使えば、倍の速さで、苦もなく仕事が片づきます。しかも値段はたったの2ドル。作り方はインターネットで検索することができます。

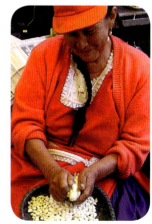

エクアドルで、トウモロコシの実を外す女性。
© Patty Grimm

⇨ 栄養強化《7》、妊産婦用栄養補助食品《19》、自転車をこぐ力を利用したトウモロコシ脱穀機《30》も参照。

 YOU ● 安価で労力の節約になるツールをもっとたくさん見つけましょう！

● LuckyIronFish.com ・ d-lab.mit.edu

idea 55

食品の冷蔵保存

陶器と濡れた砂で作る蒸発冷却器は食品を何日間も新鮮なまま保存でき、農家や商店の収入向上につながります。

スーダンで、二重になった陶器の壺の中で新鮮なまま保存されるオクラとトマト。
© PracticalAction Sudan

電気がない地域では、ほとんどの人が食料を買いだめできるほどのお金を持っていないため、冷蔵庫はめったに使われません。暑い季節には傷みやすい食べ物はあっという間に腐ってしまい、無駄になることも多いのです。

1990年代にナイジェリアのモハメド・バー・アッバが発明した**ゼール・ポット**は、多孔質の陶器の壺を二重にした**二重鍋冷却システム**で、大きな鍋の中に小さな鍋を収め、間に濡れた砂を詰めた構造になっています。中には飲み物や食材を湿った布か陶器の蓋で覆って入れておき、砂の水分が蒸発する際の気化熱で中の鍋を冷やすという仕組みです。1日2回、水を足す必要があります。

> 「アッバが最初におこなった試験は成功でした。たとえば、ナスは27日間も新鮮なまま保存できましたし、トマトやピーマンも3週間以上もちました。アフリカホウレンソウは普通なら1日でだめになってしまうのですが、12日経ってもまだ食べられる状態でした」（2000年ロレックス賞ウェブサイトより）

蒸発冷却は食材の無駄を防ぐことはできますが、冷蔵庫のように安定した温度（4℃）を維持できるわけではないので、肉や乳製品の安全な保存には向いていません。また、湿気の多い季節にはあまり効果がありません。ですがたった2ドルで、これだけのメリットがあります。

◎ 農家や販売店は商品が傷む前に売ってしまおうと値引きをする必要がなく、自分の売りたいときに売ることができます。
◎ 女の子は毎日地元の市場で品物を売るために学校を休まなくてもよくなります。学校の時間割に合わせて商売を手伝えばいいのです。
◎ 二重鍋の製造で、現地の陶器職人の仕事が増えます。

ミッティ・クール簡易冷蔵庫は、グジャラートの陶芸家で起業家でもあるマンスーバイ・プラジャパティが発明した製品です。彼は、焦げつき加工をした**タワス**《54》も作りました。2005年に登場したこの製品は、昔のアイスボックスのような形をしていますが、実は改良版の蒸発冷却器なのです。粘土製で、上部には大きな水貯蔵室があって、蛇口がついているので、冷水器としても機能します。その水が非常にゆっくりと側面を流れ落ち、蒸発する気化熱で中身を冷やすのです。

この冷蔵庫は野菜や果物を最大6〜7日間、牛乳でも3日間保存でき、室温で保存するよりもはるかに長持ちさせられます。二重鍋冷却器と同様、ミッティ・クール簡易冷蔵庫も、湿度が高すぎる場合はうまく機能しません。価格は90ドル前後、電気代はかかりません。

もうひとつの電気を使わない冷却器、**チョトゥクール**も、**ジュガード**（インドで革新的な節約技術のことをこう呼びます）の例です。インドでは、冷蔵庫を持っているのは人口のたった20%。2010年にゴパラン・スンデラマンが発明したこのチョトゥクールは、ピクニックに持っていくクーラーボックスくらいの大きさで、12ボルトの電池で動きます。家庭での使用に加え、売店で飲み物を冷やしたり、チョコレートが溶けないように保存して売ったりするのにも使えます。

 ● 二重鍋冷却器の作り方は、インターネット上で検索できます。特に温暖で乾燥した地域に住んでいる人は、ぜひ作ってみてください。

 ● PracticalAction.org

モロッコで、洗濯のためにカーペットを運ぶ女性。© Margaret Shapiro

idea 56

洗濯

手洗いは肉体的に大変な労働で、時間もかかります。この労働を軽くするための努力は、これまでほとんどされてきませんでした。

　水道も電気もない地域では、洗濯はたらいに溜めた水や川などで手洗いするしかありません。汚れ物を川まで持っていくか、水を運んで溜めなければならないのです。衣類を石けん水に漬け、洗濯板や石でこすり、ゆすいで、しぼって、干すのは、一日がかりの仕事です。
　天気がいい日は、女友達と一緒に水辺で洗濯をするのはビーチに遊びに行くような楽しげな雰囲気があるかもしれません。ですが、もっと早く、楽に洗濯できる方法が必要ないというわけではありません。
✕ 手洗いのせいで、女性は手荒れなどに悩まされています。
✕ 汚染された水に触れれば、病原菌に感染するリスクがあります。
✕ 洗濯したあとの汚れた水を川や町中の通りにそのまま流すのは、環境的には望ましくありません。

　村の女性たちはしばしば、一カ所に集まってコンクリート製の洗濯槽で洗濯をしています。また、都市部では水の供給量が限られ、下水道が整っていません。右の写真のように、汚水はそのまま歩道に流されているのです。
　残念ながら、洗濯という労働はたいていの場合、ビジネスや女性の応援、衛生問題の対策からはこぼれ落ちてしまうのです。
　アレックス・カブノックとジー・A・ヨウは、カリフォルニア州パサデナにあるアートセンター・カレッジ・オブ・デザインの**デザイン・マターズ**に在籍していたときに洗濯機「**ジラドーラ**」を開発しました。**共創**の原則にもとづき、ペルーの低所得層の住民と協力して、座ったまま使える足踏みペダルつきのプラスチック製洗濯機を開発し、いくつものデザイン賞を受賞しました。脚は腕よりも力が強いので、手洗いよりずっと楽に洗濯ができ、運転コストはゼロです。40ドル前後での販売を予定しているこの製品は、以下のメリットがあります。
◎ 使う水は手洗いの3分の1ですみます。
◎ 手が自由になります（携帯電話も使えます）。
◎ 乾燥時間が短縮できます。
◎ 手洗いなら1時間かかる労働を、5分で片づけます。
◎ 洗濯排水の再利用がしやすくなります。

　ジラドーラは洗濯という分野での小規模ビジネスの可能性を秘めています。地方から出稼ぎに来る男性が多い都市部には、安価な洗濯サービスを必要とする顧客層が生まれます。低資源地域向けに開発されてはいるものの、先進国の僻地に住む人や、自らの意志で電力網に頼らない生活をしている人も、ジラドーラに強い関心を寄せています。コインランドリーに行くよりもずっと安く、環境にやさしく、時間もかけずに洗濯ができるからです。
　フィラデルフィア大学の工業デザイン科の学生2人組、エリオット・コーヴェンとアーロン・ステイサムは、**アップストリーム**洗濯システムを考案しました。これは横にしたバケツに取りつけたロープに輪を作り、足をひっかけてペダルのようにこいで使う簡易洗濯機で、20ドルもあればホームセンターなどで簡単に手に入る材料で作れます。ただ、現在は資金不足のために生産が止まってしまっています。

インドの都市部での洗濯。© Water.org

 　SuSanA.org　•　susan-design.org

セクター5　家事を支えるテクノロジー　97

sector 6

自給自足農業

農家——世界には痩せた土地でぎりぎりの生活を送っている農業従事者が多く、しかもその半数近くが女性だという事実には、多くの人が驚きます。男性が職を求めて都会へ出稼ぎに行くことが増えれば、地方の農村に残されるのは女性と子どもだけ。女性の農業従事者が種子や農機具、ローン、技術的訓練の支援を受けられれば、作物の収穫量を20〜30%増やせるという研究結果があります。

種子——品種改良した種子を使えば、**栄養がより豊富な作物**《59》を、もっとたくさん栽培することができます。農家の生活は天候に左右されやすく、気候変動で激しく悪化することもあります。**干ばつや洪水に強い環境適応作物**《58》なら、極端な気候にも耐えることができるでしょう。

土壌——地方の人口が増えるとその土壌が使われすぎることで栄養を失ってしまいます。また、畑となる土壌の条件も、どこでも同じというわけではありません。岩がごろごろしていたり、斜面になっていたり、浸食されていたりする痩せた土壌は、村の女性が耕している場合が多いのです。女性に**土地の所有権**《98》がなければ、彼女たちの畑はますます痩せ細っていくばかりです。

このセクターでは、**バイオ炭**《57》や天然の肥料、土壌に栄養を与える作物など、土壌改良の手法を活用して農地の栄養を高める方法を紹介しています。**都市部での家庭菜園**《66》や**キーホール・ガーデン**《65》も大きな可能性を秘めています。

農機具——女性たちは、とても原始的な道具で畑仕事をしています。**車輪つき種まき機**《61》のようにデザインのすぐれた農機具があれば何時間もの骨の折れる労働をしなくてすみ、余った時間をもっと生産的な活動に使うことができます。

水やりと肥料——作物には水が必要ですが、**ドリップ灌漑**《64》なら水やりはだいぶ楽になります。**足踏みポンプ**《63》があれば水を手に入れるのも簡単になり、乾季も作物が作れるようになって、農家の収入はぐっと上がります。また、**尿肥料**《62》は経費を削減し、たくさんの作物を作れるようにしてくれます。

家畜——ハチ《70》、ニワトリ《71》、ヤギ《72》は農家の栄養源になると同時に、副収入源にもなります。**水産養殖**《73》も副収入になるだけでなく、海や川の近くに住んでいる農家なら貴重なタンパク源にもなってくれます。

収穫——収穫量の向上は現状を打破することにはなりますが、せっかく収穫量が増えてもその大半が腐ってしまえば、農家だけでなく多くの人にとって大きな損失です。**パデューの改良型作物保存袋**《67》や**天日干し**《68》のような簡単な保存技術があれば、食糧も収入も増やせます。

地球——地球全体の生態系が、人類の行動によって変化を強いられています。森林は破壊され、水は汚染され、人間の住環境や動物の生態系が浸食されているのです。この損害を修復し、温暖化を緩和させるというのが、21世紀の大きな課題です。自給自足農家は養蜂や植林、バイオ炭の生産と利用などを通じて、地球環境のために大きく貢献できます。こうした作業をしてくれる農家に対して補償を支払うのは農家にとっても支払う側にとっても利益のある行為で、地球の環境を改善しつつ、農家を極貧状態から救い出す手助けができるのです。

SUBSISTENCE FARMING

57. バイオ炭による土壌改良
バイオ炭は植物の生長を促進し、土壌の保水力を高めます。土に混ぜることで気候変動を緩和させる要素になります。

58. 環境適応作物
洪水や干ばつ、病気、害虫に強く、収穫量の多い作物を育てれば、食糧を確保して農家の収入を上げることができます。

59. 栄養強化作物
作物の栄養成分を強化することで、農家は空腹を満たすだけでなく、健康にもなれます。

60. 間作
間作とは主要な作物の間に補植作物を植える農法で、土壌を改良し、収穫量を上げ、収入を増やせる手段です。

61. 種まき機と脱穀機
デザインのすぐれた農機具は、種まきや脱穀などのつらい肉体労働を軽くしてくれます。女性グループは、共同で購入することもできます。

62. 尿肥料
人間の尿は肥料の主原料である窒素が豊富に含まれていて、合成肥料と同じかそれ以上の効果があります。しかも無料です。本当に。

63. 足踏みポンプ
足で踏んで動かすポンプで井戸や天然の水源から水を汲み上げることができます。作物の水やりが簡単になるので収穫量が上がり、食糧が多く確保できるようになります。

64. ドリップ灌漑
ドリップ灌漑（かんがい）は水を効果的に分配する手法です。低コストのシステムなので、小規模農家は重たい水を毎日何時間もかけて運ばなくてすみます。

65. キーホール・ガーデン
無料で手に入る材料で作れるキーホール・ガーデンは、腰をかがめなくても菜園の世話ができる構造です。内蔵されているコンポスターが生ごみや生活排水を取りこみ、土壌に栄養を与えます。

66. 都市部の家庭菜園
袋を使った家庭菜園は縦に空間を使うので、農地の少ない都市部には最適です。また、地産地消は食事の質を改善し、暮らしに張りを与えてくれます。

67. 改良型の作物保存袋
密閉できる3重構造の袋を使えば、ササゲ豆などの作物を長期間、安全に保存することができます。

68. 天日干し台と殻むき機
作物の加工技術が向上すれば、収穫物を保存し、農家の時間を節約することができます。天日干し台と殻むき機は、女性でもグループ単位で購入して共有すれば、手に入れやすい技術です。

69. 森林農業
樹木は、非常に高い環境的・経済的効果をもたらします。

70. 養蜂
養蜂は比較的手軽に始められるビジネスで、ハチミツなどの副産物が得られ、現地にも地球にもメリットがあります。

71. ニワトリと卵
養鶏によって卵や鶏肉が売れるだけでなく、家庭でも消費できるようになります。

72. ヤギ
ヤギは昔から女性が育てることの多い家畜でした。ヤギ乳は家族の食事の質を向上させますし、乳や子ヤギを売ることで収入も増やせます。

73. 水産養殖
水産養殖は家族に高タンパクな栄養源をもたらすだけでなく、余った魚を売ることもできます。

idea 57

バイオ炭による土壌改良

バイオ炭は植物の生長を促進し、土壌の保水力を高めます。土に混ぜることで気候変動を緩和させる要素になります。

ニカラグアのサバナ・グランデで、バイオ炭を作る女性たち。© Vanessa Trevino

痩せて生産性が低くなった農地は、わずかな土地でどうにか暮らしを立てている自給自足農家にとっては大きな問題のひとつです。土壌の生産性を悪化させる要因はいくつもあります。
- ✕ 休耕期（土壌が再生するための休憩期間）を設けないため。
- ✕ 森林破壊によって引き起こされることの多い、土壌の浸食や生態系全般へのダメージ。
- ✕ 合成肥料の使いすぎによって、土壌にもともと含まれていたミネラルが失われ、有益な微生物がいなくなってしまうため。
- ✕ 一種類の作物だけを育て続ける単作農法では、生物の多様性が土壌から奪われてしまうため。

植物を無酸素状態で炭化させて作る**バイオ炭**は、土壌の生産性を復活させるのに役立ちます。この技術は古くから存在し、アマゾンでは先住民が「テラ・プレタ（黒い土）」を作っていました。また、日本でも昔から活用されてきました。

バイオ炭は、特殊な技術は不要で、現地で少量ずつ作ることができます。インターネットで検索すれば、**オープンソース**の作り方がいろいろ載っています。改良型コンロの多くが作物の収穫かすを燃料として使い、副産物としてバイオ炭を作れるような構造になっています。炭化した植物は、簡単に粉末状にすることが可能です。

バイオ炭の粉末は、**エコフュエル・アフリカ《33》**の固形燃料の主原料です。現地の農家が作物の収穫かすで作ったバイオ炭を使っています。農家は自分の農地用に一部を取っておきます。

バイオ炭には以下のような効果があります。
- ◎ 現地で手に入る廃材を活用できます。
- ◎ 土壌の生産性が向上するので、値段の高い合成肥料に頼らなくてもよくなります。
- ◎ 土壌の保水力が高まって微生物の生息環境がよくなります。
- ◎ 炭素を隔離します。作物の収穫かすをただ燃やしたり腐るまで放っておいたりすると、大気に二酸化炭素が排出されて温暖化の要因となります。バイオ炭は作物の収穫かすを低酸素状態で炭化させ、固形の炭素材に変えます。それを土に戻せば、大気に炭素が排出されるのを防げるのです。
- ◎ 土壌に戻されたバイオ炭はずっと元の状態を保つので、土壌にとっては長期的な投資となります。農家は、バイオ炭を与えることで土壌を改良し続けられます。

バイオ炭がもたらす総合的な炭素抑制効果は、地球環境への負担軽減という意味で経済的価値があるのです。環境に配慮した農業をおこなう小規模農家に補償を支払えば、農家にとっても補償する側にとっても利益のある関係が生まれます。

バイオ炭の効果がもっと広く知られ、もっとちゃんと数値で示せるようになれば、ただ土壌を改良するだけでなく、収入創出活動にすることもできます。カーボンルーツ・インターナショナルの援助を受けて最近立ち上げられた**カーボンルーツ・ハイチ**は、農産物としてバイオ炭の生産・販売をおこなっています。

> バイオ炭はごみをアップサイクル（付加価値の高いものに作り変えること）して炭素を隔離し、土壌の質を改善する土壌改良技術ですが、肥料ではありません。バイオチャー・インターナショナルはバイオ炭を堆肥と混ぜ、家庭菜園で使える肥料にすることを提案しています。

 ● 社会事業の**リ・チャー（Re-char.com）**は、低所得農家がバイオ炭を生産・販売するビジネスモデルを展開しています。あなたも同じことをしてはいかがでしょう？

 ● **バイオチャー・インターナショナル**は、科学展などで数々の優秀なバイオ炭プロジェクトを発表しています。

 ● Biochar-International.org ● CarbonRootsInternational.org

インドのドゥムカで、トウモロコシの種を保存する女性。
© PhotoShare/Somenath Mukhopadhyay

環境適応作物

洪水や干ばつ、病気、害虫に強く、収穫量の多い作物を育てれば、食糧を確保して農家の収入を上げることができます。

農家は、ありとあらゆる状況に対応しなければなりません。天気、作物の種類、どこにどの種をまくか。その結果に家族全員の生活がかかっているとなると、あれこれ試してみるわけにもいきません。気候変動によって極端な天気が多くなり、季節のパターンはますます予測しにくくなってきました。

干ばつや洪水、害虫など、厳しい環境にありがちな困難を乗り越えて生き延びることのできる植物は、高い収穫量をもたらします。同じ労力でもっとたくさんの作物が取れれば収入が増え、農家とその家族、そして地域のぶんまで、食糧を確保することができるのです。

できの良かった作物だけを選んで育てることで品種を改良していくという昔ながらの手法も、今では科学技術の力でさらに精度が上がっています。在来品種の保存、徹底的な実験とデータの記録、農場での実地試験で品種改良を進めています。

メキシコに拠点を置く**国際トウモロコシ・小麦改良センター（CIMMYT）**は、世界中で食べられているこの2種類の主食に焦点を当てています。CIMMYTは**オープンソース**のトウモロコシ・小麦の種子バンクを持ち、17万5000種以上の植物を保存しています。

最優先の課題は、干ばつに強いトウモロコシの開発です。たとえば、CIMMYTはマラウイに新種のトウモロコシ、ZM309とZM523を導入しました。これは不安定な天候や頻繁に起こる干ばつに耐えられる種で、以下の特徴があります。

◎ 生長が早いこと。
◎ 収穫量が多いこと。
◎ 一般的な葉の病気への耐性がより強いこと。
◎ 実が粉末にしやすく、労力を節約できること。
◎ 自然受粉ができるため、農家は種をとっておいて翌年にまた植えられ、種を買うお金がかなり節約できること。

ZM309は現地では「ムスンガ・バンジャ（一家の世話をし、食事を与えるもの）」と呼ばれています。ZM523は「幸運」を意味する「ムワイ」という名で呼ばれます。

コメは、地球上の全人口の半数近くが主食としている穀物です。田んぼで作られるコメにとって、洪水は大きな脅威となります。稲の苗が先端まで水に浸かった状態で生き延びられるのは、通常、3日間だけなのです。カリフォルニア州デイビスに研究所を持つパメラ・ロナルド博士は、水に浸かった状態で10日間生き延びられる品種のコメを開発しました。

「インドを訪れていたとき、私は『スワルナ・サブ1』という新しい品種のコメに切り替えたばかりのコメ農家20人ほどと会う機会がありました。この品種は生産性が非常に高いだけでなく、洪水にも耐えられるものです。彼らの田んぼは毎年3～4回は洪水にみまわれ、過去にはほとんど食べるものがないような年もあったそうです。『スワルナ・サブ1』に切り替えた今では天候に左右されずに家族を養うことができ、さらに地域の農家が採用するようになり、3000万人ぶんのコメを作ることもできるようになりました」（ビル・ゲイツ、2012年の年次書簡）

植物の育種家は、以下のような有益な特徴を持つ品種を目指して選抜を続けています。
◎ 病気や害虫に対する抵抗力。
◎ 早い生長。
◎ 農家の農作業や販売時期が集中しなくてすむよう、ずらせる生長時期。
◎ 収穫と加工がしやすく、品質の落ちない作物。
◎ 早く調理でき、燃料を節約できる作物。

新しい品種が準備できると、次の課題は地方の農家にも届けられるようなサプライチェーンを構築することです。

● 世界野菜センター（AVRDC）がインターンシップを受け入れています。
● avrdc.org ● CIMMYT.org

栄養強化作物

作物の栄養成分を強化することで、農家は空腹を満たすだけでなく、健康にもなれます。

ナイジェリアで、昔ながらの方法でビタミン A が豊富なキャッサバイモを開発する技術者。
© Mel Oluoch/HarvestPlus

現在、世界中で約 10 億人が栄養不良に苦しんでいます。彼らは十分なカロリーを摂取できず、食事には微量栄養素が欠けているのです。栄養失調の子どもは病気にかかりやすく、成長も大幅に阻害され、病気への抵抗力が弱くなります。

栄養を強化した、つまりもっとも不足している鉄や亜鉛、ビタミン A などの微量栄養素を多く含んだ作物を育てるのは、コスト効率が高い栄養改善法です。

- ふだんの生活習慣を変えず、食べ慣れたものから栄養を取ることができます。
- 栄養強化作物が育てば、その種子を翌年用に保管しておくことができるので、品種改良の研究を続けて良質な種子を配布することで、高い利益率を生む好循環が生まれます。
- 栄養強化は現地で実施できる対策です。遠隔地の人々にとって、栄養強化食品や補助食品は必ずしも手に入れやすいものではありません。

栄養を強化した品種が収穫量も高く、干ばつと害虫に強ければ、その価値はさらに高まります。

サツマイモは、微量栄養素を取るのにとても向いている作物です。世界でもっとも作られている作物のひとつであるサツマイモは、原産地である中南米を出てはるか遠くまで広まりました。**ハーヴェストプラス**は栄養を強化したサツマイモを開発しましたが、これは中身がオレンジ色で、体内でビタミン A に変わるベータカロテンを多く含んでいます。実験では、このサツマイモを食べた子どもたちがビタミン A 欠乏症に苦しむことが少なくなったという結果が出ました。サツマイモにはほかにもいい点があります。

- 同じ 1 ヘクタールでも、コムギやコメ、キャッサバより 1 日の摂取可能カロリーが多くとれます。
- 3 ～ 4 カ月で生長するので、ジャガイモよりも早く収穫できます。
- 狭い土地でも育ち、農作業の手間もあまりかかりません。
- 農薬や肥料などの化学薬品をほとんど必要としません。
- 根の部分だけでなく、つるや葉っぱも食べられます。
- 家畜にとっても栄養豊富な飼料になります。

ペルーに拠点を置く**国際ポテトセンター**のプログラムである**アフリカの安全と健康を守るサツマイモ活動（SASHA）**は、貧困削減と食糧確保のために根菜や塊茎（かいけい）を食べる習慣を世界中に広める活動に取り組んでいます。中でも特に力を入れているのが、女性を対象とした活動です。革新的なプロジェクトのひとつ、「ママ SASHA」は、妊婦健診時に無料でサツマイモのつるを配るというものです。これで妊婦の健康が改善し、年長の子どもたちの食事も改善することができます。

ハーヴェストプラスは、世界の主食であるキャッサバとトウモロコシにプロビタミン A を強化する活動にも取り組んでいます。

鉄分不足対策として、ハーヴェストプラスは栄養強化をして鉄分が豊富になったトウジンビエをインド向けに、そしてアフリカ向けには鉄分を強化したマメを導入しています。

亜鉛不足は栄養失調の人によく見られる症状で、病気への抵抗力が低くなると同時に、子どもの成長を妨げます。亜鉛を強化したコメは、5 億人のコメを主食とする栄養不足の人たちの健康状態を改善できる可能性があります。

「ゴールデン・ライス」は、体内でビタミン A に変わるベータカロテンを多く含むように遺伝子操作されたコメです。これは無料で自給自足農家に支給され、健康改善に役立てられるものですが、遺伝子操作をしているという点が議論を呼んでいます。

⇨ 微量栄養素追加食品および補助食品《7》も参照。

> サツマイモのつるを食べた家畜はメタンガスの排出が減り、気候変動の緩和に貢献できます。

 • cipotato.org • HarvestPlus • cgiar.org

マラウイで、トウモロコシとグリリシディアというマメ科の木を間作することで収穫量の上がった畑を示す女性。© World Agroforestry Center/ICRAF

idea 60

間作

間作とは主要な作物の間に補植作物を植える農法で、土壌を改良し、収穫量を上げ、収入を増やせる手段です。

痩せた土地は、貧困の連鎖を生みだします。労力は余分にかかるのに、生産性が低いからです。女性が与えられるのは一番生産性の低い農地である場合が多く、しかも肥料や農薬、農機具、ローン、知識を手に入れる機会は男性よりも少ないため、生産性を上げることができません。

これを改善する効果的な方法のひとつが、**間作**です。その典型的な例が、ネイティブアメリカンがおこなっている、**スリー・シスターズ**（3人姉妹）、つまりトウモロコシとマメとカボチャの混植です。

同様に、木とトウモロコシを交互の畝（うね）に植えれば、トウモロコシの収穫量を上げることができます。当然、木は一度植えてしまえばそのままずっと育ち続け、トウモロコシは収穫時期が来るたびに刈り取ります。

ナイロビに拠点を置く**世界アグロフォレストリー研究センター**がザンビアとマラウイで12年をかけて実施した研究では、グリリシディアやアカシア・アルビダなどのマメ科の木をトウモロコシと一緒に植えることで、収穫量が最大50%向上することがわかっています。この研究では間作の畑、トウモロコシだけの畑、そして合成肥料を使った畑と肥料を加えない畑とを比較しました。肥料を使わず、間作だけの畑のほうが、肥料を使った畑よりもいい結果を出したのです。そしてトウモロコシだけで肥料を使わないという、自給自足農家のほとんどがやっている畑が、一番、生産量が低いという結果になりました。

「**肥料の木**」にはほかにもメリットがあります。
- 空気中の窒素を吸収して土壌に固定するので、値段の高い肥料をほとんど、あるいはまったく使わなくてもよくなります。
- 雨季には葉が落ちるので、主作物と競合しません。
- 落ちた葉は、窒素を多く含む有機物として土に還ります。
- 土壌の保水力を高め、浸食を防ぎます。
- 家畜のエサとなる高タンパクな葉が取れます。
- 有益な鳥やハチにすみかを提供します。

グアテマラに拠点を置く**セミージャ・ヌエバ（新しい種）**は、以下に注力しています。
- 持続可能な農業技術で収穫量を大幅に向上させること。
- 農家から農家への技術教育。

新しい技術を使って成功した農家は、新たに手に入れた知識を仲間の農家に伝える、熱心で信頼できる活動家になります。そのほうが、上から押し付けられるアドバイスよりも普及効果が高い場合が多いのです。

セミージャ・ヌエバが活動する地域の子どもたちは、タンパク質と微量栄養素が不足しているために成長阻害率が最大79%にものぼります。セミージャ・ヌエバは現地の女性たちと協力して、高タンパクなキマメなど、栄養のすぐれた食品の導入を促進しています。

セミージャ・ヌエバは、東アフリカでもキマメの導入に成功しています。トウモロコシの間に植えられたキマメは環境的、経済的、健康的効果をもたらしていて、以下のようなメリットがあります。
- 干ばつに強い性質があります。
- 有機窒素を作り出すので、肥料にかけるお金が節約できます。
- 土壌が圧縮されて硬くなるのを防ぎます。
- 自然受粉して種ができるので、農家は種を節約できます。
- 高タンパクで栄養豊富な食料になります。
- 家族を養い、余ったぶんを売れるだけの収穫量を上げられます。

セミージャ・ヌエバは、世界にキマメを届けようと活動します。海外のバイヤーとつながり、彼らの求める水準を満たすキマメが提供できるようになれば、自給自足農家はもっと計画的に農作業ができるようになります。

アイダホなど、複数地域のロータリークラブがセミージャ・ヌエバの活動を支援しています。

➡ **森林農業**《69》、**フェアトレード**《93》も参照。

- セミージャ・ヌエバは奨学金プログラムを実施しており、個別のプロジェクトごとにインターンも受け入れています。
- セミージャ・ヌエバは短期のツアーも企画しています。ボランティアが、セミージャ・ヌエバの農家と一緒に活動するというものです。

 WorldAgroforestry.org • SemillaNueva.org

idea 61

種まき機と脱穀機

デザインのすぐれた農機具は、種まきや脱穀などのつらい肉体労働を軽くしてくれます。女性グループは、共同で購入することもできます。

サン・ビセンテのランチョ・グランデで、車輪つき種まき機を試したくてうずうずしているエルサルバドルの農家の女性。© Chuck Haren/Plenty International

　女性の協同組合(共同体、組合、自助グループなどとも呼ばれます)は、女性農家に集団の力を与えます。女性が教育を受けたり公的な役割を与えられたりすることがめったになかった伝統的社会では、協同組合に参加することで、女性はさまざまな恩恵を受けます。
◎ リーダーシップとコミュニケーション能力を伸ばせます。
◎ より良い器具を共同購入によって手に入れられます。
◎ 貴重な農業知識をもっと手に入れやすくなります。
◎ 自己支援によってマイクロファイナンス、教育・識字活動、医療などの外部のサービスとつながることができるようになります。

　協同組合は、参加者全員が収穫量を増やせるような先端技術を導入することができます。個人の農家では手が出ない農機具でも、通常10人から15人で構成される典型的な女性の自助グループなら、お金を出し合って共同で1台購入することができます。メンバーは順番に農機具を使い、参加していない農家には有料で貸し出して収入源にすることも可能です。この農機具ひとつで莫大な労働力が節約でき、浮いた時間を別の仕事や趣味に使えるようになります。

　車輪つき種まき機には、種子の種類によって交換できるプレートがついています。これを使えば種まきがずっと早く、効率よく、正確にできるのです。とあるブログに、その仕組みが説明されていました。「このかわいい道具は畝(うね)に穴を開け、あらかじめ決められた間隔で種を落とし、種の上に土をかぶせて、固めるようになっています」

　もうひとつの利点は、種を植えつけるたびに腰をかがめるのではなく、立った姿勢のまま作業ができるので、腰への負担が減るということです。種まき機の販売価格は100ドル前後から。現地生産や大量生産によって、価格は引き下げられるでしょう。

> 「貧しい農家の女性は男性よりも長時間働いているだけでなく、肉体的にもきつい仕事をしていることが多いのです」(IFAD.org)

　もうひとつ、労力を節約してくれる農機具が**田んぼ用脱穀機**で、足踏みペダルを使ってコメの粒を茎や殻から分離するものです。

　「インドのビハール州ムザッファルプルにあるディフリ村の女性農家はCSISA(南アジアのための穀物イニシアティブ)に加入すると、つらい労働を軽くしてくれる脱穀機が支給されました。何日もかかっていた作業を、今では数時間で終わらせることができます」(マドゥリカ・シン、CSISA農業専門家)

　文化によって農機具に対する考え方が異なります。たとえば、国際農業開発基金(IFAD)は、アフリカでは地域によってクワの形状に対する強烈なこだわりがあることを明らかにしました。
● 握りが長いクワは女性の腰への負担を軽くしますが、まっすぐな姿勢で立っている農民は怠け者とみなされます。
● アフリカでも女性がますます農業に携わるようになってきていますが、農機具の形は女性に合わせて改良されてはいません。
● 男性が妻のぶんも農機具を購入する場合が多く、女性の意見が取り入れられていないことを証明しています。

インドのビハール州ラジャプールでも、車輪つき種まき機を活用して時間を節約する農家がいます。© Madhulika Singh/CIMMYT, CSISA

 ・ csisa.org ・ CIMMYT.org ・ Plenty.org ・ IFAD.org

ジンバブエのエプワースにあるチスング学校の菜園で、尿肥料のおかげで青々と茂る葉。
© Peter Morgan/SuSanA

idea 62

尿肥料

人間の尿は肥料の主原料である窒素が豊富に含まれていて、合成肥料と同じかそれ以上の効果があります。しかも無料です。本当に。

人間の尿には窒素とカリウム、リン酸が豊富に含まれています。まさに、植物の生長に必要な主要栄養素の宝庫です。園芸家は尿のリサイクルが安価で環境にやさしい習慣であることを昔から知っていましたが、今、自給自足農家にとっても尿は貴重な農業用肥料として真剣に受け止められています。合成肥料が買えない自給自足農家が、この無料の資源を活用しない手はあるでしょうか？

健康な人体から排出された尿は通常無害で、人糞から分離すれば、病原菌を広めるリスクはほとんどありません。低資源地域では、尿は尿分離トイレや、単純にバケツに取るだけでも分離することができます。屋内に下水設備が整っている環境に慣れている人はちょっと抵抗があるかもしれませんが、尿をトイレに流してしまうと、貴重な栄養源を無駄にしてしまうことになるのです。

- 成人は年間平均 500 リットルの尿を排出します。その中には、以下の成分が含まれています。
  - 窒素 2.18 キログラム
  - カリウム 0.87 キログラム
  - リン酸 0.2 キログラム
- 尿肥料は最低 1 カ月間は密閉容器に保管しておき、確実に汚染がないようにします。尿からアンモニアが発生し、潜在的病原菌をすべて死滅させます。
- 尿はそのままの濃度で使えますが、水で薄めることを推奨する場合もあります。

スリデヴィ・ゴヴィンダラジ博士は、バンガロール農業科学大学で環境衛生学の博士号を取得しました。その研究は薄めた尿肥料がトウモロコシやバナナ、ダイコン、トマト、ヒエ、サヤマメに与える影響を調べたものです。ほぼすべての野菜で、尿は化学肥料よりもいい結果を出しました。

フィリピンで実施された試験では、尿肥料で育てた作物は尿肥料を使わなかった畑の 1.5 〜 5 倍の収穫量を上げています。

尿は堆肥に混ぜて使うと土壌を改良することもできます。

「ほかにもある尿の使い道としては、堆肥を作るときに栄養源として尿を加えることです。液体肥料として尿を直接使うのは以前からある農業技術ですが、尿で栄養を強化した堆肥は土壌の状態全体を改善する方法を提案してくれます」（ゲンシュ、ミソ、イッチョン）（ページ下部の「YOU」項目参照）

ノルウェーの NGO 国境なきデザインは男女兼用の環境にやさしい家庭向け尿収集器を改良して 3 ドルで販売しています。ウガンダに拠点を置くサラ・ケラーが展開しています。この尿収集器には以下の効果があります。

- 人々が進んで尿を集めようという気になります。
- プライバシーを提供するので、デザイン開発時から参加していた女性たちに高く評価されています。
- 尿が分解されてアンモニアになるときに発生する臭いを最小限に抑えます。

さらに詳しい情報は、「持続可能な衛生関連デザイン」（**susan-design.org**）まで。

 使い方の手引きを探している人（と園芸家のみなさん）は、「持続可能な衛生同盟」の発行物、『Urine as Liquid Fertiliser in Agricultural Production in the Philippines（フィリピンの農業生産における液体肥料としての尿）』（ゲンシュ、ミソ、イッチョン著）をダウンロードしましょう。

 百聞は一見にしかず、です。学校や実験農園は、この新しいアイデアを試すのに最適の場所です。ジンバブエのエプワースにあるチスング学校（上の写真）の、尿肥料を使ったトウモロコシの生長を記録したスライド資料が Susana.org で入手できます。最終的には、尿肥料を与えたトウモロコシは、肥料を与えないトウモロコシの 30 倍の大きさにまで生長しました。

 SuSanA.org • susan-design.org

idea 63

足踏みポンプ

足で踏んで動かすポンプで井戸や天然の水源から水を汲み上げることができます。作物の水やりが簡単になるので収穫量が上がり、食糧が多く確保できるようになります。

インドで、足踏みポンプで水を汲み上げる少女たち。© Sarah Butler-Sloss/Ashden.org

　足踏みポンプは、井戸、湖、川、小川などから、畑用の**水**《64》を手で汲み上げる代わりに使えるものです。

　足で踏んで使う水汲みポンプは1980年代に、貧しい農家の生活向上に取り組むNGOの**国際開発エンタープライズ（IDE）**がバングラデシュで開発し、広く普及しました。NGOや社会的企業が促進・販売しています。農家は通常、**小口融資**《88》でローンを組み、収穫量の増えた作物を売ったお金で返済することができます。

　ケニアに拠点を置く**キックスタート・インターナショナル**は、ポンプを25万台近く販売したという見事な記録を持っています。彼らが30ドルで販売する**マネーメーカー・ヒップポンプ**は軽量で、女性にやさしいデザインになっています。キックスタートの支払いプラン「携帯予約販売」は、購入者が自分の支払いプランを立てて携帯電話を使って送金できるシステムです。

　足踏みポンプは女性や子どもでも簡単に使えて、以下のような特徴があります。
◎ 従来型の手こぎポンプよりも6倍速く水を汲めます。
◎ 腕ではなく足の筋肉を使うので、より強くて長い時間動かせます。
◎ 燃料費がかかりません。
◎ ディーゼルエンジンを使う水汲みポンプの代わりに使えば、毎年0.5トン程度の二酸化炭素の排出を抑えられます。
◎ 2人で協力して動かせば、汲める水の量も倍になります。
◎ 現地生産が可能なので、地域経済にも資源が流れこみます。

　足踏みポンプのデザインは、今も改良が続けられています。足踏み吸引ポンプはストローのような仕組みで水を吸い上げるので、バングラデシュのように浅いところの水を汲み上げるのに適しています。足踏み圧力ポンプは水が地中深くにあるアフリカでの利用を想定して作られたもので、圧力によって水を押し出し、地表を噴き上げる仕組みです。

　足踏みポンプは、農業にさまざまなメリットをもたらします。
◎ 畑の面積を広げたり、ケールやキャベツ、トマトなど、多くの水が必要で高く売れる野菜を育てたりできるようになります。
◎ 作物の生長の速度を速め、収穫量を増やすことができます。
◎ 作物の種類を増やして、収入源を多様化させられます。
◎ 乾季でももう1〜2回、作物を収穫することができます。
◎ 家計収入を増やすことができます。
◎ 作物の量と種類を増やすことで、家族の食事も改善できます。

［課題］
● 写真の女の子や女性たちは笑顔でペダルを踏んでいますが、炎天下の作業が重労働であることに変わりはありません。一般的な畑の水やりには、3時間はかかります。収入が増えれば、若い男性を雇って水汲みをやってもらうことも可能です。
● 水は限りある資源です。アフリカでは畑の水やりに使っている水資源はまだわずかな量ですが、先進国の一部地域では、水の使いすぎで地下水位が下がってしまったところもあります。インドでもこの問題が起こっています。足踏みポンプに効率的な**ドリップ灌漑（かんがい）**《64》を組み合わせることが、水の節約戦略には重要となってくるでしょう。
● 足踏みポンプがあれば農地を広げることが可能になりますが、人口が増えると広げるのが難しくなる場合もあります。
● 足踏みポンプを使うには、農地の近くに水源を確保する必要があります。ポンプは地下から縦に水を運び上げることはできますが、ないところから水を引き出したり、横に長い距離を運んだりすることは残念ながらできません。現在水運びをしているのは女性と女の子で、一番近い水源までときには何キロも移動して、水を持ち帰ってきているのです。

| YOU | ● キックスタート・インターナショナルではインターンシップの情報を掲載しています。 |

 ● kickstart.org　●　Appropedia.org

ネパールでおこなわれている、重力を利用したドリップ灌漑。© IDE

ドリップ灌漑

ドリップ灌漑（かんがい）は水を効果的に分配する手法です。低コストのシステムなので、小規模農家は重たい水を毎日何時間もかけて運ばなくてすみます。

手作業での水やりは重労働です。まいた水の大半が地表から蒸発してしまったり、流れ出てしまったりするので非効率でもあります。イスラエル生まれの**ドリップ灌漑（かんがい）**は、中央にある貯水タンクから配水管を通して植物の根に直接水を届ける画期的な技術です。これは、「水1滴あたりの作物をもっと多く」生み出せることで有名な技術なのです。

水が少ない地域で飛躍的に生産性を高めたドリップ灌漑ですが、当初は小規模農家にとっては手の出ない高価な技術でした。重力を活用した軽量で安価なドリップ灌漑システムは、自給自足農家もドリップ灌漑の恩恵を受けられるようにしてくれたのです。

国際開発エンタープライズ（IDE）の創設者ポール・ポラックは、貧困削減に役立つビジネス案を応援しています。そして、簡素化されたドリップ灌漑システムの熱烈な支持者でもあります。**雨水貯留**《35》や**足踏みポンプ**《63》などで得た水を利用すれば、ドリップ灌漑システムは自給自足農家のチャンスを拡大してくれるものなのです。

◎ドリップ灌漑は、保険にもなります。水を貯蔵できるので、干ばつや雨不足に対処できます。ドリップ灌漑で安定した収入を確保できれば、自給自足農家のリスクは減り、農閑期に男性が都会へ出稼ぎに行く必要性も減ります。

◎ドリップ灌漑は、労力を節約してくれます。**プロキシミティ・デザイン**が開発してミャンマーで販売している、重力を活用したドリップ灌漑システムは、地上たった90センチ程度に持ち上げた水源から灌漑をおこなうことができます。このシステムは33ドルの投資で使う水の量を50%削減し、収穫量を33%増やしてくれます。ドリップ灌漑は女性の使用にも適していて、節約できた時間はほかの生産性の高い作業に回せます。灌漑が自動化されれば、子どもが水やりを手伝う必要もなくなり、学校の出席率も改善されます。

「じょうろを使って毎日水やりをしていたら、人生はあっというまに終わってしまいます。ドリップ灌漑のおかげで、その苦労がすべてなくなりました。これは金額で測れるものではありません。かけがえのないほど貴重なものです」（プロキシミティ・デザインのドリップ灌漑の利用者、コ・ミョ・ミント）

◎ドリップ灌漑を使えば、もう1回多く作物を作ることができます。ポール・ポラックは著書『世界一大きな問題のシンプルな解き方』（東方雅美訳、英治出版、2011年）の中で、ドリップ灌漑によって実現した余分な作物の収穫について語っています。つまり、溜めておいた雨水を活用し、小規模農家が乾季も灌漑で野菜を育てられるようになったのです。この事業のすばらしいところは、作物が少ない時期に収穫して市場に持っていけば、高値で売れるという点です。

◎この余分な収穫で得られた収入があればドリップ灌漑システムの購入代金が支払え、1シーズンで収支を黒字にできます。数年はもち、部品の交換などにかかる費用もほとんどなく、何回も使うことができるのです。

◎ドリップ灌漑は食生活も改善します。乾季に収穫して傷んだために市場で売れない野菜を家庭で消費することで、食生活がもっと健康に、もっと豊かになります。

◎ドリップ灌漑は水を節約します。低所得農家の多くが、畑を水浸しにする非効率な湛水（たんすい）灌漑を用いていたため、地下水を多く使ってしまい、水が手に入りにくくなるという問題を抱えていました。ドリップ灌漑は水をはるかに節約できるだけでなく収穫量も上がるので、一挙両得の効果が得られます。

⇨**足踏みポンプ**《63》も参照。

IDEorg.org

idea 65
キーホール・ガーデン

無料で手に入る材料で作れるキーホール・ガーデンは、腰をかがめなくても菜園の世話ができる構造です。内蔵されているコンポスターが生ごみや生活排水を取りこみ、土壌に栄養を与えます。

レソトのタバ・セファラで、キーホール・ガーデンの世話をするマアビシ・フォーコ。
© Kim Pozniak/Catholic Relief Services

キーホール・ガーデンは、家の近くで、家族で食べるぶんの野菜だけでなく、売るぶんの野菜も育てることができます。高く持ち上げた苗床と堆肥装置、2つの一般的な菜園技術を組み合わせたもので、現地で無料で手に入る材料で作れる節約技術です。植物の生長を促進するのには、生ごみや**生活排水**を活用します。

苗床を腰の高さまで持ち上げ、堆肥装置を組みこんだキーホール・ガーデンは、以下の理由で人気になりました。

◎ 収穫量が多く、8人家族が食べるぶんの野菜に加えて市場で売れる余分な野菜が作れます。
◎ 長い期間野菜を作ることができます（石で作った壁は保温性があるため、寒い時期まで生育期間を延ばせるのです）。植物を保護するため、菜園の上に屋根をかける場合もあります。
◎ 手元に近い位置に野菜があるので、立ったまま作業ができます。
◎ 堆肥が作りやすくなっています。堆肥用の穴が鍵穴（キーホール）の中心に作られているので、生ごみや排水を入れやすく：
 - 別の場所にある堆肥装置へごみを運ぶ必要がありません。
 - 堆肥の山を管理する必要がありません。
 - できあがった堆肥を菜園に運ぶ必要がありません。
◎ 人工肥料を使う必要がほとんどありません（キーホール・ガーデンだけで土に栄養が与えられます）。
◎ 管理する手間がほとんどありません。野菜を狭い間隔でびっしりと植えているので雑草が生える余地はほとんどなく、**生活排水**以外の水もあまり必要ありません。
◎ 地面よりも高い位置に作られているので、洪水からも野菜を守れます。
◎ 石の壁が威厳を感じさせるため、見た目にも魅力的です。

アフリカ南部のレソトでは、人道支援者たちが慢性的な食糧不足を解決するために持続的農法であるキーホール・ガーデンを導入しました。レソトに見られる以下のような課題の解決にも貢献できます。

● 標高が高く、厳しい気候。
● 高い貧困率と栄養失調率。
● HIV／エイズの蔓延によって親を亡くし、祖父母に育てられている多くの子どもたちの支援。

キーホール・ガーデンは、高齢者でも年中簡単に育てられる食糧の供給減となります。最大5種類の野菜をたくさん育てられるこの菜園は、健康を増進して食生活を豊かにしてくれます。

「私たちが活動をおこなっている地域の近隣の村でも、住民が自らの意志でキーホール・ガーデンを真似するようになりました。活動の成功と、その持続可能性をはっきりと示す証拠です」（TECA／FAO、国連食糧農業機関の付属機関で、農業技術の情報共有を目的としたネットワーク）

カナダ人のポーラ・ワシントンがわずか18歳で創設した**ア・グッド・ファウンデーション**は、レソトで展開している**GROW（育てる）**プロジェクトを通じて何十個ものキーホール・ガーデンを作ってきました。

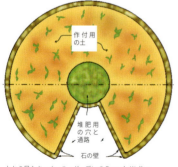

上から見たキーホール・ガーデン © Beverly Walker

横から見たキーホール・ガーデン © Beverly Walker

キーホール・ガーデンは円形で、パイを一切れ切り取ったような形をしています。その切り取った部分から、中央にある堆肥装置の穴に直接生ごみを入れることができます。上から見ると、その名の通り、鍵の穴（キーホール）のように見えるのです。

- 菜園の横幅はほんの2メートル弱なので、中央の位置からどの場所の野菜にも手が届きます。
- キーホール・ガーデンは中央の堆肥を入れる穴を4本の柱で支えて作られています。
- 菜園の土には家畜のフンやわら、干し草、葉っぱ、灰、ブリキの空き缶（栄養のもとになる鉄分が土に浸み出します）、骨、紙くず、ごみなどいろいろなものが混ぜられ、それが時間をかけて分解されて生産性の高い肥沃な土ができあがります。
- 土の表面は堆肥の穴から外に向かって傾斜しているので、作付面積を増やしつつ、余分な水が流れ出るようになっています。
- 堆肥の穴の上に屋根をかぶせれば保温になり、蒸発も防ぐことができ、堆肥化が促進されます。
- **尿のリサイクル**《62》もおこなえば、さらに栄養を追加できます。

キーホール・ガーデンにかかるコストを特定するのは簡単ではありません。大変ですが、たいてい一人で作ることができます。材料は地方なら無料で簡単に手に入ります。一番現金が必要となるのは、種子の購入です。

2008年、イギリスの公共放送BBCが、レソトのキーホール・ガーデンを特集した番組を放送しました。するとこの技術が世界中に広まり、特に深刻な干ばつに何年も苦しんでいたアメリカ南部で普及しました。その理由としては以下が挙げられます。

◎ 効果的に保水ができること。
◎ **生活排水**をろ過して使えるので水の節約になること。
◎ 見た目に美しく、柔軟性のきく構造であること。

アメリカ南部の菜園家は、壊れた手こぎボートからワインの空き瓶まで、ありとあらゆる材料を使ってキーホール・ガーデンを作りました。その結果、どこの菜園も美しく、機能的で、水を吸いすぎない、収穫量の高いものになりました。そしてそのどれもが従来の野菜畑より世話しやすく、その場で簡単に堆肥が作れるのです。

> 「同じ土地で何種類かの作物を順番に育てる輪作、そして除虫効果のある植物の活用は、土壌の栄養バランス維持と害虫や病気の対策、雑草よけに効果的です。菜園の一部は、次の作付けに向けて休ませる必要があります」（TECA.FAO.org）

> オクラホマのフレディ・ヒルは、木のそばにはキーホール・ガーデンを作らないよう警告しています。木の根が、菜園のぶんまで水を吸ってしまうのだそうです。
> メル・バーソロミューの**1平方フィート菜園**はアメリカでは一般的な密集型の野菜栽培技術で、キーホール・ガーデンにぴったりです。

[Before] レソトで、キーホール・ガーデンの4本の柱で支えた堆肥の穴に生活排水を流しこむレラート・サコリ。© A Good Foundation

[After] 3カ月後、レソトのキーホール・ガーデンは青々と茂っています。© A Good Foundation

- キーホール・ガーデンの普及に活動を特化させている組織はまだありません。あなたが組織を立ち上げて、情報の普及、資源の共有、代替案の実験や結果の定量化、現地体験旅行の企画をおこないましょう。
- 自分でもキーホール・ガーデンを作ってみましょう。作り方はSendACow.orgなど多くのホームページに載っています。**ペットボトルれんが**《74》で壁を作れば、さらに環境にやさしい菜園が作れます。

- 公的機関や地域の市民農園などと協力してキーホール・ガーデンの実演をおこない、世界中に食糧をもたらす持続可能な技術についての知識を普及させましょう。

- SendACow.org.uk

idea 66

都市部の家庭菜園

袋を使った家庭菜園は縦に空間を使うので、農地の少ない都市部には最適です。また、地産地消は食事の質を改善し、暮らしに張りを与えてくれます。

アフリカ最大のスラム、キベラで袋菜園を使って野菜を作る住民。© Eric Wamanji

世界の人口は都市部に集中する傾向があります。人口1000万以上のいわゆるメガシティは世界に22あると言われていますが、その大半がグローバル・サウスに位置しています。無秩序に広がり、人口の密集したインフォーマル居住区は基本インフラのない環境の中で無造作に住居が作られ、地方からの貧しい移民を引き寄せています。そこでありつける仕事はほとんどが非公式、不定期で低賃金です。

袋を使った家庭菜園がそんな場所のひとつであるナイロビのキベラスラムに導入されたのは2008年。主導したのは**ソリダリテ・アンテルナショナル**です。貧しい人々に栄養豊富な食料と有意義な仕事をもたらすこの技術は、すぐに広まりました。自分で自分の食べ物を育てるというのは活力を与えてくれるもので、地方からの移民がもともと持っている農業技術を役立て、余分な野菜は売って収入にできるというメリットもあります。

援助物資の入っていた袋などに、土を入れたものが使われています。横にいくつも切れ目を入れたところに苗を植え、塊茎（かいけい）のできる野菜は袋の口のところに植えます。この技術は小規模農家に多くのメリットがあります。

◎ 売るための輸送費がかからず、原価が低く抑えられます。
◎ 食糧価格の高騰に対する備えとなります。
◎ 持ち運びが可能なため、不法滞在者や、住んでいる土地に対して正式な権利を持たない賃借人にとっても安心です。

袋菜園はほかの場所でもおこなわれて成功しています。食糧農業機関とオランダのパートナーシッププログラムがパレスチナのガザ地区でこの技術を紹介し、10袋あれば一家が食べていけると推定しました。袋菜園は以下のメリットがあります。

◎ 耕したり雑草を取ったりする必要があまりなく、重労働になりません（ただし、袋自体は重くなります）。
◎ 長い期間栽培できます。
◎ 水がそれほど必要ありません。中央に小石を詰めた円柱を配して、袋全体に水を行き渡らせます。
◎ 学校でおこなえば、生徒の食料を補うことができます。生徒も自分で自分の食べ物を作ることを学べます。

ほかの項目で紹介した技術を活用することも可能です。
◎ **雨水**《35》を活用すれば、農業用に水を買う必要はありません。
◎ **尿肥料**《62》は人口密集地域では簡単に原料を集めることができ、収穫量を大幅に増やせます。
◎ 袋に**ドリップ灌漑システム**《64》をつなぐこともできます。樽ひとつで、自動的に一日中植物に水を与えられます。

[課題]
● 土と堆肥、家畜のフン、苗を手に入れる必要があります。
● 種子を直接袋に植えることはできません。苗を育ててから袋の切り口に植えつける必要があり、手順がひとつ増えます。
● 害虫駆除が必要です。
● 飢えた人々が多い人口密集地域では、盗難が問題になります。夜は袋を室内に運び入れる小規模農家もいます。

> 一般的な作物はトマト、タマネギ、ホウレンソウ、ケール、オリヅルラン（空気清浄効果の高い植物）、ウリ、アマランサス（小麦の代わりに使われる健康食品）、家畜用の飼い葉ビロードイヌホオズキ（葉を食用にするナス科の植物）などで、現在もっとも作られているのはケールです。（Appropedia.org）

 ● 袋菜園の成功を熱く伝える報告が事例として届いています。成功のインパクトを数値化する研究をおこなってみましょう。

 ● 持続的開発センター（Food Security, Nutrition & Home Gardens）のオンライン講座「食糧確保、栄養および家庭菜園」に登録すれば、家庭菜園プロジェクトの実施方法が学べます。

  ● 袋菜園の作り方は、Appropedia.orgに掲載されています。

 ● Solidarites.org ・ Appropedia.org

ケニアのシマニイロで PICS の袋に保管したトウモロコシを見せてくれるワン・エーカー・ファンドの農家、アグネッタ・ムソニェ。© Kelvin Owino

idea 67

改良型の作物保存袋

密閉できる3重構造の袋を使えば、ササゲ豆などの作物を長期間、安全に保存することができます。

　自給自足農家は毎日、厳しい環境の中で作物を育てようと悪戦苦闘しています。それでも作物の30％が収穫後に無駄になってしまい、家計を圧迫して食糧確保を困難にしているのです。

　大角豆やニエベとも呼ばれるササゲ豆は中央アフリカや西アフリカでは重要な食料のひとつで、主に女性が育てています。

　ササゲ豆には以下の長所があります。
- 干ばつに強く、日当たりが悪くても生長し、育てやすい作物です。
- 生長が速く、地面を覆うように低い位置に広がり、土壌の流出を防ぐ役に立ちます。
- 窒素固定力があり、土壌改良に役立ちます。
- 高タンパクで、非常に栄養豊富です。
- 茎、葉、豆は人間だけでなく家畜のエサとしてもよく、無駄なく食べることができます。

　ただ、残念なことにササゲ豆は非常に虫がつきやすい植物です。穀物保管庫に数週間も入れておくとマメゾウムシが入りこんで卵を産みつけます。数カ月で卵が孵り、豆が使い物にならなくなってしまうのです。これを防ぐため、農家では収穫してすぐに豆を売るのですが、その時期はどこの市場にもササゲ豆があふれていて、安い値段でしか売れません。

　アメリカの名門パデュー大学はアフリカの科学者や農家と協力し、ササゲ豆の保管方法を研究してきました。そして2007年に、安価な3重構造の**パデューの改良型ササゲ豆保存袋（PICS）**を開発したのです。密閉できる袋がササゲ豆を真空状態に保つので、殺虫剤などの化学薬品を使わずに害虫を殺します。豆の質も落ちることはありません。
- 分厚い袋が2層になっていて、それが破れにくい外袋の中に納まっています。
- 数年もつので、1枚2〜3ドルという価格も数回の収穫のうちに元が取れます。
- ナイジェリア国内で製造され、農具販売店で直接農家が購入できます。
- 中身を最長1年間守ることができ、農家は供給が減って価格が上がったときに作物を売れるようになるので収入が上がります。

　PICSは、西・中央アフリカの10カ国で展開されています。多くが女性である何百万人もの農民がこの技術を取り入れて、収入を上げることに成功しました。

　「この袋はあまりに効果が高いので、マリのザンティエブグという場所にあるサバティ女性組織という農業組合が、業者から直接袋を購入することを決めたほどです。私たちの農家支援プログラム『前進のための食糧購入（P4P）』の地域コーディネーターであるイザベル・ムバラによれば、彼女たち自身が買いたいと言い出したのだそうです」（WFPのエリザ・ウォーレン＝シュライナー）

　ビル・アンド・メリンダ・ゲイツ財団はパデュー大学の研究に資金援助をしていて、ほかの作物でも PICS の効果があるか実験しています。袋は今では内容物をササゲ豆に限定せず、**パデュー改良型作物保存袋**と呼ばれています。

　地方の農村に袋を確実に届けるのは、簡単なことではありません。業者が袋の販売から得られる利幅はわずかですし、袋が何回も再利用できるため、需要にばらつきが出てしまうのも問題です。

ガーナのワーレワーレで、パデューの改良型作物保存袋を実演する女性たち。© Dieudonne Baributsa

 Postharvest.org

idea 68

天日干し台と殻むき機

作物の加工技術が向上すれば、収穫物を保存し、農家の時間を節約することができます。天日干し台と殻むき機は、女性でもグループ単位で購入して共有すれば、手に入れやすい技術です。

ガンビアのサミタで、スライスしたマンゴーやココナツを天日干し台に並べるガンビア女性イニシアティブのメンバーたち。© Lonnie J.Angstadt/Power Up Gambia

　作物の中には生長の時期がずれるものもありますが、ほとんどの作物は収穫時期が重なるため、刈り取りと市場への輸送や保管などの作業を集中して一気にこなさなければなりません。作物の大部分が無駄になってしまうのがこの時期です。たとえばマンゴーはだいたい毎年同じ時期に市場に集中するため、価格が低くなります。ガンビアでは、マンゴーの収穫量の半分が適切な保管や冷蔵ができないために傷んで売り物にならなくなってしまいます。ジュースの生産にはサプライチェーンが必要ですが、今はまだようやく構築され始めているところです。

　昔ながらの空気乾燥は、以下のような要因でダメになります。
✕ 作物につく虫や食べにくる動物。
✕ 雨や高い湿気。
✕ 埃や汚れ。

　ごくシンプルな天日干し台は作物を長期保存するのに効果的な方法で、多くのメリットがあります。
◎ 乾燥した食物は最大 95% もの水分が蒸発するため、容量と重さが減って、保存と運搬が楽になります。
◎ 食物から水分を取り除くことでバクテリアや酵母の増殖や、カビが生えるのを防ぎつつ、栄養分は維持できます。
◎ 市場に持っていけるなら、乾燥した食物は十分利益の出せる小規模事業になります。
◎ 干しマンゴーは現地の栄養状態を改善できます。

　ガンビア女性イニシアティブは、地元での消費とオフシーズンの販売用にドライフルーツを作る天日干し台を導入しました。カロリーがぎゅっと凝縮したドライマンゴーはビタミン A も豊富で、**ビタミン A 欠乏症**《7》対策にもなります。

　天日干し台に必要なのは日光だけで、現地で手に入る材料を使って簡単な手法で作れる器具です。大きく平らな台は通常、女性グループが共同で所有します。天日干しにすれば果物や野菜の水分が早く蒸発し、天然の風で湿気を抜くことができます。

● 透明なガラスかプラスチックのカバーをかぶせておけば、日光を浴びたときの熱を中に閉じこめることができます。
● 内側を黒くしておけば、日光をより多く吸収します。
● まるごと、あるいはスライスした食物を中の網状の棚に並べ、上下から風が当たるようにします。
● 水分の多い果物や野菜は乾燥するまでに 1～3 日かかります。

　インドの 3 人の大学院生、ヴァイバーヴ・ティドケ、シタール・ソマニ、そしてアディティヤ・クルカーニは、スマートな**太陽光伝導乾燥機**で 2013 年のデル・ソーシャルイノベーション・チャレンジを受賞しました。57 ドルという価格ですが、それまで無駄になっていた作物や魚を干して売れば、すぐに元が取れます。

　万能殻むき機はもともと、開発途上国の人々を支援する NPO、**フルベリー・プロジェクト（おなかいっぱいプロジェクト）**がマリの女性協同組合向けに開発したものです。人力で動くこの機械は、ピーナッツの殻を手作業の 30 倍の速さでむくことができます。機械で殻をむくことで、ピーナッツの殻にときどき含まれるカビ毒の一種、アフラトキシンから女性の手を保護できます。

　殻をむいたピーナッツは殻つきのままよりも高く売れるので、付加価値商品になります。むいた殻は**エコ固形燃料**《32》の材料に使い、薪集めの時間を節約できます。この殻むき機はピーナッツ以外にシアの実やジャトロファ（燃料になる油が取れる実）、コーヒーの実にも使えます。

⇨ **車輪つき種まき機と田んぼ用脱穀機**《61》も参照。

powerupgambia.org ・ TheFullBellyProject.org

idea 69

森林農業

樹木は、非常に高い環境的・経済的効果をもたらします。

グアテマラのアティトラン湖の東にあるチュイケルで、薪を運ぶ女の子たち。
© Alejandro Guarcha/CYE Global Library

　木がもたらす環境と経済への効果には、現地に対するものも世界規模のものも含め、以下のようなものがあります。
◎ 土壌の浸食を防ぎ、深く根を生やして土壌を安定させ、保水力を高めます。
◎ 野生動物の生息環境となり、鳥やハチ、チョウ、その他の有益な動物のすみかとなります。
◎ 自家用にも商売用にも使える、食糧源と天然資源になります。
◎ 日陰と風よけを提供してくれます。
◎ 二酸化炭素を吸収し、地球温暖化を緩和してくれます。

　森林は燃料を得るための伐採や農地を得るための開拓などによって、世界中で脅威にさらされています。荒廃し、痩せた土地は自給自足農家の暮らしを危険にさらすのです。
　荒廃した土地を復活させるために自給自足農業に森林を組み入れる**森林農業**は、作物の多様化と収穫量の向上によって低所得農家が収入を増やし、健康を改善する役に立ちます。多くのNGOや政府間組織が、さまざまな環境にもっとも適した木の種類を特定し、普及・栽植しようと努力しています。
　ツリーズ・フォー・ザ・フューチャー（未来のための木）は支援を希望する自治体に、さまざまな木の苗を配布しています。

　「まず、多目的に使えて、日中の地面の温度を下げたり、日陰を提供したり、土壌に腐植質や栄養素をもたらしたりする効果のある生長の速い木を植えます。これによって、地中で眠っていた種や本来その土地にある木の種が芽吹き、自ら再生し、本来の多様性を取り戻せる気候条件が整うのです」（ツリーズ・フォー・ザ・フューチャー）

　最大限の効果をもたらすためには、多目的に使える生長の速い木の条件として以下が必要です。
◎ 直射日光に耐えられること（最大12時間）。
◎ 強い主根を持つこと。
◎ 定期的な伐採に耐えること（地面近くまで刈り取っても若木が元気よく再生できる）。
◎ 動物のエサや有機肥料、その他の目的に使える葉を生やすこと。
◎ 窒素を固定できること。

　この条件を満たす木の種類はたくさんありますが、中でもすぐれているのがモリンガ・オレイフェラという種類です。モリンガの木は栄養の宝庫で、栄養不足や**微量栄養素不足《7》**の予防に取り組む専門家が強く推奨しています。90種類以上のビタミンやミネラル、重要なタンパク質、抗酸化物質、オメガ油を含み、以下の特徴を備えています。
◎ 干ばつに強く、アジアやアフリカ、中南米など、栄養失調が深刻な乾燥した熱帯・亜熱帯地域でよく育ちます。
◎ 生長が速く、1年で3メートルから4.5メートルも伸びます。
◎ 料理や、商業目的に使える付加価値の高い油が取れます。その種は抗酸化物質が豊富に含まれ、髪や肌にもいいのです。
◎ 葉は化粧品や洗面用品などに使われます。
◎ 葉は生や粉末、調理して食べることができ、以下の栄養素を含みます。
- オレンジの7倍のビタミンC
- ホウレンソウの3倍の鉄分
- バナナの3倍のカリウム
- ニンジンの4倍のビタミンA
- 牛乳の4倍のカルシウム
- 強く健康な体を作るのに必要なすべての必須アミノ酸

　フィリピンの**モリンガリング（Moringaling.net）**はモリンガにかかわるすべてのことにその活動を集中させていて、世界モリンガ会議を主催し、モリンガの栽培と商業利用時のサプライチェーンの構築、モリンガの幅広い効果の普及促進に関する研究結果を共有しています。
　クワミ・ウィリアムズとエミリー・カニンガムが**モリンガ・コネクト（MoringaConnect.com）**を共同創設したのは、MITのDラボと一緒にガーナを訪れてからでした。2人の

ニカラグアのブルーフィールドで、モリンガの苗を手にする農家の女性。
© Alejandro Guarcha/CYE Global Library

セクター6　自給自足農業　113

社会事業はガーナでモリンガ油の加工場を立ち上げていて、小規模農家を世界市場に結びつけるソーシャルビジネスをおこなっています。モリンガの種は、植えてからわずか1年で収穫できるようになります。

浄水技術《42》にモリンガの種を役立てる実験は、期待が持てそうです。

ギンネムという木もやはり生長が速く、多目的に使える種類で：
◎ 自家受粉できるので、簡単に増やせます。
◎ 落ち葉は窒素を多く含み、すぐれた肥料となります。
◎ 葉が密集して生えるので、生け垣として使えます。
◎ 燃料や木材として伐採されても、再生します。
◎ 葉は動物のエサにもなります。

カリアンドラの木は森林農業にはよく使われる種類で、以下のようなメリットがあります。
◎ 薪としてすぐれていて、切った後あとすぐ芽が出てきます。
◎ 葉は窒素を多く含み、落ち葉が肥料になります。
◎ 葉は家畜の飼い葉として使えます。ヤギやウシの大好物なのです。
◎ 農地として使われすぎた土地を再生させるのに適した品種として昔から知られていて、斜面や狭い土地でも生長します。
◎ 花には蜜がたっぷりで、一年中**ハチミツ**《70》が取れます。

間作用の作物としてトウモロコシの畝（うね）の間に植えられ

> 故ワンガリ・マータイ教授が始めたケニアのグリーンベルト運動は、世界的に有名な植林活動です。マータイ教授の指揮のもと、何百万本もの木がケニアで植林されました。マータイ教授は森林再生を通じて人と動物の生息環境を復活させようというその取り組みが評価され、2004年にノーベル平和賞を受賞しました。

る**グリリシディアの木**《60》は、収穫量を大幅に増やす効果があります。生け垣にもなり、飼い葉としても使え、コーヒーの木に陰を作り、薪にもなります。窒素の多く含まれる葉は落ちれば肥料になります。

ワン・エーカー・ファンドは、プログラムに参加している小規模農家にグレビレアの種を配布しています。少ない水で速く生長するこの木は土壌を再生させ、薪として売ることもできます。

薪のために木を植えることは、女の子にもいい効果をもたらします。切ってもすぐ再生する木は、自宅近くで薪を手に入れられる再生可能な資源となるからです。そうすれば女の子の薪集めは時間をかけずにすみ、学校にもっと行けるようになります。これは女の子本人だけでなく、その家族やコミュニティ全体にとっていいことです。持続可能な燃料用の木の栽培に**改良型コンロ**《50》を組み合わせれば薪の消費を減らすことができ、女の子の負担はさらに減ります。

⇨ **間作**《60》も参照。

干ばつに強いジュジュベナツメの木は、植林による環境効果に加えて、ビタミン豊富な果実も、もたらしてくれます。© ICRISAT

エチオピアのコンソで、モリンガの葉を料理のために下ごしらえする女性。© ICRISAT

- **ツリーズ・フォー・ザ・フューチャー**は、木1本あたりたった10セントの寄付で記念植樹をしてくれます。最低20ドルの寄付があれば、美しく印刷された証明書を発行してくれます。100ドルの寄付で、なんと1000本の木が植えられるのです。
- **COTAP.org**、または「貧困削減のためのカーボンオフセット」は、あなたが結婚式をするときに出る二酸化炭素排出量を相殺してくれる植樹をおこなっています。

- **ツリーズ・フォー・ザ・フューチャー**は、森林農業に関する無料のミニ講座をオンラインで提供しています。講座修了後の試験に合格すればスポンサープロジェクトに参加でき、技術支援が受けられます。

- TreesForTheFuture.org

インドのマハーラーシュトラ州にあるキスルールという村で、養蜂の訓練をおこなうバハラーティとウーシャ、マルータイの3人。© Under the Mango Tree

idea 70

養蜂

養蜂は比較的手軽に始められるビジネスで、ハチミツなどの副産物が得られ、現地にも地球にもメリットがあります。

ハチは、換金作物となるハチミツと蜜蠟（みつろう）をもたらしてくれるだけでなく、受粉を手伝うことで小規模農家の生産性を上げてくれます。温暖な気候であれば、ハチは年に2〜3回、ハチミツを作ります。

小規模農家の女性に向いている養蜂には以下のメリットがあります。

◎ ほとんど場所を取りません。ハチの巣箱は小さく、地上に設置することができます。
◎ 簡単な訓練とわずかな技術支援で始められます。
◎ 費用は初期投資だけ。近代的で生産性の高いラングストロス式養蜂箱、ハチ、そしてわずかな器具の購入だけです。ハチはエサや栄養を与える必要がなく、ただ水が近くにあれば大丈夫です。最初の収穫でローンが返済でき、その後もハチがずっとハチミツを作り続けてくれます。
◎ ハチによる受粉の効果で、作物の収穫量が15〜30％増えます。
◎ 時間のかかる労働なしに、収入源を増やすことができます。
◎ ハチミツは腐らないので、リスクの低い食品です。

「最初の年次総会のとき、女性たちはこのベンチャービジネスが貧しい地方の女性の救世主だと言ってくれました」
（ウガンダのマルジ養蜂家組合の共同創設者、ローズ・アカキ）

ハチミツは、ハチが蜜を集めてくる花の種類によって味が変わります。オレンジやカルダモン、ライチ、クローバーなどの単一植物のハチミツには、高値がつきます。数種類の野草の花の蜜が混ざったハチミツも、貴重な農産物です。蜜蠟はロウソク用に珍重され、軟膏やクリームにも使われます。

ヴィジャヤ・パスタラが創設したインドの社会的企業**アンダー・ザ・マンゴー・ツリー**は、「農場から食卓まで」を目指すサプライチェーンを構築するにあたって、ニッチな高級品市場向けのハチミツを資金源としています。現地の自給自足農家が高級ブランド「アンダー・ザ・マンゴー・ツリー」のハチミツを生産・販売しています。

アンダー・ザ・マンゴー・ツリーはムンバイで都市部向けの養蜂プログラムを展開していて、住民に技術訓練を提供しています。

ナイロビに拠点を置く**ハニーケア・アフリカ**も、小規模農家を東アフリカ全体の大きな市場に結びつける活動を展開しています。ハニーケアは「ハチの巣ビジネス」プログラムの参加者に独自に巣箱を作って提供し、その資金は小口融資制度で得ています。継続的な訓練と教育も提供していて、講師の一部はこのプログラムの卒業生です。

フェアトレード《93》のハチミツの価格は事前に設定されているので、生産者はハチミツを売った収益でローンを返済することができます。ハニーケア・アフリカは、個人向け小規模融資をおこなうキヴァ（Kiva.org）と提携しています。

現在、世界中でハチの大量死が問題となっていて、その原因を究明し、可能であれば解決する方法を見つけようと、科学的研究が進んでいます。ハチは自由に飛び回る生き物なので、養蜂をする自給自足農家は木を伐採しようという経済的欲求が抑えられ、環境の保護という大きな未来図に意識を向け、ハチが蜜を集める環境を確保する活動に取り組むようになります。

[課題]
● 現在世界中で問題になっているように、ハチの数は急激に減ったり、大量死したりする可能性があります。
● ハチに刺されることを恐れて、養蜂を始めたがる人が増えない可能性があります。
● 農家の女性にとっては、近くの市場を超えて遠くで商品を売るのは常に難しい課題です。

⇒ 小口融資《88》、フェアトレード《93》も参照。

● **アンダー・ザ・マンゴー・ツリー**はムンバイでのインターンシップを提供しています。
● あなたの地元でハチが蜜を集めるのに適した野草を植えましょう。

● UTMT.in ・ HoneyCareAfrica.com

セクター6　自給自足農業

idea 71
ニワトリと卵

養鶏によって卵や鶏肉が売れるだけでなく、家庭でも消費できるようになります。

© Gardens for Health, Rwanda

　ニワトリは昔から育てやすい家畜として人気で、高い利益が得られる可能性があり、基本的な技術と鶏小屋さえあれば始められます。ニワトリは残飯や昆虫、補助飼料を食べて成長します。養鶏は昔から女性がおこなう場合が多く、いくつものメリットがあります。
- 場所を取りません。
- 比較的手がかかりません。
- 十分にエサを与えた雌鶏は年間200個の卵を産み、家族の食事にタンパク源を加えてくれます。
- 有精卵は21日で孵化するので、数がすぐに増えます。
- ヒヨコは育てることも、売ることもできます。
- 余分なニワトリは、食べることも、売って現金に換えることもできます。
- 鶏糞は堆肥に混ぜて、野菜の生長を促進させることができます。

　ルワンダに拠点を置くNGOの**ガーデンズ・フォー・ヘルス**は、女性が稼ぎ頭の低所得世帯を支援しています。参加者には家庭菜園と養鶏のための技術訓練と必要な道具を提供します。

© Gardens for Health, Rwanda

　ガーデンズ・フォー・ヘルスからニワトリを2羽受け取ったフランシーンがこう話してくれました。
「雌鶏から、7羽のヒヨコが生まれました。ほかの動物に食べられないよう、大きくなるまでは家の中で育てました。次は8羽のヒヨコが孵（かえ）って、それも家の中で育てました。今のところ、42羽まで増えています。誰かがうちにきてニワトリがほしいと言うと、私はただであげます。私も無償でもらったからです。ニワトリからは卵と肉が取れるだけでなく、家庭菜園の肥料に使えるフンもしてくれます。育てるのにあまり手間がかかりません。世話をして、エサをやって、病気をすれば薬をやって、ほかの動物に食べられないよう守ってやれば、想像以上に多くの見返りをくれます。家族全員がもっといい暮らしができるようにしてくれるんです」

［課題］
- タカやキツネ、イヌ、その他の捕食動物（人間の泥棒も）がニワトリを殺したり、卵を盗んだりする可能性があります。
- ニワトリ用のワクチン接種や病気の治療ができる獣医が、近くにはいないかもしれません。群れが大きければ大きいほど、病気のリスクは高まります。近代的な手法で育てれば、養鶏は成功する可能性が高まります。カイーマ財団は地方での効果的なニワトリ向けワクチン接種プログラムに注力して、家畜向けの医療従事者を養成しています。

> インドで育てられているクロイラー種のニワトリは従来の品種よりも多くの卵を産み、大きく成長します。畑や家庭で出る生ごみを食べて育ち、ほかに補助食品を与える必要がありません。

YOU
- ルワンダでのボランティアについては、**ガーデンズ・フォー・ヘルス**に問い合わせてください。

- GardensforHealth.org ・ KyeemaFoundation.org

ルワンダ東部のヌタルマで、グッドギフトプロジェクトで「平和のためのヤギ」を受け取ったフランシーン。© Andrew Sutton/Survivors Fund/Goats from Good Gifts

idea 72

ヤギ

ヤギは昔から女性が育てることの多い家畜でした。ヤギ乳は家族の食事の質を向上させますし、乳や子ヤギを売ることで収入も増やせます。

　自給自足農家にとってはおなじみのヤギは、放牧で育てられる家畜です。ヤギの飼育は伝統的に女性がおこなうことが多く、貴重な収入源となっていました。ヤギは年に2頭から3頭の子を産むことができ、食費や学費、農業にかかる経費、医療費、家の修繕費、場合によっては結婚の持参金など、さまざまな費用をまかなうために売れる柔軟性の高い資産となります。

　ヘーファー国際財団など、数多くのNGOがヤギの飼育プログラムを支援しています。ヤギは写真栄えがするうえ、比較的安価です。寄付する側も、貧困家庭に寄付をするなら、ほかのものよりもヤギの代金を負担しようという気になりやすいのです。

　ヘーファー財団が支援した中でもっとも有名なヤギの受取人は、ウガンダ生まれの少女、ベアトリス・ビイラでしょう。ヤギは確実に彼女の家族を助け、子どもたちが学校に通うだけの収入をもたらしてくれました。ベアトリスは優等生になり、中学へ進んでさらにアメリカの大学へ留学するための奨学金まで受け取ったのです。現在ヘーファー国際財団で働いている彼女の物語は、『ベアトリスのヤギ』という絵本で語り継がれています。

◎ 昔ながらの方法で育てられるヤギは余分な飼料を与える必要がなく、自力でエサを探します。
◎ ヤギは厳しい環境に耐え、干ばつでも生き延びられます。
◎ ヤギからは家族が消費する乳だけでなく、売るぶんの乳やヨーグルト、チーズも得られます。
◎ 余分な子ヤギは、特に高値がつく祝祭日に売ることができます。
◎ ヤギのフンは野菜の生長を促進するので、有機肥料として売ることができます。

　インド出身の社会起業家ヴィクラム・アクラは、マイクロソフトの創業者ビル・ゲイツと投資家ウォーレン・バフェット（どちらも、巨額の資産を慈善活動に投資している）に対して、多少高い利息で借金をしてでもヤギを買うべき理由について、「ヤギ経済」としてこのように説明しました。

　「……土地を持たない農民が、2000ルピー（約40ドル）を借りてヤギを買うとします。日々の農作業のときに、畑にヤギを一緒に連れて行きます。ヤギは雑草をはじめとしてなんでも食べてくれるので、買ったあとは投資が必要ありません。ヤギが毎年1〜2頭の子ヤギを産んで、その価値が母ヤギの半額、1000ルピーだったとします。ローンの利息が28％だったとしても、投下資本の70％程度の利益が上げられる計算になります」

　ボルネオに拠点を置く**ヘルス・イン・ハーモニー**は環境保全に特化した貧困削減プログラムを支援していて、グヌン・パルン国立公園の自然保護に努めています。地域でもっとも取り残されたもっとも貧しい住民である、夫を亡くした女性を対象にヤギを提供していて、女性たちは生まれた子ヤギや有機肥料になるフンを売り、暮らしに活力を取り戻すだけでなく、地域で尊敬を得ることもできるようになります。

[課題]
● ヤギの治療ができる獣医が必要で、治療費もかかります。
● ヤギはつないでおかないと、なんでも食べてしまいます。ちゃんと見張っていなかったら大事な植物や若い木の芽も食べてしまい、土地を荒らしたり、近隣住民とのトラブルのもとになったりする可能性もあります。
● 皮肉なことに、ヤギの世話を言いつけられた子どもが、学校に行けなくなる可能性があります。

⇨ 小口融資《88》も参照。

 ● カナダに拠点を置く**国境なき獣医師（VetsWithoutBorders.ca）**は、獣医がその専門知識を活かし、家畜を持つ農家と協力して活動できる旅行をウガンダなどの国で企画しています。また、獣医学部の学生向けに国際プログラムも実施しています。

 ● HealthinHarmony.org

idea 73

水産養殖

水産養殖は家族に高タンパクな栄養源をもたらすだけでなく、余った魚を売ることもできます。

バングラデシュで、かごを使って魚を養殖するアディヴァシの女性たち。
© Mehadi/WorldFish

　小規模な漁業は、川や湖、運河の近くや沿岸地域に暮らす女性にとってビジネスチャンスにつながります。魚の乱獲によって海の資源が減り、魚の価格が上がっているからです。水産養殖業は安価でおいしく、高タンパクな魚をもたらしてくれます。

　必要な初期費用はわずかです。魚を入れておく、かごか池を家の近くに作れば、女性は片手間で養殖をすることができます。女性グループが、養殖業を共同でおこなう場合もあります。

　池を掘ってティラピアやナマズ、その他の小魚を入れておきます。モラという小さいながらも栄養豊富な魚はほかの魚と一緒に育てることができ、家庭で食べるぶんは調理するときに池で捕ることができます。池のまわりで野菜を育てればコメ中心の家族の食事は豊かになり、栄養失調や**微量栄養素不足**《7》も解決します。

　「水産養殖で手に入れた余分な収入で、家族の食べ物を買うことができました。お金の一部は水産養殖と野菜の栽培に再投資して、残りは将来に備えて銀行に預けました」（「収入と栄養のための水産養殖」プログラム参加者のスフィア・ベガム）

プラクティカル・アクションはバングラデシュで水産養殖プログラムを成功させています。

- 幼魚を数匹ずつ「ハパ（かご）」に入れ、池の水面のすぐ下に浮かべます。それが魚の家になります。あとは少しのエサ——油かすや浮草、生ごみやカタツムリなど——を与えるだけで、数カ月のうちに成魚になります。そうすれば成魚が卵を産み、魚はどんどん増えていきます。
- かごは安価な材料で作れます。外枠を竹竿で作って、網で覆うだけです。小さくて弱い魚を入れておく「幼魚飼育かご」を中に作っておきます。かごの四隅に、浮きを取りつけます。
- 1平方メートルのかごに、最大300匹の魚を入れておけます。魚は半年で成魚になるので、1年で2回の養殖サイクルが可能です。

　かごは10ドル以下で作れ、数年もちます。家族が技術を身につければ自力で養殖を続けることができ、近所の住民も真似することができます。魚は**天日干し台**《68》で干しておけば、あとで食べたり売ったりするために保存しておけます。海での養殖なら海草をかごで育てて、海水の浄化に役立てることができます。

[課題]
- 大規模な水産養殖は、非常に汚染度の高い産業です。小規模養殖のほうがずっと持続可能ですが、環境への悪影響を避けるために注意しておこなう必要があります。
- 公共の用水で養殖している魚は盗まれやすいので、見張り番を置いている村もあります。
- 汚染排水や水草の過剰な生長が、魚に害を与える場合があります。

> バイオガス・バッグの発明者である「(B) エナジー」のカトリン・プエッツは、堆肥装置の副産物である半液体状の物質が魚のエサとして使えると報告しています。

バングラデシュのランプルで、池に設置した網を持ち上げる女性水産業者。
© Holly Holmes/WorldFish

 ラオスのナトンにある持続的コミュニティ**サエラオ・プロジェクト**（SaelaoProject.com）では水産養殖も実施しており、ボランティアを歓迎しています。

 WorldFishCenter.org ・ PracticalAction.org

ガーナのマンケッシムで、カシアの木を植えるバイフィクロム小学校の生徒たち。
© Earth Child Institute/Ghana

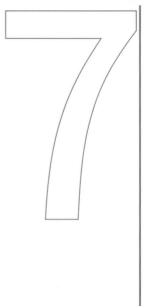

sector 7

建設

貧困であっても、地方の農村に暮らす人たちは、たいていは質素であっても自分の家を持っています。ですが、無秩序に広がるスラム、あるいはインフォーマル居住区（公式な都市の境界線に隣接しているため、専門用語で「都市部周辺地域」と呼ばれます）に住む人たちが家を所有していることはまずありません。家賃を払わずに勝手に住みついているか、家賃を払って家を借りているかです。所有権を持っていなければ、家をもっとよくしようという気持ちも起きにくくなります。家がいつ取り壊され、追い出されるかわからないのですから。

地方や都市部の貧しい人たちが住む家に共通しているのは、基本インフラの欠如です。その場しのぎで壁を立てて薄っぺらの屋根を載せただけの彼らの住居に、以下のような設備はめったにありません。
- 上下水道。
- トイレ（便器というのはけっこうなぜいたく品なのです）。
- 電気（ただし住人が自分で携帯型のソーラーライトを持っているか、太陽光パネルを設置している場合は別です）。
- ガスレンジなど、いつでも使える燃料設備。
- 換気システム、冷暖房設備（途上国では、調理や灯油ランプの煙が屋内に充満しているのはあたりまえの光景です）。

質の悪い住居と貧困は密接に関係しています。この本では、生活の質を改善するための技術をいくつも提案しています。家計所得が上がれば、家族は通常、住居を改善したりもっといい家に引っ越したりします。新しい家は100ドルではとても建てられませんが、ちょっとした改修工事なら十分まかなえます。ピラル・マテオ博士《77》は、劣悪な住居が病気を引き起こす貧困の罠について強調しています。「資源を手に入れ、教育を受けられなければ、こうした人々が自分の身を守ることは難しく、病気やケガをしやすくなり、貧困からの脱出はますます難しくなるのです」

このセクターで紹介する解決策のうち3つは、プラスチックの独創的な再利用方法です。世界中には、プラスチックごみがあふれています。それを有効に「アップサイクル」して建築資材や日中使える内蔵型の照明に作り変えれば、便利なだけでなく環境にもやさしいという、一挙両得の結果が得られます。

CONSTRUCTION

74. ペットボトルれんが／エコれんが
ごみや土を詰めたペットボトルは、頑丈な建物を作るために使える強くて長持ちするれんがに変身します。

75. 屋根の改善
お金のかからない昔ながらの屋根には、いろいろと改善の余地があります。ペットボトルを屋根葺き材にアップサイクルするのは環境にやさしく、お金もかからず、屋根を効果的に改善できる方法です。

76. ペットボトルのソーラーライト
炭酸飲料が入っていたペットボトルに水を詰め、屋根の隙間に差しこめば、光が屈折して55ワット電球に相当する光を室内に届けてくれます。

77. イネスフライ──殺虫剤入りのペンキ
ピラル・マテオ博士は殺虫剤入りのペンキを開発して、サシガメが媒介するシャーガス病というおそろしい病気から住民を守れるようにしました。ほかの昆虫が媒介する病気への対抗策としても、期待が持てる新発明です。

idea 74

ペットボトルれんが／エコれんが

ごみや土を詰めたペットボトルは、頑丈な建物を作るために使える強くて長持ちするれんがに変身します。

グアテマラのチマルテナンゴで、サン・マルティン・ヒロテペケでペットボトルを使って学校を建てる様子。© Hug It Forward

捨てられたペットボトルなどのごみが、世界中を覆いつくしています。それにごみを詰めれば、**エコれんが**として**アップサイクル**でき、地域をきれいにすると同時に貴重な建築資材を生み出せるのです。ごみ処理インフラが整っておらず、高価な建築資材（特に地方であれば、輸送費のぶんも上乗せされます）が手に入らない場所で、ペットボトルれんがは人気を集めはじめています。

ドイツ人の建築家アンドレアス・フローゼは、土を詰めたペットボトルを水平に並べてれんがの代わりに使う技術を、2005年にホンジュラスで生み出しました。ちょうど同じころ、ごみ問題の解決を目指す団体**プラ・ヴィダ**の創設者スザンヌ・ハイセも、エコれんがを考案し、グアテマラのアティトラン湖近くでハリケーンにほとんど破壊されてしまった家屋の再建に使えることに気づきました。彼女の手法は腐ったりカビたりしない無機物のごみをペットボトルに詰め、それを縦に積み上げ、木材の枠組みと鶏小屋用の金網で固定するというものです。

共有施設をペットボトルれんがで建てる場合は、地域ぐるみの活動になります。プラ・ヴィダにヒントを得たピースコアの派遣隊員ローラ・クトナーの活動がきっかけとなり、グアテマラでは「ペットボトル学校」が大人気になりました。クトナーは6000本のペットボトルれんがで現地に学校を建てるという、地域ぐるみの建築プロジェクトを実施しました。ペットボトル学校プロジェクトは、今ではピースコアの研修に組み入れられています。

◎ ボランティアの労働力を使えば、ペットボトル学校は、自治体が校舎建設にかける予算のほんの一部の費用で建てられます。

◎ アフリカではトイレや堆肥装置や住居、特にナイジェリアでは公営住宅プロジェクトにまでペットボトルれんがが使われています。

◎ ペットボトルを二重に並べると断熱効果のある厚い壁ができ、暑い季節には冷たい空気を、寒い季節には温かい空気を室内に閉じこめておけます。

◎ ペットボトルれんがの二酸化炭素排出量はゼロで、高温で焼く従来のれんがよりも環境にやさしい建築資材です。

ウガンダのグラにあるセント・モニカ服飾学校のエリザ・モレノは、自分がリーダーを務めたペットボトルれんがの住居建築プロジェクトについてブログでこう書きました。

「ペットボトルを使った建築は、多くの労働力を必要とします。つまり、プロジェクトにかかわる人は多いほうがよく、そのぶん雇用が生まれ、地域の人々が参加できるということです。今回の場合、地域の生徒たちに参加を呼びかけて、ペットボトルの中身を詰めてもらうお礼に、ノートや鉛筆といった文房具をプレゼントしました」

横並べ手法ではペットボトルれんがをセメントか日干しれんが、または粘土と砂、わら、水を混ぜた**しっくい**の中に敷き詰めます。縦並べ手法でも横並べ手法でもれんがの上からしっくいなどを塗り、中にペットボトルが入っているとわからないような、なめらかな壁に仕上げます。

外観のデザインも重要で、さまざまな工夫を凝らします。

◎ ペットボトルの曲線が見えるように残し、美しい模様や形を浮き上がらせる場合もあります。

◎ 色つきのボトルを部分的に見えるようにしておいたり、透明なボトルに色水を詰めておいたりすると、光が当たる場所ならステンドグラスのような美しい視覚的効果が得られます。

◎ ボトルのキャップを壁の表面に埋めこみ、モザイクのような飾り模様を作ることができます。

ペットボトルれんがは段階的な建設にも適しています。つまり、時間とお金に余裕ができるたびに家を少しずつ大きくしていくような場合です。初歩的な技術を使って誰でも自分でできる建築技術なので、女性でも簡単に覚えて実践できます。

フィリピンのベサウという小さな町に暮らす年配のジェーン・リワンは、自宅の壁をすべてエコれんがで作りなおしました。そのときに色つきのボトルであまりにも美しい壁を作ったので、地域中の人たちが彼女の家を見物にきたほどです。

ボリビア出身の弁護士イングリッド・ヴァカ・ディエスは、貧しい人たちを助けたいという情熱を持ち、ペットボトルれんがを使った住居建築プロジェクトの活動家として知られています。彼女の夫が「うちの中庭に捨てられる大量のペットボトルで、家が一軒建てられそうだな」と愚痴をこぼしたのがきっかけで、彼女はまさに

> ペットボトルの中に詰めるのはお菓子の包み紙など、生物分解されないプラスチックごみでなければいけません。建設を始める前に中身を詰めたペットボトルを集めて保管するのですが、有機物が入っていると、保管中にカビが生える可能性があるのです。

フィリピンのマウンテン州で、教師レベッカ・バカラが指揮を執った横並べ手法のペットボトルれんが。© Rebecca M .Bacala/Ecobricks.org

ウガンダ西部のキバレ国立公園に隣接する学校に通う生徒たちが、学校の堆肥装置を作るためにペットボトルれんがを準備しています。© Kate Wrangham-Briggs

それを実行したのでした。一軒目を完成させた彼女は、そのまま活動を続けます。10人から成るペットボトルれんが作製チームを結成し、低所得家庭と一緒に家を建てていったのです。

ハグ・イット・フォワード（未来に向かってハグしよう）は、ピースコアのプロジェクトに触発されてグアテマラでペットボトル学校を建設しています。プラ・ヴィダの縦並べ手法を採用し、ボランティアや現地住民と協力して村の学校を建てているのです。

ハグ・イット・フォワードによれば、ごみを詰めたペットボトルれんがには環境負荷を軽減する効果があります。グアテマラの地方にはごみ処理インフラがないため、ごみは燃やされて有害な煙を発生したり、水路に捨てられて海岸や湖、川を汚染し、魚など野生動物の生息環境を破壊したりしてしまいます。

「フィリピンのマウンテン州で2年間展開してきたエコれんがプロジェクトは、長期的な地域の習慣として根付きました。ごみ捨て場はあまり使われなくなり、閉鎖されたところまであるのです！　プラスチックを燃やしたりポイ捨てしたりする行為は、劇的に減りました。一部の村ではあまりにもプラスチックごみが少ないので、都会の友人からペットボトルと中に詰めるごみをもらってエコれんがの公園を作っているほどです」（エコれんがのガイド、ラッセル・マイヤー）

ペットボトルれんがプロジェクトで建てた家の前で、足場の上でバランスを取ってみせるイングリッド・ヴァカ・ディエス。© Ingrid Vaca Diez

- **ハグ・イット・フォワード**の活動に参加してグアテマラに1週間滞在し、ペットボトル学校を建設しましょう。個人でも家族単位でも参加を歓迎します。
  - **プラ・ヴィダ**は現地ツアーを主催しています。経費は、ボランティア負担になります。

- **エコブリックス（Ecobricks.org）** ではエコれんがの手引きがダウンロードできます（日本語版もダウンロードできます！ ecobricks.org/download）。著者のひとりラッセル・マイヤーは、彼が教壇に立っているフィリピンで、ペットボトルれんがの美しいエコパークを作るコミュニティプロジェクトを進めています。

- **アースベンチ平和活動（POEM）** は、公共の場に置くエコれんがのベンチ建設プロジェクトを世界中で展開しています。彼らのエコれんがの作り方やアイデアについては、ウェブサイトを参照してください。www.earthbench.org
  - ペットボトルれんがで**キーホール・ガーデン**《65》を作れば、両方の環境効果を組み合わせることができます。

- HugItForward.org　•　PuraVida.org　•　Ecobricks.org

idea 75

屋根の改善

お金のかからない昔ながらの屋根には、いろいろと改善の余地があります。ペットボトルを屋根葺き材にアップサイクルするのは環境にやさしく、お金もかからず、屋根を効果的に改善できる方法です。

エクアドルで、プラスチックで葺いた屋根を見せるヴァナン・レー。
© David Saiaa/Reuse Everything Institute

屋根は住居にとってもっとも基本的な要素のひとつです。昔から、女性はわら葺き屋根を作るために草を集めてきました。わら葺き屋根のある風景には趣がありますが、大きなデメリットがあります。
× 屋根を作るのに時間がかかり、継続的なメンテナンスが必要です。雨漏りしたり、崩れたりもします。
× 修理や交換には費用がかかります。わら葺き用の草がどんどん減っているためです。
× わらの中は病気を媒介する虫や小動物、毛虫など、歓迎されない生き物のすみかになりがちです。
× 乾燥したわらは燃えやすい素材です。

このため、家計に余裕ができると、家族は屋根をもっといいものに変えます。一般的なのはトタン板で、世界中どこでも、低所得世帯の住居の特徴となっています。トタン屋根が好まれるのは、以下の理由によります。
◎ 効果が期待できる確実な投資で、メンテナンスがほとんど必要ないため。
◎ 水を通さないため。
◎ トタンの溝に沿って水が流れるので雨水を集めやすく、また水を入れたボトルを直射日光にさらしておこなう **SODIS（日光消毒）**《39》用の棚替わりになるため。

ただ残念なことに、トタン屋根は貧しい人たちにとっては高くつき、他にも大きなデメリットがあります。
× 熱を吸収する性質があります。貧しい人たちは電気も通っていない暑い地域に暮らしている場合が多いので、冷房も扇風機も使えず、家の中が非常に不快になります。
× 雨が降ると音がうるさく、会話もできないくらいになります。ただし、音を抑える技術はあります。
× 見た目があまり美しくありません。

ギブダイレクトリー（直接あげよう、GiveDirectly.org） は、貧困家庭に現金を支給しています。お金の使い道は自由です。貧しい人たちが最優先することこそ一番合理的で有益だ、という考え方があるからです。支給を受けた人たちには、その現金を使って財政的な安定を向上させようとしている証拠が見られました。その活動のひとつが、時間とお金を節約するために、わら葺き屋根をトタン屋根に替えることだったのです。

デヴィッド・サイーア博士はリサイクルビジネスをおこなう **リユース・エブリシング・インスティテュート（何でも再利用する研究所）** を共同創設し、革新的なプラスチックの屋根材を開発しました。これは以下のようなわらが持つメリットも備えています。
◎ 音を吸収する効果。
◎ 見た目の美しさ。
◎ 通気性の良さ。

さらに、プラスチック独特のメリットもあります。
◎ 安く（または無料で）、簡単に手に入ること。
◎ 長持ちすること（ごみの場合はデメリットになりますが、屋根材としてはメリットです）。
◎ 透明なので、室内に自然光が入ってくること（プラスチックの屋根は透明か、さまざまな色のペットボトルを使った雑色です）。
◎ 防水性があること。

サイーア博士とリユース・エブリシング・インスティテュートの共同創設者のヴァナン・レー、そしてカーネギーメロン大学の **国境なきエンジニア団** は、捨てられた炭酸飲料のボトルを細長く裂ける手動の機械を開発中です。

これは、雇用や住居改善で人の役に立ち、環境効果もあげながら利益も生むという、**トリプルボトムライン** を達成できる活動になります。

> プラスチックの屋根は時間が経つと土埃が積もって草が生え、プラスチックの寿命を延ばしてくれます。エクアドルでは、屋根からランの花が生えてきたところもあるくらいです。

- リユース・エブリシング・インスティテュートでは、**インパクト投資** を募集しています。
 ReuseEverything.org

idea 76

ペットボトルの ソーラーライト

炭酸飲料が入っていたペットボトルに水を詰め、屋根の隙間に差しこめば、光が屈折して55ワット電球に相当する光を室内に届けてくれます。

フィリピンのマニラで、店の照明としてペットボトルのソーラーライトを入れた商店主。
© Joey DeLeon

ブラジル人の整備士アルフレド・モゼルは、作業場がしょっちゅう停電するのにうんざりしていました。そして自然の光を活用した解決策をあれこれ考えているうちに、ペットボトルを使ったソーラーライトを発明したのです。水を満たして密閉したボトルを屋根に突き刺し、一部が屋根の上に、残りが下に突き出るようにします。ボトルの中を屈折して通過する光が、電気を使わなくても室内を明るくしてくれるのです。

これはもちろん太陽が出ているときしか使えない技術ですが、窓もないことが多いスラムの掘っ建て小屋では日中の光は貴重で、しかもこれならほとんど無料です。この光源を手に入れる方法はごく簡単です。

- 清潔なボトルに水を満たし、漂白剤を大さじ2杯入れます（ボトルの中で菌が繁殖するのを防ぐためです）。
- 四角い金属板の中央に丸く穴を開け、同じような穴を屋根にも開けます。
- 密閉したボトルを金属板の穴に差しこみ、屋根の穴に入れます。
- 屋根の上では、雨漏りがしないようにボトルと金属板のまわりを密閉します。

南アフリカ出身のマイケル・サットナーが発明した**ライティー**は、最近普及し始めたばかりです。円筒形の太陽光充電パネルとそれでつく小さな電球を収めた管を、水の入ったペットボトルの中に入れます。こうすれば夜間も照明が使えます。

ペットボトルのソーラーライトは簡単で初歩的ですが、効果の高い先端技術です。これはフィリピンに拠点を置く**リッター・オブ・ライト（1リットルの光）**の代表で社会起業家のイラック・ディアスの支援を受け、わずか数年で世界中に広まりました

人道的技術の移転、つまり低資源地域に適したツールや習慣の普及は通常、高資源地域から開発途上国に伝えられるものだと考えられています。先進国はなんといっても資本や資源だけでなく、政府間組織やNGO、大学、慈善活動家たちの膨大なネットワークを持っているのですから。

ですが、開発途上国で生まれ、先進国に伝えられた革新的な技術もあります。これを、「技術の逆輸入」と呼ぶ人もいます。グローバル・サウスの人たちが独創的な問題解決の方法を知っているというのは、考えてみれば不思議ではありません。限られた資源で日常的に生活しているからです。インターネットは、彼らのユニークな対処法を広めるのに役立っています。たとえば、コロンビアで生まれた**カンガルーケア**《2》は、未熟児への対処として先進国でも一般的な方法になりました。

ペットボトルライトは、DIY（「Do it yourself」の略で自分でおこなうものづくりのこと）の技術の広がりが、新しい展開を見せていることを証明しています。ひとつのグローバル・サウス地域から別のグローバル・サウス地域へ、具体的な活動やキャンペーンではなくソーシャルメディアを通じて伝わっていったからです。効果的な技術について小耳にはさめば、その作り方や使い方はすぐに調べられます。**ペットボトルれんが**《74》はグアテマラで生まれ、フィリピンまで伝わりました。図解での説明があれば、言葉の壁は問題になりません。情報源がいくつもある中で、特に多くの情報を掲載しているのが以下の2つです。

◎ Instructables.com——MITメディアラボのスピンオフとして生まれたこのサイトはオンラインベースの知識共有サイトで、10万以上のプロジェクトが掲載されていて、写真を使った図解も含まれています。

◎ Appropedia.org——持続可能性、適切な技術、貧困削減についての情報を共有する、連携的活動をおこなう組織です。

- 作り方は ALiterofLight.org に掲載されています。

- ALiterOfLight.org

セクター7　建設　125

idea 77

イネスフライ
殺虫剤入りのペンキ

ピラル・マテオ博士は殺虫剤入りのペンキを開発して、サシガメが媒介するシャーガス病というおそろしい病気から住民を守れるようにしました。ほかの昆虫が媒介する病気への対抗策としても、期待が持てる新発明です。

殺虫剤入りのペンキ、「イネスフライ」を発明したピラル・マテオ博士。© Inesfly-Bolivia

　塗料の研究をおこなっているスペイン人化学研究者ピラル・マテオ博士は、**イネスフライ**という、殺虫剤入りのペンキを発明しました。その後、世界規模で人道支援活動をおこなっています。家の外側にこのペンキを塗ることで、地方の貧しいボリビア人たちを夜のサシガメの被害から守ります。吸血性の甲虫であるサシガメは、家の泥壁のひび割れの中に潜んでいます。シャーガス病を引き起こす寄生虫を持っており、人間が咬まれると、感染してしまうのです。

　病気を持ったサシガメに咬まれると、まずは風邪のような症状が出ます。潜伏期間を経て、やがてシャーガス病が発症すると、内臓や心臓の機能に障害を起こし、ときには命を奪うこともあります。サシガメの主な発生地である中南米では、毎年約2500万人が感染しているそうです。

　スペインのバレンシアにあるマテオ博士の実家では、ペンキ工場を経営しています。マテオは塗料に関する研究で博士号を取り、家業を継ぎました。そして、地元の病院がゴキブリの被害のために閉鎖されると聞いたとき、ひらめいたのです。彼女が発明した殺虫剤入りのペンキはゴキブリには有毒ですが人間には悪影響がなく、大ヒットとなりました。

　噂が広がり、ボリビアの貧しい先住民族のサシガメ対策を支援しているボリビア人活動家の一人が、マテオを村に招きました。マテオは招待を受け入れ、ペンキはねらい通りの効果を上げました。イネスフライは、家にとって効果的な「ワクチン接種」なのです。イネスフライの普及で、最高90％もあった感染率は、ほとんどゼロに近くなりました。

　イネスフライはマイクロカプセル化されていて、殺虫剤の効果が少しずつ発揮されます。
◎ 殺虫剤はごく少量ずつ、時間をかけて空気中に出てくるので、燻蒸（くんじょう）〔害虫駆除などのために気体の薬剤を室内に充満させる方法〕剤よりも毒性が低くなっています（イネスフライはWHOが承認した複数の殺虫剤を組み合わせて使用しています）。
◎ 効果は2年間持続します。その後、2年ごとにスプレーしなおす必要があります。
◎ 成虫に効く殺虫剤と幼虫の成長を阻害する成分を組み合わせていて、卵や幼虫も殺す効果があるので、害虫の数全体を減らすことができます。
◎ 蚊が媒介するマラリアやデング熱にも効果があることが実証されてきています。
◎ 15カ国以上で使用が承認されています。

　イネスフライはガーナのアクラに2つ目の工場を開き、アフリカに蔓延するマラリアに対抗するペンキを生産しています。消費者により近い場所で生産すれば人件費と輸送費を抑えることができ、現地のエンパワーメントにもつながるからです。

［課題］
● 貧困家庭の多くが使っているわら葺き屋根には使えません。
● 殺虫剤に耐性のある害虫には効果がありません。
● 消費者となる人々の多くは、ペンキを買うお金がありません。
● 数年おきにペンキを塗りなおす必要があります。

　マテオは、シャーガス病の被害がもっとも深刻な先住民族の住むボリビアのチャコに長期間滞在しました。彼らがシャーガス病にかかりやすい直接的な原因が貧困にあることに気づいた彼女は、社会的平等と文化的多様性を求めて活動する世界の先住民族女性活動（MOMIM）の共同創設者となりました。

　また、支援をもっとも必要としている人のために科学と知識を役立てることを目的とした組織ピラル・マテオ財団も立ち上げています。

　● PilarMateo.com　● Inesfly.com　● MOMIM.org

126

グアテマラのアティトラン湖近くにあるボニエバルで、現地で取れる竹と3000本のペットボトルを使って建てたライジングマインズ（RisingMinds.org）の温室で苗に水をやるボランティア。© RisingMinds

sector 8

移動手段

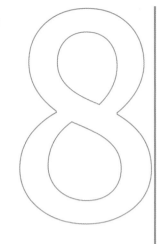

文化的制約と貧困の両方が、女性の移動を妨げています。昔より多くの女の子が学校に通い、職場で働く女性の数も急激に増えている今の時代でさえ、女の子や女性は家の中や地域内にずっととどまるものだと思われている場合がとても多いのです。

　車輪つきの移動手段を買うことができない貧しい女の子や女性は、移動や重い荷物の運搬を徒歩ですませるしかありません。低資源地域では、公共交通手段は不定期にしか運行されていないか、まったくない場合もあります。動物を使った運搬や移動をする女性はあまりいません。そういう動物を飼って使うのは、昔から男性が多かったからです。

　頭に荷物を載せて運ぶのは、特にアフリカの低所得地域の女の子や女性が身につけた熟練の技ですが、体に非常に大きな負担がかかります。女性は頭の上で荷物のバランスを取りながら、背中には子どもを背負っていることもあります。女性がどれだけ強くて働き者だと言っても、運べる荷物の量には限りがあります。結果として、非効率な労働を強いられていることになるのです。

　地方の男性は仕事を求めて都市部へ出稼ぎに行くことが多く、村に残された女性が一家の大黒柱となることもしょっちゅうです。女性たちには、自分自身や荷物をもっと効率よく運ぶ手段が必要です。その荷物には水や調理用の燃料、作物、商品、それに子どもも含まれます。

　徒歩よりもすぐれた移動手段は、当然存在します。そう、車輪です。問題は、女性にやさしくて安価な車輌つきの移動手段を、しかも文化的に受け入れられやすくてでこぼこの道にも耐えられる構造のものを作らなければならないということです。水の入った容器を転がして運ぶ**ウェロのウォーターホイール**《36》は、これらの条件を満たしています。**自転車**《78》は現状を大きく改善してくれますが、女性や女の子が手に入れるにはまだまだ高価すぎます。荷車、手押し車、台車のようなものもありますが、頭に載せて運ぶ方法に取って代わる手段はまだ現れていません。

　先進国ではベビーカーが一般的ですが、貧困地域ではめったに見られません。ただ、障害を持つ子ども向けには**「希望の車いす」**《80》という期待の持てる新たなツールが登場しています。これは親の負担を文字通り軽減し、子どもは自由に動き回れるようになることで自立性が身につきます。

TRANSPORTATION

78. 自転車
　自転車は歩くよりもずっと早く、重い荷物を運ぶこともできます。時間とお金を節約してくれますが、特に貧しい人には手が出ない値段です。

79. 荷車や手押し車
　適切に設計された荷車は、女性の体にあまり負担をかけずに重い荷物を運べるようにしてくれます。

80. 子ども向けの安価な車いす
　軽量で安価な車いすは、体が不自由な子どもの教育の機会と社会とのつながりを広げてくれます。

idea 78

自転車

自転車は歩くよりもずっと早く、重い荷物を運ぶこともできます。時間とお金を節約してくれますが、特に貧しい人には手が出ない値段です。

ナミビアのオカロンゴで活動するバイシクル・エンパワーメント・ネットワークの主任自転車整備士、ラウハ・ヘイタ。© Michael Linke

　自転車は、移動できる範囲を広くし、運べる荷物の量を増やすことで人に力を与えます。生徒は学校に通いやすくなり、働く人は生産性を上げることによって、それまで手に入れられなかったチャンスを手に入れられるようになるのです。
　自転車は、貧しい人の暮らしをこんなふうに改善できます。
◎ 以下のような人たちは移動が楽になります。
　- 地方や都市部で、通勤する労働者
　- 畑へ行く農民
　- 通学する子ども。出席率や成績が向上します
◎ 荷物をより早く運べるようになります。水、農業用具、作物、商品、人など。
◎ 相談サービス、教師、地域の医療従事者、緊急援助関係者など、職業としてのサービス提供者が、顧客のところへもっと早くたどり着けるようになります。
◎ 暮らしをよくする商品の配達ができるようになります。たとえばエコフュエル・アフリカは十代の若者を雇って、自転車で**バイオ炭の固形燃料**を配達させています《33》。
◎ 商品を売る即席の売店に変身できます。
◎ 自転車の販売と整備の分野で雇用が生まれます。

　自転車には、さらにたくさんの長所があります。
◎ 燃料を使わずに、移動を簡単にしてくれます。燃料は手に入りにくいうえ値段が高く、しかも大気汚染の原因となります。
◎ 簡単な機械に**動力を提供**することができます《30》。
◎ 簡単に共有できるので、1台でも大きな価値が生まれます。

　貧困削減に自転車が有益であることは、議論の余地がありません。ただ、問題はその値段です。100ドル以上はしてしまうのです。富裕国から寄付される中古の自転車は大きな効果をもたらしますが、需要に対する供給はごくわずかです。

　ワールド・バイシクル・リリーフ（WBR）が設計・製造する**バッファロー自転車**は、アフリカの過酷なでこぼこ道向けに造られています。設計は利用者からの意見をもとに常に改良が続けられていて、アジアで製造された部品を使ってアフリカで組み立てられています。また、WBRの自転車整備士訓練プログラムのおかげで、整備と交換部品の調達についても安心です。バッファロー自転車は資金援助を受けて流通しており、135ドル前後で販売されています。
　自転車は投資です。自転車を購入するための**小口融資**《88》は、比較的新しいローンの形です。WBRはマイクロファイナンス機関と提携し、自転車購入時の分割払いプランを提供しています。購入者は先に自転車を手に入れ、そのおかげで増やせた収入の中からローンを支払います。
　イスラエルのキブツでボランティアとして生活している工業デザイナーのイツハル・ガフニは、2013年に段ボール製の自転車の動画をネットにアップして大きな話題を呼びました。簡単に手に入るリサイクル材料を使って、20ドルでできたそうです。ガフニが新しく立ち上げた**カードボードテック（CardboardTech.com）**によれば、彼らの自転車は最大136キロまで積むことができ、防水仕様で、車のタイヤを再利用した車輪が特徴です。こうした安い初歩的な自転車は非常に効果的な貧困削減のツールとなりますが、この本を書いている今の時点では、まだ販売されていません。

カンボジアのシェムリアップで、自転車通学する生徒。
© Plan International/Mom Chantara Soleil

> 自転車は:
> 　同じ時間で人が徒歩で移動できる距離の最高4倍を移動できます。
> 　人が運ぶ荷物の最大5倍の量を運べます。
> 　　　　── ワールド・バイシクル・リリーフ（WBR）

「自転車を受け取った生徒たちが学校に通い続けて試験に合格するだけでなく、女子生徒の妊娠が減るという予想外の効果もありました」（フェアトレード商品の製造・販売を通じて西アフリカを支援する企業、アラフィアの「教育のために自転車を」プロジェクト追跡調査報告書）

「特に貧しい人たちにとって、移動手段の向上は雇用を生み、職場や学校に行くため、あるいは燃料や水を運ぶためにかかる時間とお金を節約してくれます。また、小規模事業にとっては経費を削減し、商品を市場に運びやすくしてくれます」（デヴィッド・モーゼル、バイシクル・アフリカ）

自転車の持ち主になるには、課題がいろいろあります。

- 値段が高いので、手に入れるまでが大変です。
- 継続的な整備が必要で、特に穴ぼこだらけの舗装されていない道では故障しがちです。
- 自転車の乗り方を覚えなければならず、大人にとっては大変な場合もあります。
- 文化的なタブーのせいで、女性が自転車に乗れない地域もあります。
- 購入については男性が決定権を持ち、女性や女の子が自転車を所有したり乗ったりすることを認めない場合もあります。
- 女性の場合、衣服のデザインによっては自転車に乗りにくい場合もあります。
- 自転車は簡単に盗まれたり、貸したまま帰ってこなかったりします。
- 安全は常に課題です。ヘルメットが使われることはほとんどありません。

自転車によるエンパワーメント・ネットワーク・ナミビア（BENナミビア） は、自転車整備士や自転車販売店などのインフラを整備する活動に力を注いでいて、彼らが育てた整備士が、今ではナミビアの32以上の地域で活躍しています。自転車は、修理店がない地域ではすぐに使えなくなってしまいます。整備士を育てれば、自転車関連のインフラが生まれ、自転車を使える暮らしをずっと支えるでしょう。BENナミビアは、BEN南アフリカから生まれた組織です。

ベトナムのダラットで、重い荷物のバランスを取りながら坂をのぼる人。
© Tara Alan and Tyler Kellen/GoingSlowly.com

カンボジアのシェムリアップで、草花を積んで走る女性。© Richard Ella

自転車を寄贈されたザンビアのエセルが、いとこを乗せて学校に向かいます。
© Brooke Slezak/World Bicycle Relief

- **バイシクル・フォー・ヒューマニティ（B4H）** は、たった8年で世界中に35の支部を持つまでになった草の根活動です。各支部がそれぞれ400～500台の中古自転車を回収し、それをサハラ砂漠以南のアフリカに届けるための資金を集めています。自転車や交換用の部品を詰めこんだコンテナが、現地の自転車販売店の在庫になります。2005年以来、7万5000台の自転車が海を渡りました。ですが、このプログラムの成功は、あっという間にB4Hの在庫を空っぽにしてしまいました。今では自転車の寄贈を希望する400もの団体が、順番待ちリストに名前を連ねているのです。毎年1000万台以上の自転車が廃棄されていると言われるなか、B4Hは活動に加わってくれる新しい支部を作ることに情熱を注いでいます。
- **リ・サイクル（Re-Cycle.org）** という組織が、英国で同じような活動をしています。
- **ワールド・バイシクル・リリーフ** のアフリカ製バッファロー自転車の配布を応援したいサイクリストは、彼らが主催するチャレンジ自転車大会に参加したり、地元で、あるいは個人でも、自転車の長距離レースを主催したりすることができます。

Bicycles-for-Humanity.org • WorldBicycleRelief.org • ibike.org

idea 79

荷車や手押し車

適切に設計された荷車は、女性の体にあまり負担をかけずに重い荷物を運べるようにしてくれます。

インドネシアのアチェ州で、女性のカカオ農業改善プロジェクトで肥料を配布する女性。
© Robert Harmaini/ JMD Bridges to the Future

アフリカの女性が重い荷物を運ぶ際、頭に乗せる以上に簡単で安価な運搬手段は、まだ登場していません。そのような運搬手段には頑丈なだけでなく柔軟性も必要です。急なでこぼこ道を上り下りしたり、畑を突っ切ったり、舗装されていない穴だらけの道を、雨季のぬかるんでいるときに移動したりするのに耐えられなければならないからです。

世界各地では1輪から4輪までのさまざまな荷車が使われていて、ありとあらゆる形や素材の手押し車や引き車、台車、トロリー（イギリスでは小さな車輪つきの手押し車や台車などをこう呼びます）が存在します。

昔ながらの手押し車は、畑に農業資材を運んだり、収穫した作物や農機具を家や市場に運んだりするのが楽になるからと、女性農家のほしいものリストの上位に入っています。中国産の輸入品は40ドル程度で手に入ります。手押し車は、種まき機や**脱穀機**《61》のように、女性グループが共同で購入して共有すれば手の届く農機具です。

辺境の地域では、手押し車を救急車代わりに使うこともあります。

自転車《78》の購入理由は主に人を運ぶためですが、遠くまで荷物を運ぶことにも使えます。商人なら、自転車を改造して移動屋台に変身させ、かごや棚を使って品物を並べることもできます。

インドに導入された、水の入った容器を転がして運ぶ**ウェロのウォーターホイール™**《36》は女性が水を抱えて運ぶのではなく転がして運べるようにしたもので、運べる量を倍に、つまり作業の時間を半分に短縮しました。

アーノルド・ウェンドロフは1960年代後半にマラウイにピースコアの隊員として派遣され、車輪つきの移動手段がないことで貧困がさらに悪化する実態を目にしました。頭に重い荷物を乗せ、背中にはしばしば子どもを背負って運ぶ女性の姿は一見優雅ではありますが、首への負担はひどく、台車を使うよりずっと非効率的です。ウェンドロフが立ち上げた**マラウイ・アフリカート**は彼がインターネットに掲載した設計図から木製の台車を作るというもので、彼が人生をかけて情熱を注ぐ設計プロジェクトになりました。

マイクロフランチャイズ《92》ネットワークの**JITA バングラデシュ**は、地方で商品を売るために女性の販売員を採用しています。孤立した遠隔地域に品物やサービスを届けることを「**ラストマイル（最後の1マイル）**」と言いますが、この問題は長年、開発関係者、医療従事者、起業家たちを悩ませてきました。品物やサービスを、とても貧しい人たちが暮らす遠い地域に届けるためにかかるコストは、あまりにも高くつきます。このために、地方の住民はチャンスを手にできません。物理的にも経済的にも、役に立つ商品に手が届かないからです。

JITAは、小規模起業家それぞれに、現地や近隣の村で訪問販売するための商品を支給しています。販売員たちは商品を詰めこんだ重い袋を抱えて長い距離を歩かなければならなかったので、JITAはサンタクロースが背負っているような袋の代わりに**キャリーケース**を支給しました。しかも、水たまりや穴ぼこを通っても大丈夫なくらい高さのあるものです。これで女性起業家たちの運搬能力が上がり、文字通り肩の荷が下りたのでした。

軽量のパイプでできた4輪の手押し車**アンザ・カート**は、モザンビークで販売されています。これは中国で部品を製造して平たく梱包した状態で運び、到着地で組み立てることで運搬費を抑えました。

- この分野は手つかずなので、新しい事業を考えましょう。
- Africart.wordpress.com

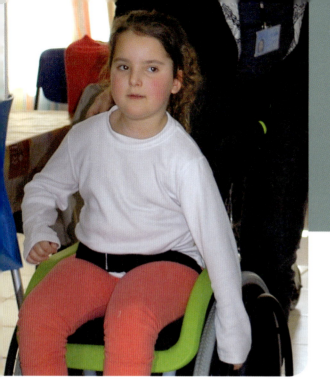

エルサレムのリハビリ専門の ALYN 病院で、「希望の車いす」に試乗する女の子。
© Hagai Shmueli

子ども向けの安価な車いす

軽量で安価な車いすは、体が不自由な子どもの教育の機会と社会とのつながりを広げてくれます。

極度の貧困は、障害を引き起こす要因にも、悪化させる原因にもなります。妊産婦向けの支援を受けられなかった栄養不足の母親から生まれた子どもは、生まれたときから不利な立場に置かれています《7》。低資源地域で障害を持つ子どもは、ほとんど治療が受けられません。自力で移動できない子どもは家族に運んでもらうしかなく、母親に重い負担がのしかかるのです。

「開発途上国の障害者は、もっとも貧しい人たちの中に不当なほど多く見られます。貧困が障害を引き起こすのはもちろんのこと、すでに障害を持っている人たちが劣悪な生活環境で暮らし、健康に害をおよぼすような仕事をし、栄養のある食事を取れず、医療や教育の機会をほとんど与えられずにいた結果、さらに別の障害を抱えることにもなりかねません。貧困と障害は、組み合わさって悪循環を生むのです」(世界銀行)

車いすの値段は、目玉が飛び出るほど高いものです。中古の車いすを寄付するプロジェクトは大きなインパクトを与えることができますが、**自転車**《78》と同様、とても需要を満たしきれません。

熟練の事業家のパブロ・キャプランとチャヴァ・ロススタインは、プラスチック産業で培った専門知識を活かして、開発途上国向けに「**希望の車いす**」を考案しました。2 人は長年にわたる国際ビジネスの経験がありますが、人道的な製品を作るのは初めての経験でした。彼らの車いすには以下のような特徴があります。

◎ 重さは 10 キロで、通常の車いすの 3 分の 2 ほどです。
◎ 値段は約 50 ドルです。
◎ ネジ 12 本だけで現地で組み立てることができるので、輸送費を抑えられるだけでなく、現地雇用も生みます。
◎ 派手な原色を使っているので、「医療用っぽさ」がないわくわくするデザインです。
◎ 修理に手間がかからず頑丈で、でこぼこの泥道にも耐えます。
◎ 5 ～ 9 歳の子ども向けに作られていますが、発育阻害が多い国では、もう少し年長の子どもでも使えます。

「希望の車いす」は、体に障害を持つ子どもを学校に行きやすくし、将来自立するまでの見通しを明るくしてくれます。また、社会からの孤立という問題も解決してくれます。特に障害を持つ女の子は、女性差別に障害者差別という二重の不利益をこうむっているため、安価な車いすがあれば、自立の機会はさらに広がります。

「貧困と孤立に苦しむ障害者はあまりにも多く、教育や雇用、医療、法制度や支援制度といった資源を平等に受けることができていません。障害を持つ女性や女の子は、これらの分野すべてにおいて、不当なほどに不利益をこうむっているのです」(ラクシュミ・プリ、国連ウィメン)

「希望の車いす」は、車いすを NGO や政府間組織向けに直接販売し、それらの組織が配布をおこないます。

開発途上国の大人向けの全地形対応型車いす、**レバレッジド・フリーダム・チェア**は MIT のモビリティ・ラボで生まれ、**グローバル・リサーチ・アンド・テクノロジー (GRIT)** の事業として展開しました。GRIT の創設者はエンジニアたちで、人々の暮らしをよくする技術の活用に情熱を注いでいます。彼らのデザインはいくつもの栄誉ある賞を獲得し、さまざまな形で応用されています。GRIT は、先進国向けの車いすも開発しています。

 ● 「希望の車いす」では、エンジェル投資家を募集しています。

 ● WheelchairsofHope.org ・ GoGRIT.org

sector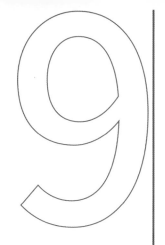

情報通信技術（ICT）

デジタル革命は地球上の多くの人の暮らしを大きく変えましたが、すべての人がその恩恵を受けられたわけではありません。通信速度のコストはどんどん低くなり、世界でもっとも貧しい地域にもデジタル技術が届けられるようにはなってきていますが、情報技術による経済格差、いわゆる「デジタル・デバイド」は今も大きなままです。そして、貧富の格差の向こうにはさらにもうひとつの格差、性別による格差があります。ICTの恩恵を受けられずにいる女性が、いまだにたくさんいるのです。

　情報通信技術（ICT）の定義は、ますます難しくなってきています。新しい製品はジャンルをまたいで機能を増やし、サイズも小型化が進んでいます。携帯電話とタブレットは何が違うのか、という議論も出てくるでしょう。無線LAN（Wi-fi）でも通信できる携帯電話は、実質的に小さなパソコンのようなものです。では、携帯電話でラジオが聴けたらそれはラジオなのでしょうか？　パソコンや携帯電話でテレビドラマを視聴していたら、それはテレビになるのでしょうか？

　ICT製品やシステムの普及の程度は、国によってさまざまです。ある地域で一般的なものが、別の地域では長い間普及しないということもあります。デジタル技術の利用者は国が変わると互換性に苦労した経験があるでしょう。そして地域によって、デジタル技術を受け入れる速度もさまざまです。最先端の携帯電話ネットワークがすでにある地域でも、大容量のファイルやデータ、動画を送るには不十分な初期のブロードバンド／無線設備が残っているかもしれません。特に貧しい地域では、もっとも一般的なマスコミュニケーションの手段がいまだにラジオという場合もあります。

　ICTは、利便性を飛躍的に高めます。技術的進歩を飛び越えて最先端技術を手に入れることで、驚くような組み合わせが次々に生み出されています。いまや、自宅にトイレがある人よりも、携帯電話を持っている人のほうが数が多いのです。ケニアではほとんどの人が「Mペサ」を使って毎日のように電子決済をしていますが、アメリカでは多くの人がまだ携帯電話での電子決済になじんでいません。ICTはまた、ほかのセクターと融合することができます。電子決済は**自転車**《78》から**足踏みポンプ**《63》まで、ありとあらゆる物の支払いに使えます。**マイクロ保険**《91》は、携帯電話の通話時間を購入すると無料でついてくることもあります。農家は携帯電話で灌漑装置のスイッチを切ることができます。女性なら性的暴力の事案を**情報共有アプリ**で報告することができます《87》。中には、携帯アプリによる出生登録を受け付けている政府もあるのです。ICTの影響を受けていない地域は、ほとんどありません。

　ただ、言語と識字能力が壁になっています。少数派の言語に対応する翻訳ソフトの開発はまだまだ初期段階です。インターネットであまり使われていない言語しか理解できない利用者は、膨大な量の情報を手に入れられないということになります。

　不安定で限られた電力供給も、ICTの利用が制限される要因です。携帯電話の所有率の増加により、携帯電話の充電もできる**ソーラーライト**《27》の需要が伸びています。電力消費の激しいコンピューターは、**小規模発電設備（セクター3）**と一緒に広まっていくでしょう。利用者のニーズに合わせて、インターネットへの接続方法も新しい形が次々に生まれていくはずです。

　ICTのコストは、非常にばらつきがあるものです。携帯電話と通話時間の価格はグローバル・サウスでは比較的低価格ですが、そのほかのICTコストは特定が難しくなっています。地域レベルや全国レベルでのICTインフラにもばらつきがあり、規制も国によってさまざまです。そして価格はこうした要素や、それぞれの地域で事業をおこなうプロバイダーの数に影響されるのです。ただし、今後ICTへのアクセスがますます増え、コストがどんどん下がっていく傾向にあることは、間違いありません。

　ICT関連の技術研修を受けたり仕事に就いたりする女性と女の子の数は、不当に少ないのが現状です。コーディングやプログラミングの分野で働く女性の数は世界的に見ても非常に少ないですし、テクノロジー業界全体を見ても同じです。女の子に対するICT研修の向上は重要で、ここに力を入れることで女の子の能力を活用して国の経済を成長させ、すべての人が恩恵を受けられるようになるのです。

INFORMATION AND COMMUNICATION TECHNOLOGY

81. 識字能力
　読み書きと計算能力の習得は、もしかすると既存の解決策の中でもっとも強力な貧困軽減のツールかもしれません。

82. ラジオ
　ラジオは地元のニュース、娯楽、市民が関心を持っているコンテンツを広く伝える、安価なメディアです。

83. テレビ
　テレビでは、現代的な都会の女性が少人数の家族で暮らしている姿が描写されます。それが「女性はこうあるべき」という従来の考え方を変え、出生率の低下にもつながります。

84. 携帯電話
　携帯電話は、非常に貧しい人でも手が届くツールです。数々の便利な機能は生産性を高め、娯楽も提供してくれます。

85. コンピューター
　パソコンは世界のもっとも貧しい10億人にとっては高根の花ですが、学校に通う生徒向けに、もっと安価で簡素なコンピューターが導入されつつあります。

86. インターネット
　インターネットは、アクセスできる人にとっては莫大な資源です。貧しい人がインターネットに接続する方法のひとつが、インターネットカフェです。

87. 女性の声を届けるデジタルプラットフォーム
　低所得層の女の子や女性にデジタル技術を提供することで、彼女たちの経験や考え、意見を世界の人々に届けられるようになります。

idea 81

識字能力

読み書きと計算能力の習得は、もしかすると既存の解決策の中でもっとも強力な貧困軽減のツールかもしれません。

お母さんが田んぼで仕事をしている間、本を読む女の子。
© Puranjit Gangopadhyay, 転載許可 Photoshare

識字能力は、世界でもっとも経済的に不利な立場にある人たちのチャンスを大きく広げることができる能力です。世界全体では、女性の識字率は男性よりもはるかに低くなっています。学校に通う女の子の割合が増えているとはいえ、教育における男女格差はまだ大きく、年齢が上がるにつれてさらに広がるのです。

世界のあちこちで、男性優位主義の勢力が、女の子に教育を受けさせることに激しく抵抗しています。パキスタンで女子教育を訴えるマララ・ユスフザイは、イスラム原理主義のタリバンに頭を銃撃されました。ナイジェリアでは、学校に通っていたというだけで300人近い女子生徒が、イスラム教過激派のボコ・ハラムに拉致されました。このような組織は一部の過激派ではありますが、女の子を教育するという考え方自体がまだ浸透していない地域は数多くあるのです。

教育を受けた娘たちが給料の高い仕事に就いて家族を支えられるようになれば、そうした態度も変わっていくでしょう。給料の安い家政婦として働きに出したり**幼いうちに結婚**させたり《95》するよりも、結果的に家族にとっては高い経済的価値を生み出せるのです。これこそ、女の子の教育に投資すべき経済的根拠と言えるでしょう。

学校への入学は大事ではありますが、それだけでは教育が身につくわけではありません。開発途上国では、生徒の成績は以下のようなさまざまな要因で下がってしまうからです。
- ✗ 教師がちゃんとした訓練を受けていないか、教師自体がいない場合がしばしばあります。
- ✗ クラスの人数が多すぎて、生徒の欠席も頻発します。
- ✗ 中学校は小学校よりも遠くにある場合が多く、毎日何時間も移動したり、場合によっては引っ越したりしなければなりません。
- ✗ ミレニアム開発目標に普遍的な初等教育が含まれているにもかかわらず、国によっては提供されていない場合もあります。
- ✗ 授業料が無料でも、制服や交通費、文房具を買うお金がないかもしれません。
- ✗ 教科書や文房具、図書館、学校の設備や備品が不足しています。

おなかがすけば、集中することも難しいでしょう。その場合には**給食**《8》が役に立ちます。
- ✗ 耳や目の不自由な子どもに**視聴覚障害**《14、15》があるかどうかをちゃんと検査していない場合があります。
- ✗ 教育内容が、考える力を育てて自分で問題解決策をあみだせるようにするのではなく、暗記を中心としたものになっている場合があります。

こうした要因のすべてが男の子にも女の子にも影響を与えますが、特に上の学年になると、学校に通う割合は男の子のほうが高くなります。家計が苦しい場合、学校に行くのは男の子で、女の子は家に残るのです。学校に通える女の子でも、女の子ならではの困難に直面します。
- ✗ 期待の低さと性差別が、女の子の自信を失わせてしまいます。
- ✗ 女の子は家で水汲みや薪集め、弟や妹の世話をしなければならず、特に学校が遠い場合には、通学できなかったり勉強についていけなかったりします。それに、女の子は学校でも、通学・

> 世界の識字能力がない15歳以上の人口のうち、3分の2にあたる約5億人が女性です。5000万人以上の女の子が、学校に通っていません。

南太平洋のバヌアツで、真剣に本を読む女の子。© Peace Corps

下校の途中でも、性的暴力の被害に遭うリスクがあります。
× 生理用品がないため、**学校に行かない女の子**もいます《47》。
× **強制的な結婚**が、多くの女の子から教育の機会を奪っています《95》。

読み書きができない女性は、収入を得る機会が少なくなります。母親が説明書きや情報を読めなければ、子どもの健康が危険にさらされます。字が書けなければ申請書に記入することもできません。さまざまな恩恵を受けることも、制度を利用することもできないのです。

記録をつけ、お金を管理する能力は、ビジネスには欠かせません。読み書き計算ができない女性は、商取引の世界で不利になるのです。識字・算数プログラムを実施し、受講者の起業を支援する**マイクロファイナンス機関**《88》もあります。

デジタル革命は、学校に通っている子どもにとっても、大人の学習者にとっても、質の高い教育を受ける機会を急速に増やしてくれています。この本で紹介している数多くの活動が、識字・計算能力を押し上げているのです。

携帯電話《84》は、識字能力を高めてくれます。非常に貧しい人たちの間にも広く普及した携帯電話は、手の上の先生でもあるのです。西アフリカで活動するNPOの**トスタン**は、ショートメールを使った識字講座を提供しています。

ワールドリーダー（Worldreader.org）はコンテンツを搭載した電子ブックリーダーを配布し、生徒が読める本を格段に増やしました。改造された電子ブックは持ち運びがしやすく、開発途上国の厳しい環境にも耐えるくらい頑丈です。1回の充電で長時間使えるので、生徒は電子ブックリーダーを家に持って帰ることも可能です。**ユナイト・フォー・ライト（明かりのために団結しよう）**と提携し、ワールドリーダーはバックライト機能つき電子ブックリーダーを提供しています。これは、電気のない家に住む生徒にとっては欠かせない機能です。

教師が少ない辺境の地では、現地の教師が監修する**ラジオ講座**《82》で上級の講座を受けることができます。

コンピューター《85》や**インターネット**《86》は**カーン・アカデミー**のような、あらゆるレベルに対応した、さまざまな教科を教える無料のビデオ講座を、何千本も提供しています。

インドでは、成人の3人に1人が読み書きできないと言われています。**タタ・リテラシー（TataLiteracy.com）**はコンピューターを使った機能的識字プログラムで、教育ソフトやマルチメディアによるプレゼンテーション、プリント教材を活用しています。生徒は10～12週の間に30～45時間をかけて読み方を学びます。インドでも男性より女性のほうが読み書きできない場合が多く、このプログラムは特に女性を惹きつけることに大成功しました。指導員の多くが、プログラムの卒業生です。

開発途上国の生徒は、インターネットが使えるなら無料のオンライン大学**ユニバーシティ・オブ・ザ・ピープル（UOP）**に登録することができます。これなら、自宅にいながら高等教育が受けられます。障害を持つ人たちにとっても、文字通り教育に手が届くようになるのです。ペルーのアマゾン熱帯雨林に住むナイレア・オマイラ・ヴィラヌエヴァ・サンチェスは車いすで生活していますが、初期のころにUOPで勉強した1人です。

オープンオンライン教育（MOOC）は、インターネットが使える学生に無料で最高クラスの大学教育を提供するものです。パキスタンの女子学生ハディージャ・ニアジは、オンライン講座サイト**ユーダシティ**の超難関の物理講座を修了した経験を2013年のダボス会議〔スイスのダボスで毎年冬に開催される世界経済フォーラム〕で語って聴衆を驚かせました。なにしろ、彼女は当時11歳だったのですから！

タンザニアで、新しい電子ブックリーダーを使って膨大な情報を探索する教師たち。
© Worldreader

インドのバルコットにある識字教室。© Somenath Mukhopadhyay, 転載許可 Photoshare

- カーン・アカデミーでボランティア翻訳をしましょう。ここで提供される無料のオンライン講座は、10カ国語に訳されるのです。
- 学生を支援する方法はいくらでもあります。教師に補助金を提供してはいかがでしょう？ **ヒマラヤンコミュニティ・プロジェクト（HimalayanCommunityProject.org）**をご覧ください。

- **ワールドリーダー（Worldreader.org）**は電子書籍で読める作品を寄付するよう、作家に呼びかけています。

- Camfed.org ・ RoomToRead.org

idea 82

ラジオ

ラジオは地元のニュース、娯楽、市民が関心を持っているコンテンツを広く伝える、安価なメディアです。

ザンビアで、「ライフライン・プライム」のラジオ放送を聴く母子グループ。
© Lifeline Energy

ラジオは、100年以上前から人々を広い世界へとつなげてきました。小さな明かりしかない長く暗い夜、親しみやすい司会者が心地よい声で最新のニュースや天気、スポーツ、芸能、音楽を伝えてくれるのです。テレビや携帯電話、インターネットが普及した今でも、ラジオは電力がない暮らしをしている人たちにとっては一番の通信媒体です。文字が読めない人にとっては、ラジオ放送は特に貴重な情報源となります。

「利用しやすさと安い制作費のおかげで、ラジオは世界中の農家の情報・通信ニーズをもっとも満たしてくれる技術となっています」（ファームラジオ）

> 今では基本的な携帯電話の多くにラジオ機能がついていて、ラジオ用の電池を買う必要がなくなりました。

カナダに拠点を置く**ファームラジオ（FarmRadio.org）**は、もう何十年も前から小規模・低所得農家向けの番組を制作してきました。ラジオは、農家が生産性を大幅に向上させるための、相談サービスを担ってくれます。たとえばファームラジオでは、ビタミンAが豊富なオレンジ色の**サツマイモ《59》**の普及を促進するNGOとタッグを組み、ドラマを通じてもっと栄養豊富な食物を摂ることの重要性を訴えかける30回シリーズの番組を放送しました。

ファームラジオの「彼女の農場ラジオ」という番組は、農業相談サービスを受けられない女性農家のニーズを、以下のような形で満たしています。
◎ 女性が関心を持つテーマを選ぶこと。
◎ 女性が聴きやすい時間帯に放送すること。
◎ 女性の意見を放送すること。

ファームラジオはアフリカ38カ国の400以上のラジオ放送局に番組資料を配布していて、何百万人もの農業従事者に対し、現地密着型のコンテンツをそれぞれの地域の母語で伝えています。アナウンサーの研修もおこなっています。

コンゴ民主共和国の放送ジャーナリスト、シュシュ・ナメガベは、女性に対する性的暴力の撲滅を目指す勇敢な活動家です。彼女は特に、戦争の手段としておこなわれるレイプに激しい怒りを覚えています。自らのつらい体験についてラジオで語るよう被害者に呼びかけ、レイプに関するタブーを打ち破りました。これにより、女性たちは声を上げ、加害者に法の裁きを受けさせるための力を得ることができたのです。ナメガベはメディアを活用して女性の権利の促進・保護に努める女性アナウンサーの組織**南キヴ女性メディア組合（AFEM）**を立ち上げました。AFEMは都市部と農村部の両方に向けて放送をおこない、女性が主催するラジオクラブを支援しています。

ライフライン・エナジーはNGOと提携して看板商品の「ライフプレーヤー」と呼ばれるMP3プレーヤー（75ドル［約8250円］）と、太陽電池を使う「プライム」ラジオ（40ドル［約4400円］）を、世界でもっとも貧しい地域に配布しています。厳しい環境に耐えるよう設計され、文字が読めない利用者でも簡単に使え、最大60人までが一緒に聴ける音量を出すことができます。

「ラジオは（略）遠くまで届き、世界でもっとも辺境の地にある村にまで声を届けることができます。インターネットの力については誰もが話していますが、その力は、世界のごく一部の人しか手に入れられないものです。サハラ以南のアフリカに暮らす人の80%が、情報を手に入れる主な手段としてラジオを使っているのです」（ウズマ・スライマン、ライフライン・エナジー）

 • LifelineEnergy.org • LifelineEnergy.org • FarmRadio.org

インドのバンガロール、カドゥゴディで、夜に見るためのテレビをレンタルするスラム居住者。
© Philippe Gluck

idea 83

テレビ

テレビでは、現代的な都会の女性が少人数の家族で暮らしている姿が描写されます。それが「女性はこうあるべき」という従来の考え方を変え、出生率の低下にもつながります。

　裕福な人も貧しい人も、テレビを見て時間を過ごすのは楽しいものです。厳密に言えば、バーや飲食店に置いてあるテレビを見るために客が集まる場合などを別として、テレビは直接貧困を軽減できるわけではありません。ただ、テレビ番組は視聴者の行動に影響を与えることが十分に証明された強力なツールで、生活の向上につながる考え方、特に家族の少人数化のような変化をもたらすことができるのです。
　「エデュケーション（教育）」と「エンターテインメント（娯楽）」を組み合わせて「エデュテインメント」と呼ばれる番組を通じ、視聴者は登場人物に共感し、考え方を取り入れたり、登場人物の名前を子どもにつけたりもします。テレビは人の行動を左右し、家族や友人に勝るとも劣らぬ影響力を持っています。

>　「ブラジル、エチオピア、インド、ケニア、マリ、メキシコ、ニジェール、ナイジェリア、ルワンダ、セントルシア、タンザニアでの調査で、ラジオやテレビで放送される連続メロドラマは、HIV／エイズ予防や家族計画について視聴者の考え方や行動を変える影響力を持つことが、明らかになっています」（人口問題研究所）

　1970年代にメキシコのテレビ局**テレヴィソ**でリサーチ部門の副社長を務めたミゲル・サビドは、開発途上国で社会を変えるためにメロドラマを活用した先駆者です。「サビドメソッド」と呼ばれるこの手法では、登場人物は最初、推奨される価値観とは逆の行動を取ります。話が展開していき、ほかの登場人物とかかわっていく中で考え方が変わり、行動を変えるようになっていくのです。

>　「テレビは出生率の低下に貢献します。中流階級の家庭が、育てる子どもの数が少ないおかげで古い暮らしから近代的な暮らしへと移行することに成功するモデルが映し出されるからです」（マーティン・W・ルイス、スタンフォード大学の歴史地理学者）

　この手法を活用し、メディアを通じた教育を促進する組織**ポピュレーション・メディア・センター**は、開発途上国のパートナー組織と連携して文化的に適切な番組を制作しています。現地にとって重要な問題は、視聴者が楽しめるような形でドラマ化されます。
　ドラマだけでなく、実際の人々の様子をカメラが追うリアリティ番組が世界中で大人気です。ナイジェリアでもこのジャンルの新番組「ママの畑」が間もなく放送される予定になっています。このシリーズは男女さまざまな農民が家畜を使って畑を耕したり、ほかのいろいろな農作業をこなしたりする様子を追うという内容です。視聴者はお気に入りの農家に投票することができ、女性が家畜を扱うことに対する文化的な抵抗感をなくしていきます。
　インドの**プラネットリード**は、番組で使われている言語をそのまま文字で画面に表示することで、視聴者の識字能力を高める活動をおこなっています。ボリウッド〔インドの娯楽映画の総称。ムンバイの旧称「ボンベイ」と「ハリウッド」を組み合わせたもの〕で人気の映画音楽が歌詞つきで流れれば、視聴者はその文字を見て音と結びつけ、カラオケの要領で識字能力を身につけることができます。
　電力網から外れた地域向けに開発されたテレビは、家庭用の**太陽光発電システム**《26、29》でまかなえるものになっています。2014年には、そうしたテレビの質を競う初めての大会、「**照明・エネルギー・アクセス・パートナーシップ（LEAP）**」が開催されました。この大会は、膨大な市場になる可能性を秘めたこの分野に、人々の関心を惹きつけることを目的としたものです。
　開発途上国の多くの人にとって、テレビを通じた娯楽は、飛躍的な技術の利用にもつながります。そのうち、視聴者はテレビを買うのではなく、携帯電話とタブレットを融合させた携帯機器でテレビ番組を観るようになるでしょう。

- ポピュレーション・メディア・センターでは、インターンを受け入れています。
- プラネットリードでは、インドでのボランティアやインターンを歓迎します。

PopulationMedia.org　GlobalLeapAwards.org　PlanetRead.org

idea 84

携帯電話

携帯電話は、非常に貧しい人でも手が届くツールです。数々の便利な機能は生産性を高め、娯楽も提供してくれます。

ボリビアのラパスで、携帯電話でおしゃべりを楽しむ女性。© Matt Phipps

固定電話を持ったことがない貧しい人たちにとって、安い携帯電話はいわば技術の進歩を何段階も飛び越す**飛躍的技術**です。

携帯電話はいまや貧しい人にとってもあたりまえのツールで、急速に広まっています。

携帯電話の機能はどんどん増えていますが、基本料金は下がり続けています。電池の効率もよくなり、長持ちするようになったことも、電力網が届かない利用者にとっては大事なことです。

1980年代半ばにピースコアの隊員として西アフリカのシエラレオネに派遣されていた知人は、当時の電話事情を教えてくれました。故郷に電話するためには、首都フリータウンまで、徒歩とカヌー、そして乗客だけでなくヤギやニワトリまで満載した軽トラックで2日かけて行かなければなりませんでした。フリータウンに到着すると、政府の庁舎に数台しかない電話ボックスで列に並びます。順番が来ると、交換手がアメリカに電話をつないでくれました。10分間の通話料は、現地農家の年収に相当するくらいの金額でした。

それが今では、プリペイド方式の国際電話用テレホンカードが1分あたりわずか数セントという価格で購入でき、携帯電話の電波が届くところならどこからでも好きな国にかけることができます。

携帯電話は、昔は低所得層の人たちには手が届かなかった数々の技術を1台に搭載しています。その技術にはたとえば以下のようなものがあります。

- 伝言機能（留守番電話の代わり）。
- 録音機能（テープレコーダーの代わり）。
- 計算機能（電卓の代わり）。
- 照明（乾電池を使う懐中電灯の代わり）。
- 時間と日付の表示、タイマーやストップウォッチ機能（時計の代わり）。
- ショートメール（電報や手紙の代わり。実際、アメリカの通信会社ウェスタン・ユニオンではもう電報を扱っていません）。
- 利用可能な地域では、**電子送金**《90》（当座預金や貯蓄口座、小切手、通帳、預金伝票の代わり）。
- 一部の機種では、**ラジオ**《82》（乾電池を使うラジオの代わり）。
- メモ機能（紙と鉛筆の代わり）。

> 開発途上国で一番売れている携帯電話は、頑丈で安価なノキア1100という機種で、販売台数は2億5000万台以上にものぼります。

- ニュース、物価、天気を知らせるメール（新聞の代わり）。
- ゲーム（トランプや携帯型ゲーム機器、ボードゲームの代わり）。

娯楽を提供して退屈しのぎになってくれる携帯電話の能力は、貧富を問わず、時間を持て余した人にとっては大きな価値をもたらすものです。

[課題]

- 通常、低所得層の利用者は携帯電話と通話時間を別々に購入します。新しいSIMカードを買えば電話番号が変わってしまうので、更新情報を届けるのが難しくなってしまいます。
- 電力網から外れた地域では、携帯電話の充電が非常に面倒です。
- 携帯電話を購入するかどうかの決定権を男性が握っている場合が多いため、携帯電話を所有している女性の数は男性より20%も少ないのです。
- 電波が弱い、または届かない地域がまだ数多くあります。
- 電子メールやインターネットが使えるスマートフォンは、低所得層の利用者にとってはあまりにも高価すぎます。

⇒ **マイクロ保険**《91》も参照。

インドのカンプールで、「セサミ・ワークショップ」が制作した番組を観る女の子。© Francis Gonzales、転載許可 Photoshare

 自分の古い携帯電話を寄付したり、携帯電話の回収活動を主宰したりしましょう。収益は、国連の「ガール・アップ」活動（**GirlUp.org**）に届けることができます。

idea 85

コンピューター

パソコンは世界のもっとも貧しい10億人にとっては高根の花ですが、学校に通う生徒向けに、もっと安価で簡素なコンピューターが導入されつつあります。

インドのウッタル・プラデーシュ州にあるパルダダ・パルダディ教育会で、「アーカシュ」タブレットの試験運用に参加するモニターたち。© Sonali Campion

低い識字能力、低い収入、そして電力不足のせいで、最底辺の10億人がコンピューターを手に入れるのは困難です。最近では電力消費が大きく、必要不可欠ではない機能を取り払うこと（**フルーガルエンジニアリング［倹約工学］**と呼ばれています）でコストを大幅にカットした、安価で機能の少ないコンピューターが作れるようになりました。一般の市場でも販売されていますが、もっとも重視されているのは教育ツールとしての活用です。

MITのメディアラボ創設者のニコラス・ネグロポンテは、2005年のダボス世界経済フォーラムで100ドルのパソコンを作るという**「ワン・ラップトップ・パー・チャイルド」**というプロジェクトを発表しました。100ドルという目標価格は結局達成できませんでしたが、多くの人々が、この分野での取り組みを続けています。

インド政府は、データウィンド社が開発した**「アーカシュ」**というタブレット型コンピューターを、インドの2億2000万人の生徒全員に配布することを目標にしています。1台35ドル程度のこのコンピューターは、幼いころからパソコンや携帯電話などのデジタル技術に慣れ親しんでいるデジタル・ネイティブの新世代を育てる可能性を秘めているのです。

アーカシュの基本オペレーティング・システムはアンドロイドです。シンプルな10インチの無線LAN通信可能なタブレットで、最初からアプリがいくつか搭載されています。カメラつきの7インチの機器もあり、販売価格は85ドルです。需要が増えれば価格は下がっていくでしょう。安価な太陽光充電器も販売される予定です。

ラズベリー・パイは、クレジットカードくらいの大きさで、必要最小限の機能しか持たないコンピューターです。オペレーティング・システムにはリナックスが使われています。この端末は、子どもたちがプログラミングを勉強するために設計されました。イギリスに拠点を置くラズベリー・パイ財団はもう200万台以上を販売していて、ウェブサイトではカリキュラムやプロジェクト、生徒と教師の両者向けの情報が**オープンソース**で公開されています。25ドルの外付けマウスとキーボードもあります。このパソコンの9インチ画面版を作ろうというキックスターターの資金調達プロジェクトは、目標額の何倍もの資金を集めました。

ユニセフは、レバノンの難民キャンプでシリア人の子どもたちに勉強を教えるためにラズベリーを試験運用しています。

「基本的な読み書き、算数、そして理科授業については、カーン・アカデミーの講座をもとにラーニング・イクオリティ財団が制作したプログラムを実施しています。ほかにも、『コーディングを学んで、学ぶためのコーディングをする』というプログラムも実施する予定です。子どもたちはゲームの作り方を覚えながら、同時に子どもの権利についても勉強できるのです」（ジェイムズ・クランウェル＝ワード、UNICEFレバノン）

たとえ学校でしか触れないとしても、コンピューターを使える環境で育った女の子は、いずれ技術を習得できます。自分専用の機器を与えられれば、間違いなくデジタル技術を生活に活用するでしょう。ですが世界的に見ると、IT分野で働く女性の割合はごくわずか。この格差を埋めようという努力は、まだ道半ばです。インドのニューデリーを拠点に新しく立ち上げられた組織、**フェミニスト・アプローチ・トゥ・テクノロジー（FAT、テクノロジーへの男女平等アプローチ）**は、テクノロジーが男のものだという女の子自身の固定観念を打ち砕こうと活動しています。「人は、自分が思い描けないものになることはできないのです」

FATは、短編小説を出版しています。この小説は女の子たちがテクノロジーの力を借りてデリーで性的暴力に立ち向かうという物語で、**草の根少女ブッククラブ**の課題図書に選ばれています。

ニューデリーのライパット・ナガールの高校で、電気回路の実習に取り組む生徒たち。
© Feminist Approach to Technology

 ● ニューデリーのFAT本部でボランティア活動をしましょう。

 ● 挿絵入り短編小説のシリーズを、www.GrassrootsGirls.tumblr.com でダウンロードしましょう。

 ● RaspberryPi.org ・ fat-net.org

idea 86

インターネット

インターネットは、アクセスできる人にとっては莫大な資源です。貧しい人がインターネットに接続する方法のひとつが、インターネットカフェです。

ネパールのカトマンズにあるインターネットカフェ「ビヨンド・ザ・フォー・ウォールズ」で、インターネットサーフィンを楽しむ女性。© Wolf Price/ Beyond the Four Walls

　インターネットは世界への扉を開き、情報と娯楽、サービス、通信手段を提供してくれます。ただし、世界のもっとも貧しい10億の人たちにはコンピューターを買うお金もなければそれを使うための電気もありません。そうした人たちがインターネットにアクセスする一番の近道は、時間ごとに料金を支払うインターネットカフェか、無線通信ができる携帯機器です。

　インターネットへのアクセス状況は、地域によって実にさまざまです。無料で使える地域もあれば、驚くほど高い地域もあるのです。一部の国では（中国が有名ですが、ほかの国でも）、国民のインターネットアクセスを制限し、監視しているところもあります。

　僻地でもインターネットが使えるようにするための技術開発が進み、地理的問題、コストの問題、インフラの問題を次々に解決していっています。個々のパソコンの中ではなくインターネット上でデータやソフトウェアを管理するクラウドサービスは非常に低いコスト（場合によっては無料）で強力なプラットフォームを使えるので、パソコン本体にデータを保存する必要がなくなります。

　インターネット・ドット・オーグ（Internet.org） は、「知識経済の屋台骨」とも言われるインターネットを、まだネットにつながっていない世界の3分の2の人々が使えるようにすることを目指す共同体です。フェイスブックの創業者マーク・ザッカーバーグが先頭に立つこの組織は、携帯電話の普及を通じたインターネットの利用促進を提唱しています。実現するためには、以下のようなステップが必要です。
◎ 携帯電話の通信インフラを拡大・強化すること。
◎ 携帯電話がもっと少ない消費電力でもっとたくさんのデータを処理できるよう、改良すること。
◎ データを圧縮すること。
◎ アプリを携帯電話本体にメモリとして保存すること。

　開発途上国に安価なインターネットサービスを導入する活動をおこなう**進歩的コミュニケーション研究会**は、インターネットが地理、収入、性別などの格差を埋め、貧しい人たちが恩恵を受けられるようにすることを目指しています。この組織が実施している「女性の権利プログラム」には図書館の司書やプログラマー、ジャーナリスト、教師、デザイナー、学者、研究者、電話オペレーターなど、さまざまな職種の200人近い活動家が参加しており、ICTの設計、導入、アクセス、利用における男女平等を推進しています。

　カリフォルニア生まれの**社会起業家**でドキュメンタリー映画制作者のウルフ・プライスは、ネパールの美しさと文化に魅かれて何度も現地を旅しました。そしてついにはネパールに移住し、今では技術研修やインターネットを使えるようにする支援をおこない、ネパールの女性のエンパワーメントに取り組んでいます。彼のプロジェクト**ビヨンド・ザ・フォー・ウォールズ（BTFW、4枚の壁を越えて）**の名前は、伝統的な文化の中で家庭の中に閉じこめられて孤立していた女性が、家の四方を取り囲む壁を破り、開かれたインターネットの世界につながる様子を表現したものです。

　BTFWはインターネットカフェを立ち上げ、現地の若い女性に運営を任せています。ボランティアなら無料でインターネットが使えます。利用者は8ドルで1カ月間インターネットが使い放題です。ここで、女の子と女性は自分のコンピューター技術を磨くことができるのです。

　「これでクラウドファンディング（インターネット上で資金を募集するシステム）、マイクロファイナンス、スカイプ、業務の外注、教育などを利用できるようになるだけでなく、女性が興味のあることをなんでも調べられるようになります」（ウルフ・プライス）

YOU ● ネパールのエベレストの上に女性のシンボルを描いた美しいTシャツ（このページの上の写真でBTFWのラップトップを利用する女性が着ているもの）の売り上げ金が、ビヨンド・ザ・フォー・ウォールズの活動資金になっています。また、毎月8ドルの寄付もできます。

EDU ● ウルフ・プライスとネパールの女性たちについて取り上げた映画、『**Within the Four Walls（4枚の壁に閉じこめられて）**』が、インターネットで視聴できます。

 ● apc.org ● BeyondtheFourWalls.org ● beyond4Wwomen

idea 87

女性の声を届ける デジタルプラットフォーム

低所得層の女の子や女性にデジタル技術を提供することで、彼女たちの経験や考え、意見を世界の人々に届けられるようになります。

ネパールのダヌーシャ地区で、地域の気候変動について記録する女性。© Pawan Kumar

子どもの予防接種や、農業のアドバイスつきの天気予報など、女性に役立つ情報を届けるために、NGOは積極的にICTを活用しています。ですが、低所得層の女性たちが自分の意見を述べ合うコミュニケーション手段として活用することには、あまり注意が向けられてきませんでした。今では、ツイッターやユーチューブ、フェイスブック、ブログなどのソーシャルメディアを通じて、女性が自分の体験を証言できる場が生まれているのです。

「テクノロジーは、注意深く使いさえすれば、それまで耳を傾けられることのなかった女性や女の子に力を与え、その声を大きくして届けられると私たちは信じています」（文章を書く女性を応援する組織「シーライツ」、SheWrites.com）

ジェンシン・ラーセンは、国際的な女性のオンラインプラットフォーム**ワールド・パルス**を立ち上げた人物です。この組織には、今では190カ国から5万人もの人々が参加しています。

ワールド・パルスは参加者にとってだけでなく、女性の生の声を知りたい人にとっても豊富な情報源です。研修や指導もおこなっていて、文章の書き方を学ぶこともできます。ここで紹介された内容は、BBCやCNNといった国際的なメディアでも取り上げられました。

ワールド・パルスは、女性のための国際的なコミュニティになりました。たとえば、バングラデシュ出身のジャーナリスト、モニカ・イスラムは、エジプトのカイロで展開されている**ハラスマップ**のように、性的暴力事件が発生した場所や事件の種類（レイプ、ストーカー、暴言、暴力など）を地図に落としていく取り組みを地元のダッカで立ち上げました。

その際、彼女はワールド・パルスのオンラインコミュニティにアドバイスを求めました。すると世界中のメンバーがすぐに**オープンソース**で無料の地図「ウシャヒディ」を教えてくれました。さらに、技術的な問題が起これば解決方法を教えてくれたり、支援や応援をしてくれたり、女性の世界的なデジタル活動ネットワークが増強されていったのです。

「女性と女の子が能力を存分に発揮し、自由に生きられるようになったとき、世界がどんなふうになっているか、私は切実に知りたいのです」（ジェンシン・ラーセン）

参加型ビデオは、NGOによる政策研究活動に現地住民が協力できる、もうひとつの双方向型技術です。参加者の多くは読み書きができませんが、ビデオならその壁を乗り越えられます。現地の声は、政策決定には欠かせません。動画撮影ができる携帯電話の価格が下がってきている今、女性たちは数多くの実例を撮影してアップロードできるようになっています。**インサイトシェア（Insightshare.org）**はインターネット上のプラットフォームとなっています。

ウィットネス・トゥ・ハンガー（飢餓の目撃者）は、低所得層のアメリカ人女性に、写真を通じて自らの経験を記録するよう呼びかけています。この取り組みはペンシルベニア州にあるドレクセル大学の「飢餓のないコミュニティ研究所」がおこなっていて、84の団体が写真と文章を共有し、その過程でお互いの絆を深めてきました。その作品はメディアでも取り上げられ、一般に公開され、「目撃者」たちがほかの反飢餓活動グループと一緒にホワイトハウスに招かれたりもしています。貧困に顔と声が結びつけば、人々はただ統計を見ているだけよりも共感を覚えるのです。

⇨ラジオ《82》も参照。

- 文章を書くことを仕事にしているなら、**ワールド・パルス**に参加しましょう。
- **ワールド・パルス**では、開発途上国の新人女性ライターや活動家にオンライン指導をしてくれる、経験豊富なトレーナーを募集しています。
- **ワールド・パルス**では、校正や翻訳のボランティアを募集しています。

- **インサイトシェア**は、イギリスで6日間の参加型ビデオ制作講座を実施しています。

- WorldPulse.org ・ InsightShare.org ・ ushahidi.com

sector 10

経済活動への参加

世界中の貧しい女性のほとんどは、現金のみを扱うインフォーマル経済にしか参加していません。1日数ドルで生活している人たちには、安定した収入などありません。昨日よりちょっと多く稼げた日もあれば、ずっと少ない日もあります。まったくない日だってあるでしょう。こうした変動があると、お金の管理は非常に難しくなります。ただ、このように厳しい状況でも人が生きていけるということは、人間の回復力と能力の証明でもあるのです。

　女性は昔から家計を預かってきましたが、読み書きや計算ができなかったり、伝統的な制約があったりして、公式な商取引や財務管理の領域からは除外されてきました。会計の能力も、女性が経済的に除外されている状況を克服するためには重要なのです。このセクターでは、貧しい女性が財務関連ツールによりアクセスしやすくなるためのプロセスを説明しています。

　女性の経済活動への参加は、女性のエンパワーメントに欠かせません。そのメリットは、言うまでもなく男性にもおよびます。そして、経済活動への参加を拡大しようという努力は、開発途上国だけを対象とするものではありません。富裕国の低所得層にも、銀行口座を持たない人が多いのです。

　一昔前のことですが、バングラデシュでムハマド・ユヌスという経済学者が**小口融資制度**《88》という仕組みを考案し、もっとも貧しい女性でも信頼できる借り手になれることを証明してみせました。外部の貸し手から適正な金利で借りた少額のローンは、借り手が収益を増やす後押しをしてくれます。中には、家族全員を貧困から救い出すことに成功した女性もいるのです。

　もっと最近の展開としては、メンバー間で運営する村の**貯蓄貸付組合**《89》があります。この場合、資金はコミュニティ内で生み出され、コミュニティ内で運用されます。これも非常に効果的で、多くの国へと広まりました。

　女性は昔から、マットレスの下やコーヒー缶の中、肌着の中に現金をしまいこんでいました。このような貯蓄方法では盗まれたり、家族や隣人の目に触れたり、夫に取り上げられたりするかもしれません。銀行なら安心して預けられるだけでなく、利息がつくのでお金を増やすこともできます。多くのマイクロファイナンス機関が、低所得層の顧客向けにも**貯蓄口座**《89》や**保険**《91》、消費者ローンなどのマイクロファイナンスサービスを提供する方向に移行してきました。マイクロファイナンス機関に行けないくらい遠い場所なら、村の貯蓄貸付組合が活用できます。

　開発途上国の金融業界でも、徐々にデジタル技術を取り入れてきています。それはたとえば紙を使わなくなることであったり、銀行の支店に行く必要がなくなることであったりします。こうして金融業界のサービスは、特に遠い地方に住む人にとっては、より使いやすくなってきました。また、金融取引にかかるコストも引き下げることになりました。担当者が自転車に乗って遠方まで出かけ、小口融資の返済金を直接回収するという直接対面式の方法は、今では携帯電話による**電子決済**《90》に道を譲っています。人間的ではなくなったかもしれませんが、効率がいいことは間違いありません。

　マーケティングの最近の傾向も、売り手と買い手の両方の暮らしをよくすることができます。**マイクロフランチャイズ**《92》は、いわゆる「ラストマイル（最後の1マイル）」を乗り越え、遠方の、電力網も届かない村に住む消費者に商品を届けられるようにしてくれます。そうすると消費者の選択肢は広がります。また、このような僻地で店をやっている経営者も、研修と支援を受ければ運営能力を磨くことができます。

　フェアトレード認証《93》は、開発途上国の職人や自給自足農家が世界経済に参加できるようになる手段のひとつです。世界が市場になれば、収入を上げ、暮らしを保障することができます。そして買い手は、世界の経済的な平等を掲げる商品を選ぶことができます。

88. 小口融資

　低所得層の人向けの小口融資があれば、小規模事業を立ち上げたり、拡大したりすることができます。マイクロファイナンス機関も、徐々に貧しい人に融資をおこなうようになってきました。

89. 貯蓄

　貯蓄は、経済的安定の要（かなめ）です。所得が極端に低い人たちが、不安定な収入を管理するため、さまざまな貯蓄の仕組みを活用しています。

90. 電子マネー──携帯電話を使った送金

　携帯電話を使ってお金のやり取りをすることで、銀行口座を持たない人でも財務状態にゆとりを持つことができ、効率性と安定性が高まります。

91. マイクロ保険

　安価なマイクロ保険契約は、経済的に不安定な家庭が病気や不作、死亡や葬儀費用の捻出といった緊急事態を乗り越える手助けをしてくれます。

92. マイクロフランチャイズ

　マイクロフランチャイズは、最先端のサプライチェーンの管理技術を町角の雑貨店や消費者に直接もたらし、地方の村に便利な商品が届くようにしてくれます。

93. フェアトレード認証

　フェアトレードは、開発途上国の農家や職人を世界の市場に結びつけることで彼らの経済的地位を引き上げ、買い手にはそうした開発途上国の人たちを直接支援する機会を与えます。

idea 88

小口融資

低所得層の人向けの小口融資があれば、小規模事業を立ち上げたり、拡大したりすることができます。マイクロファイナンス機関も、徐々に貧しい人に融資をおこなうようになってきました。

マイクロファイナンス機関の職員が、農家のローン返済を記録しています。
© Dominic Ochola/ One Acre Fund

非常に貧しい人たち（多くが女性です）に貸付をおこなう小口融資はもともと、1970年代にバングラデシュ人の経済学者、ムハマド・ユヌスが実施した実験から始まりました。彼が勤める大学のそばに極貧状態の女性たちが暮らしていて、ユヌスはどうして経済学ではこのように汗水たらして働く人たちを実際に助けられる方法を編み出せないのだろう、と疑問に思ったのです。そうして彼が導き出した答えが小口融資とそれをおこなうグラミン銀行で、貧困や貸付、女性に対する人々の考え方を大きく変えることになりました。そして、この活動が評価され、ユヌスは2006年にノーベル平和賞を受賞したのです。

バングラデシュでは、従来の銀行は、担保がない貧しい人たちにはお金を貸してくれませんでした。読み書きができない人や銀行口座を持たない人たちは高利貸しに頼るしかなく、非常に高い金利で短期の借金をするくらいしか現金を手に入れる手段がなかったのです。小口融資の金利は高利貸しよりはずっと低いのですが、現在4000を超えるマイクロファイナンス機関の金利は資本や国の規制、競争などによってかなりばらつきがあります。

ムハマド・ユヌスの実験は成功しました。
◎ 借り手は、98%以上がローンを完済できました。
◎ 女性は、商売で得た利益を家族のために使いました。
◎ マイクロファイナンス機関は、顧客向けに事業と財務能力の研修を提供しました。
◎ 女性の借り手は、お金を貯めることができるようになりました。

研究者は数十年前から、小口融資で本当に家族が貧困から抜け出せるのかを議論してきましたが、決定的な結論は出ていません。しかし、貧しい人たちが日々をもう少し安定して暮らせるようにはなる、という認識は共通しています。もともとの仮説は、ちょっとしたアイデアとほんの少しの資本金さえあれば誰でも起業家として成功できるはずだというものでしたが、これはまだ証明されていません。小規模事業を立ち上げ、成長させて、経済的な安定を手に入れた起業家はもちろんいます。ですが、これといった事業を立ち上げることができず、細々とした暮らしをどうにか続けているだけの借り手もいるのです。

当初、小口融資は厳格に統制されていました。借り手はグループに所属し、共同で融資を受け取っていたのです。こうすればメンバーどうしで助け合うことができますが、同時に、ほかのメンバーのためにも返済しなければならないというプレッシャーも抱えることになりました。融資は小規模事業にしか使うことができず、たとえばパソコンを買うためなどには使えませんでした。そして必ず**貯蓄**《89》をしなければなりませんでした。

現在の小口融資は、もっと柔軟性の高いものになっています。低所得層の顧客への融資もビジネスとして現実的だと知って、大手銀行も競争に参加してきました。携帯電話を利用した銀行サービス、**モバイルバンキング**《90》の取引手数料も、どんどん安くなっています。ほかにも小口融資が役立つ新しい領域としては、以下のようなものがあります。
◎ **自転車**《78》など、暮らしをより快適にするための融資。
◎ トイレなど、家を改善するための融資。
◎ **太陽光パネル**《29》を購入する際に、ペイ・ティル・ユー・オウン方式の携帯電話を利用した電子送金を組み合わせた融資。

YOU
- **キヴァ（Kiva.org）**や**ミラープ（Milaap.org）**などのプラットフォームを活用すれば、開発途上国の借り手にもアメリカ国内の借り手にも融資をすることができます。ミラープはインドで活動する組織で、学生を対象に学費ローンの融資をおこなっています。マイクロファイナンス機関は個人が提供する資金を使って、顧客に低い金利で融資をします。
- メキシコのオアハカという美しい街にあるマイクロファイナンス機関**エンヴィア（Envia.org）**は、ボランティアを募集しています。
- **エンヴィア**はほかにも、融資先を訪ねる視察ツアーを毎週開催しています。ツアーの参加費が、新たな融資の資金源となります。
- **キヴァ**はギフトカードを扱っています。受け取った側は誰に融資をするかを選び、ローン返済時に収益金を受け取ることができます。その収益金を、また融資に回せます。

- Milaap.org • Kiva.org

ベトナムのフオン・ホア地区で、村の貯蓄貸付グループのメンバーが会計をしています。
© Pham Hong Hanh/Plan International

idea 89

貯蓄

貯蓄は、経済的安定の要（かなめ）です。所得が極端に低い人たちが、不安定な収入を管理するため、さまざまな貯蓄の仕組みを活用しています。

　貯蓄には、自制心と管理能力が求められます。研究者たちは、低所得層の人たちがさまざまな種類の非公式な貯蓄方法をどれほど熱心に実践しているかに驚かされています。不安定でわずかな収入でも、貧しい人たちは貯金ができるのです。基本的には現金のみのインフォーマル経済の中で暮らしているため、定期的なものであれ、予定外のものであれ、大きな出費のためにはまとまった額を貯めておく必要があります。そうした出費の例には、以下のようなものがあります。

- 家賃や学費など、定期的に必要な出費。
- 出産や結婚など、人生の転機となる出来事。
- 季節ごとの休みやお祭り。
- 病気（治療費だけでなく、その間働けないことによる収入の損失も含む）。
- 高齢者と葬儀にかかる費用。
- 機材や土地などの大きな買い物や、いわゆる「貧困による不利」、つまり、一度に少しずつしか買えないことで結果的に高い代金を払わなければならない状況を避けるために、安くまとめ買いするための代金。

　『The Poor and Their Money（貧しい人々の財布）』の著者スチュアート・ラザフォードによれば、個人として貯めこむ方法の次によい方法が、貯蓄仲間を作ることだそうです。自分の小銭を仲間に預かっていてもらったり、逆に相手の小銭を預かったりすることで、お互いにお金を使いたいという欲求を抑えるとともに、はげまし合うことができるのです。

　メリーゴーラウンド方式は通常 15 人の参加者から成り、それぞれが毎日、決まった金額を出資します。グループのメンバーには番号が割り振られていて、14日間、1番から14番までのメンバーにそれぞれお金を渡します。自分の番号の日には、14 人からお金がもらえるうえ自分のぶんは手元に残るので、かなりまとまった額が手に入ります。もちろん、自分が払った金額がそのまま戻ってくるだけなのですが、それでもかなり気分がいいものです。

　メリーゴーラウンド方式には物理的に近くに住んでいるということのほかに信頼も求められますが、モチベーションを高め、効果的で、楽しい貯蓄方法です。ラザフォードは、この種類の貯蓄方法は何千もあって、何年も続いているものもあると報告しています。この方法で社会資本を構築し、参加者は自分の現金資産をよりうまく管理できるようになるのです。

　マイクロファイナンス機関はその誕生以来ずっと貯蓄プログラムを提供していて、提供するサービスの内容を徐々に拡大してきました。自分の貯蓄口座を持っている女性は、自分の資産がどう使われるかについてもっと発言権を持てるようになります。

　村の貯蓄貸付組合（VSLA） を初めて立ち上げたのはケア・インターナショナルという NGO です。1991 年に西アフリカのニジェールで始まったこの仕組みは、その後 60 カ国以上に広がりました。メンバーが所有する民主的な VSLA はさらに大きなネットワークへとつながり、仕組みを提供し、研修を実施し、説明責任を果たします。

- グループは通常、15 〜 25 人で構成されます。
- メンバーは貯金をするだけでなく貸付もおこない、返済金の利息がもたらす収益はメンバー間で分け合います。
- VSLA は、従来型の銀行には融資してもらえず、マイクロファイナンス機関も利用できないほどの僻地では、現地の銀行として機能します。

　この仕組みによって、経済階層の一番下に位置する人たちがお金の管理をできるよう、そして基本的な財務能力を身につけられるよう手助けできることが実証されています。メンバー自身が運営するため、経費はほとんどかかりません。

　今では、**電子マネー**《90》が使える地域では携帯電話を使った貯蓄もできるようになりました。通帳や金庫はもう必要ありません。お金は、電子的にやり取りされる時代になったのです。

 ● スチュアート・ラザフォードの『The Poor and Their Money（貧しい人々の財布）』を読みましょう。これは貧しい人たちが貯蓄をするために助け合う、独創的で柔軟性の高い方法を優雅に描写した本です。

 ● vsla.net

セクター 10　経済活動への参加

idea 90

電子マネー
携帯電話を使った送金

携帯電話を使ってお金のやり取りをすることで、銀行口座を持たない人でも財務状態にゆとりを持つことができ、効率性と安定性が高まります。

フィリピン人の働く女性、ロリータ・シンガハンは、モバイルバンキングを活用することで銀行まで6時間かけて徒歩で往復する必要がなくなりました。© USAID

銀行口座を持たない人たちにとって、金融取引というのは非常に時間がかかるだけでなく、すべて現金でやり取りするために心配が絶えないものです。地方の村に住む家族に仕送りを届けたかったら、友人やバスの運転手など、お金を預かって運んでくれる人を探さなければなりません。仕送りが届くまでには時間もかかりますし、現金も、それを運ぶ人も危険にさらされます。また、請求書で支払いをすませるためには、長い列に並ばなければいけません。マイクロファイナンス機関の担当者はたいがい支払いを直接取り立てに行くので、高い人件費が上乗せされることになります。

電子マネー、つまり**携帯電話《84》**を使ってボタン操作だけで電子送金する方法は、革命的な技術です。電子マネーは現金を安全に保管してくれるだけでなく、利用者が移動する手間と時間を節約してくれます。現金を人に預けたり、支払いのために列に並んだりする必要もありません。電子決済の導入により、**小口融資《29、88》**の支払いコストは引き下げられ、手順も簡単になりました。政府の援助や給与明細も受け取り手に直接送ることができ、間に入る役人の汚職や収賄のせいで莫大な金額が途中で抜き取られる心配もありません。

> 「アフリカは、銀行業のシリコンバレーです。銀行業務の未来はここで生まれ、これからの世界を変えていくのです」
> （キャロル・レアリーニ、金融の専門家で社会起業家）

ケニアの**Mペサ**（Mはモバイルのm、「ペサ」はケニアの公用語であるスワヒリ語で「お金」を意味します）を運営しているのはケニア最大の携帯電話ネットワーク、サファリコム。ケニアで初めての電子マネー産業を立ち上げた会社です。簡単で安価なこのシステムはすぐさま人気になり、2014年時点でケニア人の68%が電子マネーを使っていると推定されています。サファリコムのシステムは簡単です。

- 4万以上あるMペサの直営窓口で、トレーニングを受けた担当者が新規口座を確認します。
- 顧客の口座にはひとつずつ認証番号が割り当てられます。電子マネーは利用者の携帯電話の中に保管され、実際の現金は銀行で保証され、安全に保管されます。Mペサから顧客の携帯電話宛てに基本的な取引メニューがメールで届きますが、読み書きが得意でない人でも簡単に使えるようになっています。
- 支払いや送金をする場合は、指定の口座番号にショートメールを送るだけです。
- 受け取り手は、近くのMペサ窓口で支払いを現金化します。
- Mペサとその担当者はそれぞれ、取引金額のごく一部を手数料として受け取ります。

電子マネーは、以下の理由で特に女性にメリットがあります。
◎ 遠くへ行かずに支払いや受け取りができます。
◎ 現金を持ち歩かなくてもよくなるため危険が減ります。
◎ 自分の銀行口座を自分で管理できるため、自立性が高まります。

[課題]
- 互換性のないネットワークがいくつもある地域では、電子送金の手続きが複雑になる可能性があります。
- 電子マネーは広い地域で普及していますが、国ごとの普及率はその国の規制や通信インフラによって大きく異なります。
- 電子マネーの仕組みは、ひとつの国の中でしか機能しません。国際電子送金にかかるコストは高く、2億人以上の海外出稼ぎ労働者にとっては、母国の家族への仕送りの大きな障害となります。

> 高所得国では、電子マネーがあまり早くは普及しませんでした。クレジットカードや預金口座のインフラがしっかりしている環境では、顧客も企業も、電子マネーを使う必要があまりないからです。

- CenterforFinancialInclusion.org

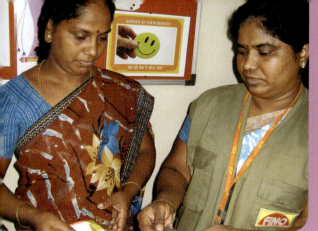

idea 91

マイクロ保険

安価なマイクロ保険契約は、経済的に不安定な家庭が病気や不作、死亡や葬儀費用の捻出といった緊急事態を乗り越える手助けをしてくれます。

インドのムンバイにあるスラム、ダラヴィで、保険の担当者からマイクロ保険を購入する顧客。
© John Owens

世界中の貧しい女性は、たいてい収入が安定していません。収入が安定していたとしても、もしものときの安全策がない家族は、災害で生活がおびやかされるリスクを背負っています。

ムハマド・ユヌスはマイクロファイナンスの事業で、もっとも貧しい女性でも信頼のできる借り手になれることを証明してみせました。**小口融資**《88》には通常、貯蓄部分と、週ごとのローン返済部分が含まれます。驚くことに、極貧状態の女性の多くが、定期的に預金をするのです。

1990年代には、インドのアーメダバードでエラ・バットが創設した**自営女性労働者協会（SEWA）**のように大規模な女性グループが、会員向けに保険を売り始めました。すると、多くの会員が参加し、掛け金が集まって運営が安定したのです。

「保険は安全策だと考えがちですが、実は大きく飛躍するためのジャンプ板でもあるのです」（アンドリュー・クーパー）

保険は、低所得層の顧客の多くにとっては新しい商品です。少しずつ**貯金**しようとがんばる女性は数多いのですが《89》、緊急事態が起こると、家族は一気に苦しい生活に突き落とされてしまいます。迅速に保険金が支払われれば、生産性の高い資産を売り払ったり、子どもに学校をやめさせたり、不利な条件で借金をしたりといった貧困の罠におちいらずにすむのです。

保険は、以下のような経済的困難を避けるのに役立ちます。
- 農作物を担保にした借金が残っているのに不作だった場合。
- 病気の影響。
  - 治療や薬の代金
  - 病人が健康なときに稼いでいた収入の損失
  - 看病する人が稼いでいたぶんの収入の損失
- 死亡の影響。
  - 高額な葬儀費用
  - 借金を清算する必要性

農作物保険、健康保険、生命保険は、こうした危機的状況を抜け出す手助けをしてくれる金融ツールであり、経済的安定を維持しようと努力する家族には気持ちにゆとりを与えてくれます。

保険は売るのが難しいと言われるのですが、**マイクロ保険**は顧客の多くが銀行口座を持たない人たちであるにもかかわらず、急速に広まりました。治療費や葬儀費用を現金で受け取る女性をほかの女性が目にすれば、注目を集めるものです。

マイクロ保険会社は携帯電話会社と提携して、携帯電話の通話時間を購入する顧客を惹きつけるツールとして**保険**を提供しています《84》。顧客が通話時間を多く購入すれば、補償も多く受けられるという仕組みです。条件を満たせば家族も保険の対象に含めることができ、さらに保険を追加購入することもできます。

国際的なマイクロ保険会社**マイクロエンシュアー**は、ガーナの携帯電話会社**ティゴ・モバイル**と提携しました。マイクロエンシュアーは、ほかにも10以上の国で携帯電話ネットワークと提携しています。CEOのリチャード・レフトリーによれば、**電子決済システム**《90》を活用して、健康保険の請求は1時間以内、死亡保険は1日以内に支払い終えるよう努力しているとのことです。

農作物保険は組み立てるのが一番複雑で難しい保険ですが、少しずつ利用できるようになってきました。保険会社は女性のニーズに対応した製品も開発していて、たとえば妊娠・出産関連の特典が受けられる健康保険などを販売しています。夫を亡くしたばかりの女性は父権制社会で非常に弱い立場に立たされるため、**死亡保険**が特に重要となります《99》。

- MicroinsuranceNetwork.org

idea 92

マイクロフランチャイズ

マイクロフランチャイズは、最先端のサプライチェーンの管理技術を町角の雑貨店や消費者に直接もたらし、地方の村に便利な商品が届くようにしてくれます。

バングラデシュ北部のラングプールで、顧客と話すJITAの販売員。© JITA

　小口融資《88》は女性が小規模事業を運営し、貧困から自力で抜け出せるよう支援するためのものですが、だれもがすばらしいアイデアや起業家としての才能を持っているとは限りません。生まれたときからずっと小さな村で暮らしてきた人が、新しい商売のアイデアを思いつくのは難しいものです。**マイクロフランチャイズ**のネットワークは、実績のあるビジネスモデルをおこなうためのシステムとサポートを提供してくれる仕組みです。

　マイクロフランチャイズで扱う商品は、本部で常に改良され、修正されます。確かなビジネスモデルがあるので、多くの女性が自立することができ、現地の村には健康関連商品や小型家電など、生活に役立つ商品をお手頃価格で届けることもできます。資金不足の国立病院よりも、村の小さな雑貨店のほうが薬の在庫をうまく管理できる場合もあるのです。

　マイクロフランチャイズにはさまざまな種類があります。
◎ 特定のブランドを扱う、固定された売店。通常は日用品を主に売っています。たとえばエコフュエル・アフリカは**固形燃料**の売店を運営していますが、店主は、ほかになんでも好きな物を売ることができます《33》。
◎ 訪問販売。販売員の女性が商品を持って直接家庭を回ります。田舎の村では楽しみなイベントになります。
◎ 移動式屋台。村の広場や地方の市場に店を出します。

　マイクロフランチャイズは、在庫を抱えるリスクを避けようとする店主が、商品やサービスを拡大する手助けをしてくれます。本部が商品をまとめて仕入れれば、顧客はもっといろいろな商品が安く買えるようになります。店主はより大きな、ブランド力のあるシステムの一員になることで、新しくて便利な商品を紹介できるようになり、店の売り上げを伸ばすことができるのです。

　ラストマイル（最後の1マイル）の壁を越えて商品を届けるというのは、貧しい人たちの暮らしをよくしようとするソーシャルビジネスにとっては非常に高いハードルです。マイクロフランチャイズならこうした事業が開発する商品、たとえば**ソーラーライト**《27》、**コーラライフ**の下痢治療薬《11》、**生理用品**《47》といった商品を販売員が取りまとめ、事実上の流通業者となって、遠い地方の低所得層の顧客に届けることが可能です。

　フィリピンのマイクロフランチャイズ、**ハピノイ**は、1000以上のサリサリストア（フィリピンの雑貨店）に商品を提供し、店主には小口融資もおこなっています。商品は低所得層の顧客をターゲットとして、市販薬を1錠ずつバラ売りしたりもします。

　NGOのケア・インターナショナルが立ち上げた**JITAバングラデシュ**は、遠方でさまざまな不利益をこうむっている地域に個別訪問販売方式を活用して商品を届けています。販売員の女性たちは「アパラジータ（絶対に負けを受け入れない女性たち）」と呼ばれ、商品を詰めこんだ袋を持って直接家庭を訪問します《79》。社会事業であるJITAは、計画より2年も早く収益の黒字化を達成しました。

　ウガンダとケニアで活動する**リビング・グッズ**は、**抗マラリア治療薬**《9》などの簡単な医薬品を提供しています。販売員は基本的な健康チェックの方法を学び、小売業と地域支援を組み合わせています。そのうえ、往診までできるのです。

　ソーラー・シスターは、市場で売る太陽電池利用の**小型家電**《27》を専門に扱う組織です。ソーラー・シスターの目標は、太陽電池のメリットについて顧客に教えることです。

[課題]
- 便利で健康になれる商品を扱う一方で、雑貨店では脂肪と砂糖がたっぷりつまった安いジャンクフードや飲料も売っています。このために、肥満と**虫歯**が問題になっているのです《6》。
- 小分け包装した商品が増えるとそのぶんごみも増えますが、ごみ処理施設やリサイクルの仕組みがない地域が多いのが現状です（有効な解決策としては、無機物のごみを詰めた**ペットボトルれんが**《74》があります）。

 LivingGoods.org ・ jitabangladesh.com ・ hapinoy.com

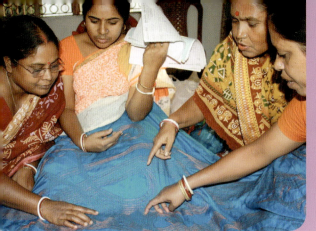

インドのコルカタで、トレード・エイド・ニュージーランドから注文された手刺繍のベッドカバーの品質をチェックするパンチャンナグラム・マヒラ・サミティのメンバーたち。
© Carol Sills/WIEGO

idea 93

フェアトレード認証

フェアトレードは、開発途上国の農家や職人を世界の市場に結びつけることで彼らの経済的地位を引き上げ、買い手にはそうした開発途上国の人たちを直接支援する機会を与えます。

フェアトレード認証は、第三者が商品を追跡し、その商品が人道的に生産され、生産者が適正な報酬を受け取っていることを買い手に保証する仕組みです。目標は、低所得層の農家や職人が、労働に対する報酬をもっと上げられるようにすることです。

フェアトレードの提携組織は開発途上国の協同組合を支援し、国際的な市場の基準や環境にやさしい農業手法の採用、男女平等の促進について組合員に指導します。組合は組合員に有利な条件で**融資**をおこない《88》、**医療サービス**《17》や地域の子ども向けの学習指導を提供する場合もあります。

フェアトレード製品は、あちこちの大手販売店で手に入れることができます。フェアトレード製品を購入する顧客は、人道的価値を含んだ価格を支払うことになるのです。フェアトレード製品には、さまざまな種類があります。

◎ コーヒー、紅茶、ワイン。
◎ チョコレート、砂糖、ハチミツ、ナッツ、オリーブオイル。
◎ バナナ、アボカド、マンゴー。
◎ 花。
◎ 医療品やアクセサリー。
◎ 工芸品（磁器、布製品、木工品、金属）。
◎ 宗教儀式用の道具。

ステイシー・エドガーが立ち上げた**グローバル・ガールフレンド**は、買い手が衣服やアクセサリーを買うたびに、自立するために奮闘する世界の貧しい女性を支援できるようにする仕組みです。

「アメリカでは、ブランド製品の 85% を女性が購入していて、財布の紐も女性が握っていることが多いため、女性が本当の意味で世界を変える力を持っていると言えます。『グローバル・ガールフレンド』は、『エコノミー』に『彼女』を組み合わせた『シーコノミー』への第一歩だと考えています」（ステイシー・エドガー）

グローバル・ガールフレンドは開発途上国の職人が作った製品をデザイン・改良し、アメリカ市場の好みや規格に合うものへと仕上げていて、特に女性が運営する組合を応援しています。組合は基本的には営利活動をおこなっていますが、中には無料のお弁当や移動用の**自転車**《78》を提供したり、**子どもの学費**を援助したりといった従業員支援をおこなっているものもあります《81》。

[課題]

● フェアトレード製品は一般的な商品よりも値段が高く設定されています。これは、もちろん品質が高いためでもあるのですが、多くの消費者にとっては手が出しにくいものです。
● 買い手の中には、製品の価格のうち、農家や職人の手にわたる金額があまりにも少ないのでがっかりする人もいます。
● フェアトレード認証は有機認証とは別ですが、商品の多くは両方の条件を満たしています。これが、混乱のもとになる場合もあります。
● 認証機関がいくつもあることで、消費者が混乱する場合があります。

エクアドルで、アグロガーナ・フェアトレードのバラを見せる組合員。© Fair Trade USA

● ガーナの**グローバルママ**でボランティアをしましょう。これはピースコアの元隊員 2 人が立ち上げたフェアトレード事業です。「有意義な休暇を過ごしたい人、仕事をいったん休みたい人、退職した人。ガーナのママたちとその家族の暮らしをよくするために、あなたの能力を役立てる方法があります」
● フェアトレード認証された商品を購入しましょう。

　FairtradeUSA.org　•　WFTO.com　•　FairTradeJudaica.org

sector

法的ツール

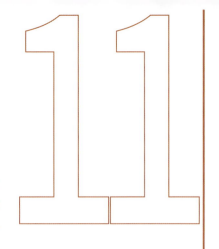

女性と女の子の地位は法制度によって大きく影響を受けますが、その仕組みの多くが、男女の不平等を強化するものになってしまっています。国連が1948年に採択した世界人権宣言は、国際法の重要性と並んで、女性特有の権利を正式に記しています。にもかかわらず、それから70年近く経った今になっても、女の子と女性の権利はいまだにきちんと守られないままで、世界の多くの地域では無視され続けています。女性の法的地位が弱いということは男女問わず、すべての人にとって貧困を招くものなのです。

女性が貧困から抜け出して前進するには、法的地位の確立が欠かせません。ここで紹介する法的ツールはすべてを網羅しているわけではありませんが、女性と女の子の地位を向上させ、性別にもとづく不平等や差別、暴力を減らしていける主な方法を紹介しています。

ときに法律は伝統的な慣習法と対立することがあります。部族、民族、宗教にもとづく法制度は日々の生活に影響を与えますが、必ずしもその地方やその国、国際的な法制度と足並みがそろっているとは限りません。たとえ女性の権利を守る法律が制定されていても、男女平等が社会的に受け入れられ、きちんと守られることを保証するものではありません。

男女を問わず、女性の権利のために活動する人たちは女性と女の子の平等を勝ち取るために、世界中で休むことなく努力を続けています。女性の権利は、すなわち人間の権利なのです。

小さな法的問題であっても、もっと大きな法的、社会的、そして経済的な流れから全体を見なければ、解決することはできません。マイノリティ（少数派）に対する差別を撲滅しようという活動も、やはり女性のためになる活動です。たとえば民族的なマイノリティ、障害者、同性愛者などの女性は、二重に差別を受けることになるからです。

正式な書類を持っているかどうかが、大きな違いを生む場合もあります。**出生証明書**《94》や**土地の権利書**《98》は、多くの恩恵を受け取れる切符です。このような書類がなければ、貧困から抜け出すのは困難です。

女性に対する暴力全般《96》だけでなく、とりわけ**人身売買**《97》を撲滅するための国際法は、問題解決を目指す国境を越えた協力関係を作るための枠組みとなります。また、活動家が政府に対して、国際的な責任を果たすよう圧力をかけるエネルギーも与えてくれます。

法制度は、女性の暮らしを改善します。結婚できる年齢を18歳に引き上げること（135の国がすでにこれを実施しています）は、**女の子が自分の意志に反して結婚させられるのを防ぐ重要なツール**です《95》。年齢以外にも、女性が男性とは違う扱いを受け、権利やチャンスが制限されている国はまだ128カ国もあります。

女性が**土地を所有**できるように法律を変え《98》、男性と同等の**相続権**を与える《99》ことも、女性の生活の安定を図り、夫を亡くした女性が貧困におちいらずにすむようにするひとつの手段です。

最終的には、**女性の選挙権**《100》と政治への参加が男女平等を実現していきます。もどかしいほど歩みが遅い改善ではありますが、歴史の流れは少しずつ正しい方向に向かってはいます。関連する国際法をいくつか紹介しましょう。

CEDAW（女性に対するあらゆる形態の差別の撤廃に関する条約）は、男女差別に取り組む中核的な国際法です。世界の194カ国中187カ国が、CEDAWを批准しています。批准していない7カ国はアメリカ、スーダン、南スーダン、ソマリア、イラン、パラオ、そしてトンガです。

CRC（子どもの権利条約）は、子どもを対象とした人権保護条約です。残念ながら、この条約では女の子の強制的な結婚について具体的には触れていません。本来、多くの女の子から奪うことができないはずの権利は、彼女たちが自分の意志に反して子どものうちに結婚させられた瞬間に奪い去られます。その権利には教育を受ける権利に加え、搾取や虐待から逃れる権利も含まれているのです。

UDHR（世界人権宣言第17条）は、女性に土地を所有する権利があることを主張しています。

1　すべて人は、単独で又は他の者と共同して財産を所有する権利を有する。
2　何人も、ほしいままに自己の財産を奪われることはない。

LEGAL TOOLS

94. 出生登録
　出生登録は教育、医療、経済的恩恵を受けるための窓口です。出生登録がなければ、法的に宙ぶらりんな状態で苦しむことになります。

95. 早すぎる強制的結婚の撲滅
　強制的結婚を禁止する法律を施行すれば、女の子が教育を受けられないために生じる貧困の連鎖を断ち切ることができます。

96. 女性を暴力から守る国際法の採択
　性的暴力は、女性の権利を踏みにじる行為です。女性に対する暴力は世界中に蔓延していて、トラウマや生涯残る傷、死を招くこともあり、しかも加害者が罰せられない場合も多いのです。

97. 性的目的での人身売買の撲滅
　性的目的での人身売買は、国際的な法の施行と予防の取り組みによって撲滅しなければなりません。需要を断ち切り、教育を向上させることが、重要な撲滅戦略となります。

98. 土地の権利と譲渡
　土地の所有権は経済的安定をもたらし、その土地にあるものを改善して生産性と収入を向上させようという動機づけになります。土地を所有することで女性は尊敬を勝ち取り、法的地位を手に入れることもできます。

99. 相続権
　女性が亡くなった夫の財産を相続することを禁じる法律をなくすことで、未亡人が貧しい生活におちいらずにすむようになります。

100. 選挙権と政治参加
　女性は、政治参加と選挙権を求めて長年努力してきました。政治の中での平等と法的平等を勝ち取ることが、次の目標です。

idea 94

出生登録

出生登録は教育、医療、経済的恩恵を受けるための窓口です。出生登録がなければ、法的に宙ぶらりんな状態で苦しむことになります。

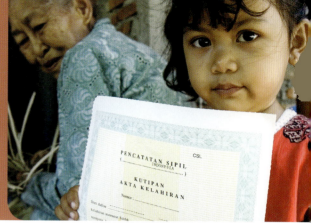

インドネシアのケブメンで、受け取ったばかりの出生証明書を見せる女の子。
© PlanAsia/Benno Neeleman

　出生証明書は、受け取ってからずっと金庫にしまいこんである人にとってはそれほど重要なものに思えないかもしれません。ですが、正式な出生証明書がないことで、人は数えきれないほどの形で不利益を受け、社会から疎外されるのです。世界中で何億人もの赤ちゃんが出生を記録されないままで、公的な支援を受けられずにいます。

- ✕ 女の子は人身売買の標的となったり、幼すぎる年齢のうちに違法に結婚させられたりするリスクが高まります。
- ✕ 学校に入学できなかったり、政府による医療サービスを受けられなかったりする可能性が高くなります。
- ✕ 法的な書類や法的手段、パスポート、銀行口座を持つことができません。
- ✕ 国によっては、選挙人登録に出生証明書が必要な場合があります。そうなると、出生証明のない国民の声が政治に反映されないことになってしまいます。
- ✕ 紛争や天災が起こったとき、身分証明がない状態で家を失った人は法的に守られず、家族が再会することも難しくなります。
- ✕ 難民キャンプで生まれ、出生登録されない赤ちゃんは、国籍を持たない状態になってしまいます。
- ✕ 孤児は、たった一人でさまざまな困難に立ち向かわなければなりません。

　正確なデータがなければ、国家は子どものニーズをどうやって満たせばいいかもわかりません。子どもの死亡率やワクチン接種率、栄養状態、教育に関するデータもすべて得られないことになります。

　ユニセフ、国連の難民支援機関であるUNHCR、それにNGOプラン・インターナショナルは各国政府と連携し、すべての国で出生登録を促進・実施させる活動を進めています。

　出生登録率が低い要因は、さまざまです。
- ✕ 親が出生登録の重要性を認識していないため。
- ✕ 役所の手続きがなかなか進まないため、余計な費用がかかるため、賄賂を要求される場合があるため。
- ✕ 遠くにある役所まで行かなければならない不便さに加え、交通費などのお金がかかるため。

　全世界での出生登録を実現するには、多くの課題があります。たとえば、これまでに登録されてこなかった子どもや大人をどうやって登録していくか、などです。また、低資源地域では政府の役人と話をしたがらない人たち、たとえば：
- ● 遊牧民
- ● 出稼ぎ移民
- ● 僻地の先住民族
- ● 非公式居住区のスラムに住む家族
- ● 難民

などの人々も説得しなければいけません。

　出生登録の仕組みは改善されつつあります。登録のメリットを伝え、親に手順を説明する啓発キャンペーンによって登録率は上がります。カンボジアでは、出生登録率を5%から92%にまで向上させました。他にもさまざまな戦略があります。
- ◎ ケニアで実施されているような電子登録を活用する。
- ◎ 費用を無料にし、遠い地方でも登録ができるようにする。
- ◎ 出生登録を予防接種などの医療サービスと組み合わせる。
- ◎ インドでは、市民ひとりひとりに12ケタの番号を割り振って、政府の提供するサービスを受けやすくしています。
- ◎ 低資源地域では、国際聖公会家族ネットワークというキリスト教系の組織が、出生登録と洗礼を結びつけ、出生登録場所となるよう教会に呼びかけています。

> 　国連の子どもの権利条約第7条にはこうあります。「児童は、出生のあとただちに登録される。児童は、出生の時から氏名を有する権利及び国籍を取得する権利を有するものとする」。この条約は、すべての子どもに対する基準となり、政府に責任を課すものです。

idea 95

早すぎる強制的結婚の撲滅

強制的結婚を禁止する法律を施行すれば、女の子が教育を受けられないために生じる貧困の連鎖を断ち切ることができます。

インドのラジャスタンで、強制的な結婚を撲滅しようと活動するヴィジェイラクシュミ・シャルマ。© Tanzeel Ur Rehman/Cover Asia Press, 転載許可 Photoshare

年若い女の子を結婚させる行為はほとんどの国で違法ですが、取り締まりが不十分だったり無視されたりします。このような状況は貧しい地域の父権社会では日常茶飯事で、毎年推定1400万人もの女の子が、強制的に結婚させられているのです。事実上の家政婦として夫の家庭に入る彼女たちは無力で、お金もなく、家庭内暴力の危険にさらされます。

娘はお荷物と考える文化では、嫁に出せば子ども1人ぶんの食費が浮くと考えます。そのうえ、父親は夫側からお金を受け取ることができる場合があります。花嫁の家族が花婿側に持参金を支払う慣習がある地域では、花嫁が若ければ若いほど、持参金は少なくてすみます。多くの場合は花婿がかなり年上で、夫にしてみれば幼い妻は手っ取り早い家政婦とみなされるだけです。このような習慣はもっとも貧しく、もっとも教育水準が低いグループで特に浸透しています。

「婚姻は、両当事者の自由かつ完全な合意によってのみ成立する」（世界人権宣言第16条2項）

この習慣を撲滅しようと、さまざまな取り組みがなされています。
- 135の国で、結婚できる法定年齢は18歳と定められています。ほかの国もそうするべきです。
- **出生登録**《94》があれば女の子の年齢が確認できるので、法の執行機関が強制的結婚を防ぐことができます。
- NGOトスタンの**地域エンパワーメントプログラム**のような人権教育は西アフリカ全域で活用されており、早すぎる結婚と**女性性器切除**《16》の撲滅宣言をすることを、何百というコミュニティに決断させました。
- さまざまな戦略を使って女の子を学校に通わせ続ければ、強制的な結婚を避けることができます。その戦略の一部は、たとえば、**学校給食**《8》、**生理用品の配布**《47》、**自転車**《78》、**識字教育**《81》です。

- インド人のヴィジェイラクシュミ・シャルマのような活動家が実践するコミュニティ組織活動は、村レベルで効果を発揮します。13歳のとき、シャルマは自分をずっと年上の男性と結婚させようとした両親に反抗しました。彼女と家族は周囲にあざ笑われましたが、シャルマが優秀な成績を上げたり、友人が出産時に死亡したりといった出来事を経て、母親がついに結婚を遅くすることの賢明さを認識してくれました。シャルマは、1家族ずつ考え方を変えるよう説得しています。

  「ほかにも選択肢はあり、どんな可能性があるかを理解してもらいます。ほとんどの家族が読み書きできず、ほかに人生があることを知らないだけです。必要なのはほんの少しの導きと、少しの刺激です」（ヴィジェイラクシュミ・シャルマ）

- 女の子が完全に成熟する前に妊娠することの危険性を訴える公衆衛生教育は、意識向上につながります。たとえば、無理な性行為のために女性の生殖器に孔があき、膀胱や腸とつながってしまう産科瘻孔（ろうこう）の被害者は、多くの場合、10代の女の子です。妊娠する年齢が低ければ低いほど、母親にとっても子どもにとっても、死亡率は高くなります。

- 子どもの結婚の40%が、インドでおこなわれています。**アプニ・ベティ・アプナ・ダーン（私たちの娘、私たちの財産）**は、インドのハリヤーナー州で実施されている条件つきの送金プログラムです。このプログラムの目的は、女の子を大切にし、投資し、教育するという考え方を定着させることです。18歳で結婚していない女の子なら、貯蓄債が受け取れます。これまでの結果は期待の持てるもので、受益者対象となった最初の世代が、ようやく18歳になったところです。

EDU
- ミーガン・ミランが制作したインドの地方で強制的結婚を拒否する女の子についての短編映画、『After My Garden Grows（庭の野菜が育ったら）』を観ましょう。

- GirlsNotBrides.org ・ ICRW.org

セクター11 法的ツール 155

idea 96
女性を暴力から守る国際法の採択

性的暴力は、女性の権利を踏みにじる行為です。女性に対する暴力は世界中に蔓延していて、トラウマや生涯残る傷、死を招くこともあり、しかも加害者が罰せられない場合も多いのです。

2012年、インドのハイデラバードで、レイプに対する抗議活動。© Swarat Ghosh

女の子と女性の暮らしは、常に性的暴力の危険にさらされています。そのために移動やその他の活動、選択肢が制限されてしまうのです。法制度は偏っている場合が多く、加害者よりも被害者が責められます。家族は性犯罪者から娘を守ろうとするあまり、娘の自由を制限して**早いうちに無理やり結婚**させてしまうこともあります《95》。自警的暴力、つまり女性がルールを破ったとみなして懲罰として暴力を加える行為は通報も起訴もされません。

2012年にインドで理学療法を学ぶ女子学生が集団レイプを受け死亡してしまった事件には、インド国内だけでなく、世界中で激しい非難の声が上がりました。世界的な抗議活動を見れば、この犯罪行為がどれほど異常なことかがわかります。インド国内では、男女両方がデモに集まりました（上の写真）。犯人たちは、最終的には死刑判決を受けました。

女性に対する暴力事件が増えているのか、通報しようという勇気を持った被害女性の数が増えているのかは定かではありません。どちらにしても、この惨劇に対して新たな注目と資源が集まっていることは事実です。

ケニアでは、弁護士団が3～17歳の女の子160人を代表し、政府が彼女たちを守れなかったとして国を訴え、勝訴しています。自分の家族の男性にレイプされていたのです。2013年に最高裁判所でおこなわれた裁判では、レイプに対する法律を守らなかったとして警察が有罪判決を受けました。これは女性にとって記念すべき勝利であるだけでなく、法制度にとっても記念すべき出来事です。

現在提案されている**女性を暴力から守る法案（IVAWA）**は、世界中の性的暴力事件を犯罪として起訴し、介入と教育、予防を支援できるようにするものです。アメリカ国内から150、国外から40の専門家集団が意見を出し合って作成した草案は、政党の枠を超えて支持されてはいますが、今のところまだ可決されてはいません。

IVAWAは、女の子と女性に対するあらゆる暴力に反対する活動をおこなっている現地NGOに資金を提供します。対象となる暴力の種類はさまざまです。

× 戦争の道具としての**レイプ**《82》。
× 配偶者によるレイプや、女の子に対する性的虐待。
× **女の子の強制的な結婚**《95》。
× 殺人──配偶者による殺人、名誉殺人、持参金殺人〔花嫁の持参金が少ないことに不満を持つ花婿またはその親族が花嫁を殺害する行為。インド亜大陸周辺国で問題になっている〕。
× 酸攻撃〔女性の顔に酸をかけてやけどを負わせる行為。東南アジアなどで問題になっている〕。
× **女性器切除**《16》。
× **性的目的の人身売買**《97》。
× LGBT〔レズ、ゲイ、バイセクシュアル、トランスジェンダーの頭文字。いわゆる性的少数派〕に対する攻撃。

性的暴力を撲滅するためには、男性の協力が欠かせません。

「男性をのけものにしたら、女性と女の子は実質的に自分たちだけで蔓延する暴力に立ち向かわなければなりません。そうすると、男性が友人や同僚に与えられる強い影響力を活用できないことになります」（ブライアン・ヘイルマン、国際女性研究センターICRWのジェンダー専門家）

「**女性に対する暴力根絶のための団結**」は、人々の意識向上を図り、国を動かそうという国連のキャンペーンです。この活動は以下の目標を掲げています。

● 法の施行。
● 連携の取れた活動計画。
● データ収集能力の向上。
● 社会の意識向上。
● 戦争下での性的暴力への取り組み。

⇨**女性の声を届けるデジタルプラットフォーム**《87》も参照。

 性的暴力のない世界を作り出すことに力を注ぐ2つの組織、**ストップ・ストリート・ハラスメント（StopStreetHarassment.org）**と**イクオリティ・エフェクト（TheEqualityEffect.org）**は、さまざまなボランティアの機会を提供しています。

 TheEqualityEffect.org • FuturesWithoutViolence.org

idea 97

性的目的での人身売買の撲滅

性的目的での人身売買は、国際的な法の施行と予防の取り組みによって撲滅しなければなりません。需要を断ち切り、教育を向上させることが、重要な撲滅戦略となります。

ネパールで、人身売買業者がよく通過する抜け道だらけの国境で、書類を確認するNGO職員。ビデオカメラが人身売買の記録を撮っています。© Linda Egle/Sacred Threads

女の子をだまし、売春させるために家族から引き離す性的目的での人身売買は、国際犯罪、欲望、汚職、搾取、完全な人権無視が渦巻く悪の巣窟です。年若く、教育を受けていない、貧しく、**出生登録《94》**もされていない女の子の誘拐を阻止したり監視したりすることは、ほとんどできていません。これはひとつには、そのような誘拐が抜け穴だらけの国境付近で起こることが多いからです。売春宿の経営者にとっては、警察への賄賂は必要経費なのです。

女の子たちは性的暴行を受け、HIV／エイズなどの性感染症の危険にさらされ、虐待され、世間から切り離され、脅されます。脱出は困難です。売られてきた女の子たちは知り合いもお金も身分証明書もなく、読み書きさえできない場合が多いのです。

人身売買は、ひどい貧しさ、女の子と女性の低い社会的地位、そして法の弱さにつけこんでいます。国際労働機関（ILO）によれば、世界の性風俗産業は伸びており、年間990億ドルもの違法な収益を上げているのです。仕事があるとだまされて連れてこられ、無理やり働かされている年若い女の子を、男性客が売春宿に代金を払って性的に暴行するのです。

人身売買に対抗する戦略のひとつが、需要を断ち切ることです。未成年者との性的行為が違法であっても、男性客が逮捕されたり起訴されたりすることはめったにありません。**女性の人身売買に反対する連合（CATW）**は、性的目的で子どもを買う人間を罰する法律の研究と啓発に取り組んでいます。**ノルディック・モデル**と呼ばれるこの活動に、数カ国が先陣を切って取り組んでいます。

国連の**「国際的な組織犯罪の防止に関する国際連合条約を補足する人（特に女性及び児童）の取引を防止し、抑止し及び処罰するための議定書」**は、**パレルモ議定書**とも呼ばれます。

アメリカの法案は**「2000年人身売買及び暴力被害者保護法」**で、目標は「人身売買、特に性的目的や奴隷、強制労働のための人身売買を撲滅し、女性に対する暴力の予防やその他の目的のために特定の連邦制度を再認可する」ことです。

こうした法案が、性的目的の人身売買をおこなう犯罪者を法の執行機関が起訴するためのツールとなります。

- 貧しいネパールでは、性的目的の人身売買が深刻な問題になっています。地方出身の教育を受けていない女の子は、拉致される危険が非常に高いのです。ネパールの女の子を守る活動をしているNGO **マイティ・ネパール**は、旅行者がガイドの案内で地方の村を訪れた際に旅行者から現地住民の人身売買の情報を伝えられるよう、資料を提供しています。もしネパールへのトレッキング旅行を計画しているなら、資料を受け取ることができます。
- **エアライン・アンバサダー・インターナショナル**は、航空会社の客室乗務員が「空の戦力」となって人身売買の兆候を発見できるよう、研修を実施しています。あやしいと思ったら、飛行機が着陸したときに逮捕できるよう手配するのです。このプログラムのすばらしい成功事例と研修を受ける方法を知りたい場合は、**AirlineAmb.org**を見てください。
- **エターナル・スレッド（EternalThreads.org）**は、低所得層の女性職人が制作した工芸品を販売しています。人身売買を撲滅する活動を展開し、15の国境監視グループを運営する**K.I. ネパール**と協力して活動を進めています（上の写真）。この国境監視活動で、毎年2000人のネパール人の女の子が救われています。エターナル・スレッドから派生して生まれた**赤い糸活動（RedThreadmovement.org）**は救出された女の子が作るブレスレットを販売して、彼女たちの社会復帰と性的目的の人身売買に対する意識向上のための資金としています。

- ProtectionProject.org • FriendsofMaitiNepal.org • CATWinternational.org

土地の権利と譲渡

土地の所有権は経済的安定をもたらし、その土地にあるものを改善して生産性と収入を向上させようという動機づけになります。土地を所有することで女性は尊敬を勝ち取り、法的地位を手に入れることもできます。

エチオピア政府が発行した土地の権利書を誇らしげに掲げるアシーリャ・ゲンマル。
© Links Media/US AID Agency for International Development

世界中の多くの地域で、女性は土地を所有する権利がずっと許されてきませんでした。農地改革や女性に財産の**相続権**を認める法律《99》の改正は、貧困を軽減する強力なツールです。ですが、女性に土地を持たせることを禁じる非公式な法や慣習が、公式な法律と対立する場合もしばしばあります。土地の所有権とその行使について女性を教育することで、より強い経済的安定が確立できるようになるはずです。

女性の土地に対する権利は、国際、国家、地方、地域、宗教、部族、民族、文化など、さまざまに重なり合う法律や規則によって決められますが、それらの法律どうしが矛盾することもしばしばです。女性に対する差別的な家族制度が、女性の権利を奪うことにつながるのです。男性や年長者に従うことに慣れさせられてきた女性や女の子が、慣習に逆らうのは特に怖いものです。とても大きな勇気が必要なのです。

女性に土地の所有を認めない、あるいは所有しにくいような不利な仕組みになっている差別的な法律は、ボツワナやケニア、ナイジェリア、南アフリカ、スワジランド、タンザニア、ウガンダでは異議が唱えられ、廃止されました。

女性農家は、世界の自給自足農家のおよそ半数を占めます。ですが土地の所有率は国によってさまざまですが、単独であっても共同所有であっても、男性よりもずっと低いのです。土地の所有権を持つ農家は、生産性が高くなります。自分の財産をよりよくし、改善していこうという努力が、未来への投資となるからです。

土地の所有権を保障することで、金融サービスや政府のサービスも受けやすくなります。これもまた、所有権が生産性を上げることの証明です。**灌漑**《64》、**土壌改良**《57》、**植林**《69》などの活動でも、収穫量を上げることができます。

農業生産性が上がれば食料が増え、家庭の子どもたちの状況も改善されて、間接的にもっと多くの収入が得られる要因となります。家計の支出に対する女性の発言力が強くなれば、食糧調達と教育にもっとお金が使われるようになります。女性が土地の所有権を持つ家庭の子どもは、持たない家庭の子どもよりも中学校を卒業する割合が2倍も高く、体重不足になる割合は3分の1です。

土地の権利書に夫の名前と並べて女性の名前も記載することで、夫婦共同の意思決定が起こりやすくなります。2人目の意見が加わることでより良い判断ができるようになりますし、女性の知識や観点も役立てることができます。ペルーでおこなわれたある研究では、家族が市街地に所有する土地の権利書に女性の名前が記載されている場合、出産の回数が少なくなるという傾向が見られました。これはおそらく、権利を手にしたことで女性の交渉力が高くなったからだと思われます。

女性が土地の権利を持っていると、家庭内暴力の割合が低くなります。女性がより尊敬を集めるようになり、暴力的な関係を断ち切る自由を手に入れるからです。

土地の所有権が確定していない地域では、対立が激しくなりがちです。これが、女性によい影響をもたらすことはまずありません。

  女性の土地に対する権利の強化に関心ある人は、**ランドワイズ（Landwise.landesa.org）** をチェックしてください。参考になる資料を持っているなら、共有は大歓迎です。

 Landesa.org • LandCoalition.org • WinAfrica.org

idea 99

相続権

女性が亡くなった夫の財産を相続することを禁じる法律をなくすことで、未亡人が貧しい生活におちいらずにすむようになります。

インドのアンドラプラデーシュで、亡くなった夫の土地を相続し、自分と2人の息子の生活を支えているラクシュミ・ヴェンカタ。© Deborah Espinosa

はるか遠い昔から、夫を亡くした女性は非常に貧しい状態を象徴する存在でした。アメリカですら、女性の相続を認める既婚女性財産法が制定されたのは、19世紀半ばになってようやくです。

世界中の多くの国で、未亡人は今も亡くなった夫の財産を相続することができず、経済的困難におちいっています。夫の家族が土地を取り返し、未亡人を家や農地から追い出してしまう場合があるのです。精神的に傷つき、自立するための技術も持たない未亡人は、虐待や搾取の犠牲となるリスクが非常に高くなります。さらにその子どもにも、同じような運命が待ち構えています。

未亡人に関する法律や慣習は、国によってまちまちです。女性を差別する法律の改正が、緊急の課題です。開発途上国には、貧困に苦しむ未亡人が1億人以上いるのです。紙に書かれた法律では、現場での不当な扱いを食い止めることはできません。現地に手を差し伸べ、活動することが必要です。

国連は、6月23日を「国際未亡人の日」に定めています。開発途上国の未亡人が置かれた法的・経済的地位を向上させることを目標に活動する**ルンバ財団**が呼びかけて制定されました。ルンバ財団と国連はマラウイ、グアテマラ、インドで未亡人を支援するプログラムや活動を連携して実施していて、未亡人たちが団結してお互いに支え合い、権利を守れるよう支援しています。

以下のような法的・経済的ツールが、未亡人としての弱さを補う手助けになります。

○ **生命保険**《91》があれば夫の葬儀費用が支払え、いざというときの金銭的な助けになります。
○ **土地の権利書**に夫の名前と並べて妻の名前も記載すれば《98》、土地を奪い合う男性親族との法的なトラブルを避けることができます。
○ **女の子を年配の男性と強制的に結婚させる習慣を撲滅**することで《95》、若い未亡人の数を減らすことができます。

多くの国の法制度では、娘は父親の財産を相続することができません。そうした国の改革派は、両親からの相続ができなくなることも含めて、さまざまな形で女性を差別する花嫁持参金の習慣を撲滅するよう呼びかけています。

旧約聖書の民数記に記されている、ある有名な物語があります。ツェロフェハデという人物が死んだとき、その娘たち、マフラ、ノア、ホグラ、ミルカ、ティルツァが、モーゼにこう訴えました。「私たちの父には息子がありませんでしたから、私たち5人の娘が、父の土地を相続できるようにするべきです」（もしこの5人姉妹に男の兄弟があったなら、この問題は生じなかったでしょう）。モーゼは審議をおこない、神様の助言を受けて、ツェロフェハデの娘たちが正しいと結論づけたのです。

> 「あなたはイスラエルの人々にこう告げなさい。ある人が死に、男の子がないならば、その嗣業（しぎょう）の土地を娘に渡しなさい（民数記第27章8節）〔嗣業：聖書独自の言葉で「嗣業の土地」は「所有地」という意味を持つ〕

現代のボツワナでも、高齢の4人姉妹が、まさに父親の土地を相続する権利を求め、甥が主張する権利を拒否するよう、政府を相手に訴訟を起こしました。5年におよぶ壮絶な法的闘争の結果、裁判は2013年に結審し、80歳のイーディス・ンムジと妹たちバクハニ・モイマ、ジェーン・レココ、マーシイ・ンツェキサングが歴史的な勝利を収めました。ボツワナの最高裁判所にあたる控訴院は、女性の相続権を否定する差別的な慣習よりも現行の法律のほうが強制力が強いということを、満場一致で認めたのです。

⇨ **ヤギ**《72》も参照。

● GlobalFundForWidows ● Landesa.org ● TheLoombaFoundation.org

idea 100

選挙権と政治参加

女性は、選挙権を求めて政治に参加しようと長年努力してきました。政治の中での平等と法的平等を勝ち取ることが、次の目標です。

パキスタンのラワルピンディ市で、地方自治体の選挙に一票を投じる年配の女性。
© Khalid Mahmood Raja, 転載許可 Photoshare

女性の選挙権はあたりまえの権利だと思っている人も多いかもしれませんが、女性が選挙権を手に入れたのは、実は比較的最近のことです。近代になるまで、男性でも選挙権を持たない人がいたため、女性に選挙権がないことは、問題にもならなかったのです。多くの国が少しずつ民主化していく中で、男性の参政権が拡大していきました。女性の参政権運動がアメリカで最高潮に達したのは、アメリカ合衆国憲法修正第19条が批准され、アメリカ人女性に選挙権が与えられた1920年です。いまや、ほとんどの国で女性が投票することができます。女性が除外されている国では、男性も投票しない場合がほとんどです。

女性に選挙権があるからと言って、必ずしも女性が政治に十分に参加できているとは限りません。その原因はいくつかあります

✗ 女性が公共の場で活動するのを妨げ、制限するような社会的風潮があるため。

✗ 有権者になる資格に制限があるため（公的な身分証明書のない人は選挙登録ができず、低所得層では女性も男性も、**出生証明書**《94》を持たない場合が多いのです）。

✗ 読み書きができず、投票が難しいため（女性の**非識字率**は、男性よりも高いのです《81》。

女性の政治参加はしばしば、ひどい差別と資源不足に妨害されます。模範となるような女性や権威のある女性の存在は以前よりも普通になってきてはいますが、今でもあたりまえというよりはむしろ例外的な扱いです。リベリアのエレン・ジョンソン・サーリーフ大統領とマラウイのジョイス・バンダ大統領は、アフリカでそれぞれ2番目と3番目の女性国家元首です（アフリカ初の女性国家元首は、ギニアビサウのカルメン・ペレイラ大統領代理です）。中南米でも、女性が国家元首を務める国がいくつかあります。

女性の有権者は、必ずしも全員が女性の権利に関連する議題を支援するとは限りません。宗教的・伝統的な考え方と対立する場合があるからです。ですが、女性有権者が大勢集まると、栄養や健康、妊産婦のケア、教育など、よく「女性の問題」と言われるような日常的な出来事についての意識が向上し、注目が集まります。一方で政治にかかわる女性は増えていて、その地位も上昇していき、次の世代の女性たちのために道を切り開いてはいますが、歩みはまだまだゆっくりなのが現状です。

「リーダーシップを取る女性は、平和の有能な交渉人であると私は信じています」（リーマ・ボウイー、ノーベル平和賞受賞者）

女性も政策のテーブルにつき、国内外の問題解決に取り組めるようになるべきです。現代の紛争、暴動、内乱では、女性に重い負担がのしかかります。女性はレイプされ、家を略奪され、故郷を捨てて子どもと一緒に逃げることを余儀なくされるのです。政治の世界で女性と男性の割合が半々になれば、世界はもっと平和になるでしょうか？　その答えが「イエス！」であることを、祈りましょう。

 ● ノーベル平和賞受賞者のリーマ・ボウイーは、2003年に第二次リベリア内戦を終わらせる一因となった、リベリア人女性による平和への大衆行動の指導者でした。彼女のドキュメンタリー、『Pray the Devil Back to Hell（悪魔よ地獄に帰れ）』は、アメリカの公共放送PBSの「女性、戦争、平和」シリーズ5本中の1本に含まれています。

 ● GenderConcerns.org ・ Appropedia.org

42年間続いた独裁政権が2011年に崩壊したリビアで2012年5月、約60年ぶりにおこなわれた自由選挙の投票のためにベンガジの地方議会選挙の投票所に並ぶ女性たち。
© Megan Doherty

おわりに

この本に掲載した写真について

　この本で紹介した 150 点以上の写真は、女性の社会的地位の向上の物語を生き生きと伝えてくれます。写真を検索して選び、世界中にいる撮影者を探し出して掲載許可を得るために連絡を取るのは、それだけで膨大な作業でしたが、同時にわくわくするプロジェクトでした。写真を使う許可をくださった撮影者や組織には、いくら感謝してもしきれません。

　世界を変える活動に取り組む女性たちの力強い写真の数々が、この本を作るきっかけを私にくれました。一方で使わないようにしたのが、これといった意味を持たせずにただ美しい女性や女の子を写しただけの写真です。そういう写真は、被写体の外見を利用して「なじみのないものが持つ魅力」をもてはやすエキゾチック趣味だとして、批判されることがあります。同様に使用を避けたのが、飢えに苦しむ母や娘が救援活動の食料配布の列に並んでいるような、典型的な災害の写真でした。こうした写真を見ると心が痛みますし、世界が知るべき情報を伝えるうえで重要な役割を果たしますが、女性の能力や強さ、回復力を伝えることはできません。この本で、私はそうした女性の力強さを伝えたかったのです。

　本書で紹介した写真は、女性がどのように各ツールを使いこなし、差し迫った問題を解決して暮らしを改善しているかという物語を視覚的に伝えてくれます。セクター 11「法的ツール」のように、もっと抽象的なテーマでは、行動を起こす女性たちの姿を掲載しました。《96》で示される女性の力——インドで女性に対する暴力に抗議する女性が群集を前に演説しながら、怒りに振り上げる拳——も、すばらしい方法のひとつと言えるでしょう。

　2 つの NGO が持つ貴重な写真のコレクションから掲載許可をいただけたことにも、本当に感謝しています。

　フォトシェア（Photoshare.org）は、公衆衛生と開発に関する写真のアーカイブです。人道関係の撮影者たちが、何千枚もの写真を共有しています。これは、アメリカのジョンズ・ホプキンス大学ブルームバーグ公衆衛生学部に拠点を置くナレッジ・フォー・ヘルス（健康のための知識、K4Health）プロジェクトによるサービスです。

　フォトシェアでは、撮影者による写真の共有を歓迎しています。ホームページに、開発関連写真の倫理についての説明が詳しく掲載されています。

　プラン・インターナショナル（PlanInternational.org）は寛大にも、50 以上の活動国で撮影された写真を保管する膨大なメディアバンクの使用許可を私に与えてくれました。

　世界最大の写真アーカイブ、フリッカー（Flickr.com）には、多くの NGO が写真を掲載していますし、個人が撮影した写真もあります。撮影者の目にたまたま留まった光景が、まさしく私の探していた画像そのままだったという偶然もありました。私からのメールでの依頼に返ってきた「イエス」という返事が、私を大いにはげましてくれました。

　フェイスブックのページに多くの写真を掲載している活動組織もあって、この本にはそうした写真もたくさん使わせていただきまし

© PhotoShare/Somenath Mukhopadhyay

た。ツイッターとフェイスブックという便利なサービスのおかげで、掲載許可を取得するのは驚くほど簡単でした。これには深く感謝していますし、正直、本当に驚いています。

副索引

ここからは、100の項目の中から抜粋したリソースを、探しやすいよう5種類に分けて紹介します。

1. 映画・動画
2. ハイテクな人道女性活動家
3. 女性の組合が共有できるツール
4. 旅行の際には：休暇中に参加できる活動
5. 専門技術を活用した協力の機会

映画・動画

ここで紹介する映画や動画は個人で観ることももちろんできますが、女性の権利拡大のための映画祭で上映することもできます。

1. 映画製作者クレア・ワードが制作したドキュメンタリー『**コーラ・ロード**』は、命をおびやかす下痢の治療に役立つ**コーラライフ**《11》の試験運用についての記録です。上映会を希望・提案する場合は、Claire.Ward@nyu.edu にメールを送ってください。

2. 『**ソーラー・ママ**』は、インドのベアフット・カレッジで太陽光発電技師としての訓練を受ける女性たちのドキュメンタリーです。モナ・エルダイエフとジェハネ・ヌジャイム監督、メッテ・ヘイデ制作、長さは60分です。読み書きができず、英語もわからない女性がほとんどですが、電子部品やはんだ技術について学ぶのは、それほど困難ではありません。難しいのはその技術で自分と家族を貧困から救い出すことで、その困難に果敢に立ち向かうラフェアという女性の努力を紹介しています。

3. エイミー・スミスがスピーチイベントのTEDでおこなった有名な講演、「**命を救うシンプルなデザイン**」は、70万回近くも視聴されています。スミスはこの講演で、**バイオ炭**《33》について説明と実演をおこなっています。スミスは2004年にマッカーサー賞、通称「天才賞」を受賞しました。TED2006で発表されたこの講演の長さは、15分です。

4. ネパールのカトマンズで**ビヨンド・ザ・フォー・ウォールズ**プロジェクトと**女性向けのインターネットカフェ**《86》を立ち上げたウルフ・プライスは、ネパールの女性と女の子についてのドキュメンタリー、『**Within the Four Walls（4枚の壁に閉じこめられて）**』を撮影しました。この映画は、現在部分的に www.WithintheFourWalls.com で視聴できます。

5. 『**After My Garden Grows（庭の野菜が育ったら）**』は、インドの地方で**強制的結婚**《95》を拒否する女の子についてミーガン・ミランが制作した短編映画です。

6. 『**Pray the Devil Back to Hell（悪魔よ地獄に帰れ）**』は、公共ラジオ放送局PBSが2011年に放送した「女性、戦争、平和」5部作シリーズのひとつで、リベリアの内戦を終わらせた**女性の勇敢な行動**《100》についての物語です。監督ジニ・レティッカー、制作アビゲイル・ディズニーで2008年に作られたこの映画の長さは、72分です。

女性の発明者たち

この本で紹介している女性の発明者たちは、貧困軽減に役立つツールの開発と普及に独創的な方法で貢献した人たちです。それぞれが、番号で示した項目で取り上げられています（重要でわくわくするような活動を展開している女性はほかにもたくさんいますが、今回設定した具体的な条件に合わなかったのでこの本では紹介していません。が、そのすべての女性たちに敬意を表します）。

1. 《3》**ジェーン・チェン**は、スタンフォード大学の「究極の使いやすさを目指すデザイン」という講座でのグループ課題として**抱っこ式赤ちゃん保温器**を開発しました。チェンはその後この保温器の開発と普及に力を尽くすための社会事業エンブレース・イノベーションズを立ち上げて、インドで最終利用者を対象に徹底的な現地調査をおこないました。スタンフォード大学で経営管理学の修士号、ハーバード大学で行政学の修士号を取得したチェンは現在、エンブレース・イノベーションズのCEO（最高経営責任者）を務めています。

2. 《28》**サンサリューター**の発明者**エデン・フル**は、この本が書かれている当時はプリンストン大学の学部生でした。ティール・フェローシップという栄誉ある奨学金を受けて、フルは自分が発明したサンサリューターの発電効率を最大限に高める開発に専念するため、丸2年間休学しました。

3. 《30》**グローバル・サイクル・ソリューションズ**の創設者**ジョディ・ウー**は、足でこぐ力を活用して家事の効率を高める方法に注力しています。機械工学士として訓練を受けたウーはMITのDラボの卒業生で、タンザニアに拠点を置いて社会事業を展開しています。

4. 《31》**カトリン・プエッツ**はドイツで学び、ホッフェンハイム大学で農業工学の博士号を取得しました。その後、**堆肥装置**に注力する（B）エナジーという会社をエチオピアで立ち上げています。プエッツが発明した**バイオガス運搬用パック**を使えば、堆肥装置で作られたバイオガスを受け取って運ぶのが容易になります。

5. 《32》**メアリー・ンジェンガ**はケニアのナイロビ大学で環境科学の博士号を取得し、**エコ固形燃料**の最適な材料や配合を研究しています。これは、貧しい女性が収入を得ると同時に生活環境を改善し、さらに現地の自然環境も改善できるようにすることが目的です。

6. 《33》MITで学んだ機械工学士でピーコスコア経験者の**エイミー・スミス**は、カリスマ性のあるイノベーターで、教師であり、MITの有名なDラボの創設者、**バイオ炭**の発明者でもあります。スミスは栄誉あるマッカーサー賞も含め、数々の賞や奨学金を受けています。

7. 《34》**アンナ・ストーク**と**アンドレア・スレーシュタ**が出会ったのはコロンビア大学建築学部で、2人とも太陽光技術に興味を持っていたことがきっかけでした。2人が開発した膨らませる**LEDソーラーライト**のルミネイドは災害時の利用にも、家庭で停電が起こったときの予備照明としても使えます。

8. 《34》**トリシア・コンパス＝マークマン**が災害時の浄水ツール**デイワン・レスポンス・ウォーターバッグ™**の開発に取り組み始めたのは、大学で土木工学を学んでいたときでした。その後カリフォルニア州立ポリテクニック大学で「国境なきエンジニア」を立ち上げます。

9. 《36》**シンシア・ケーニッヒ**がCEOを務める**ウェロ・ウォーター**は、水を転がして運ぶ容器を専門に扱う組織です。ケーニッヒはミシガン大学ロス・スクール・オブ・ビジネスと資源・環境学部を二重専攻し、2つの学位を取得した社会起業家です。TEDxGatewayのホームページで、活動について説明するケーニッヒの動画を観ることができます。

10. 《41》スウェーデン人微生物学者で芸術家でもある**ペトラ・ワドストロム**は、太陽光で水を殺菌するSODISという技術を利用した浄水器、**ソルヴァッテン**の発明者です。同名のNGOを運営し、ほかの組織と提携してソルヴァッテンの改良・普及に取り組んでいます。ワドストロムのインタビュー映像が、ユーチューブのLinkTVチャンネルで、iDOBNPpVPfMで検索すれば観られます。

11. 《46》スタンフォード大学で生態学の博士号を取得した**サーシャ・クレイマー**はエコサニテーション（生態系を考慮した衛生対策）の世界的権威で、ハイチに拠点を置く**サステナブル・オーガニック・インテグレーテッド・ライブリフッド（SOIL、持続可能で有機的に融和する暮らし）**の創設者でありCEOでもあります。国民のほとんどが非衛生的な環境で暮らし、2010年に壊滅的な地震を経験したハイチで活動するSOILは、ごみから資源を作り出しています。クレイマーが中心となって、環境にやさしい衛生設備の構築に役立つ手引書の執筆もしています。

12. 《49》グアテマラに拠点を置く**バイオアース**の創設者**マリア・ロドリゲス**の専門分野はミミズ養殖。ミミズの力を活用してごみを貴重な資源に変え、持続可能なごみ処理方法とする技術です。大学では経営管理学を学び、持続可能な農村開発の研究で修士号を取得したロドリゲスは、世界中で新規参入しているミミズ養殖企業と情報を共有しています。

13. 《50》すでに多くの人が取り組んでいる改良型コンロの分野に参入した**ネハ・ジュネジャ**のグラミン・グリーンウェイは、圧倒的な大成功を収めました。大学で学んだ知識を武器に、ジュネジャと共同創設者のアンキット・マトゥールは、潜在的利用者と徹底的に議論を重ねました。「私たちの最初の製品、グリーンウェイ・スマート・ストーブは伝統的な泥のかまどに代わる近代的なもので、燃料を65％節約し、煙の排出も80％抑えて、より健康で楽しい台所を実現します」

14. 《77》**ピラル・マテオ**は殺虫剤入りのペンキ、**イネスフライ**の発明者です。このペンキは泥壁のひび割れの中に潜む虫が媒介するシャーガス病の予防に特に効果を発揮します。マテオは化学の博士号を持つ起業家であると同時に、人道活動家でもあります。

女性の組合が共有できるツール

ここで紹介するツールは、組合などのグループが共同で購入し、メンバー全員が恩恵を受けられる技術を採用したものです。**女性グループ**について詳しくは、《61》を見てください。

1. 《31》**バイオダイジェスター（堆肥装置）**が機能するには膨大な量の有機ごみが必要ですが、そこから料理に使えるバイオガスや、堆肥または肥料に使える半液体状の副産物が作れます。従来型の装置は地面に埋めるもので、深い穴を掘る必要があります。本書で紹介した装置は地上に設置する風船型の堆肥装置で、市場でずっと安い値段で購入することができます。カトリン・プエッツのバイオガスを運ぶバックパックは、圧縮されていないガスを運ぶ問題を解決してくれました。農業廃棄物、家畜のフン、人糞も、堆肥の材料にすることができます。

2. 《30》マヤ・ペダルが開発・製造した自転車を動力とする**ビシマキナ**は労力を軽減してくれるだけでなく、女性グループが共有できる収入創出計画の基盤にすることもできるツールです。マヤ・ペダルは設計図を公開して、技術の普及に努めています。

© Peter Stanley/LegacyFound.org

3. 《32》**エコ固形燃料**は、昔から女性たちが家畜のフンから燃料「団子」を作るのにやっていたのと同じような方法で、手で成形することができます。固形燃料製造機を原材料費125ドル程度で作ることもできます。この機械があれば、高品質の固形燃料をより速くたくさん作ることができるので、固形燃料の小規模事業の収益性を高められます。設計図は、レガシー財団のホームページで入手することができます。

4. 《47》社会起業家の**アルナチャラム・ムルガナンタム**が開発した**生理用ナプキン製造機**は、女性グループがマイクロファイナンスを活用して購入できるうえ、作ったナプキンをメンバー内や一般の消費者に売って得た利益でローンを返済することができます。ムルガナンタムは、妻が生理のときにぼろ布を使っているのを見て、「ジャヤーシュリー」という会社を立ち上げました。妻に市販のナプキンを買ってあげた彼は、ナプキンを製造する工程を開発すればいいと思いついたのです。数年の試行錯誤を経て輸入品と同じくらいの品質でずっと安い生理用ナプキンを開発したムルガナンタムは、ついに目標を達成したのでした。

5. 《61》**車輪つき種まき機**は、種まきの時間と体への負担を軽減してくれます。

6. 《61》**田んぼ用脱穀機**は、稲刈りの時間と体への負担を軽減してくれます。

7. 《68》**天日干し台**はかなり大きく、相当な量の食物をまとめて乾燥させることができます。女性グループが、自分たちで食べるぶんに加えて、販売用の加工食品も作れるようになるのです。

8. 《68》**万能殻むき機**は、さまざまな換金作物の加工に便利なツールです。開発したフルベリー・プロジェクトでは協同組合向けにファイバーグラス製の鋳型を販売していて、それを使えば現地で手に入るセメントを使って4台の殻むき機を作ることができます。現地の溶接工に頼んで、部品を接合してもらってもいいでしょう。フルベリー・プロジェクトはほかにも、電気を使わない農機具を何種類か開発しています。

9. 《73》簡単に作れるかごを使った**魚の養殖**は女性が個人でおこなうこともできますが、より安全で確実な養殖のためにグループで力を合わせる場合もあります。かごが公共の川などに設置されていれば、盗難の危険もあるからです。

10. 《79》**荷車や手押し車**は、重い物資や作物を運ぶ貴重なツールです。1台（もしくは複数台）を共同で購入すれば、グループの能力は大幅に向上します。

おわりに 165

11.《82》**ラジオ**は、通信と娯楽、そして教育の優秀な媒体です。女性の農業従事者は、男性と比べると研修や農業相談サービスを受けられる機会がはるかに少ないのです。ライフライン・エナジーが作っているようなラジオは、女性グループが一緒に聴いて情報を共有し、交流するにはぴったりです。

12.《88》女性の協同組合や自助グループが運営する**小口融資／マイクロクレジット**は、メンバーが適切なマイクロファイナンス商品を手に入れられるようにする適切な仕組みです。従来型の小規模事業向けローンに加え、協同組合は共有する事業のために一緒にローンを組むことができますし、個人でも家の修理や子どもの学費、その他家族の出費に必要なお金を借りることもできます。

13.《89》**村の貯蓄貸付組合**は、マイクロファイナンス機関に行くこともできないくらい遠い地方に住んでいる女性がお金を貯めたり借りたりして、全員が恩恵を受けられるようにしてくれるシステムです。

14.《91》**マイクロ保険**は女性グループが先陣を切って始め、マイクロファイナンスサービスを世界中の貧しい人たちに広げました。

15.《93》**フェアトレードの提携組織**は、開発途上国の農業協同組合と一緒に活動しています。パートナーとして、協同組合に農作物の品質向上や世界基準を満たすための方法について助言したり、作物の保管と出荷に向けたサプライチェーンの提供を支援したりしているのです。世界市場に参入できれば、収入を増やすことができます。また、農家や職人は世界の需要に合わせて作物や工芸品のデザインを調整することもできます。

旅行の際には──休暇中に参加できる活動

この本で紹介している項目にはところどころ YOU のアイコンがありますが、これは、あなたが休暇中に活動に参加できる方法を示しています。活動には資材を現地に届けるだけのものから、しっかり組織されたボランティア活動に登録して2週間程度参加するものまでさまざまです。こうした活動は、**ボランツーリズム**といいます。

ここに掲載した選択肢以外にも、さまざまなプログラムがあります。事前に計画しておけば、現地の組織が必要としている物資を持っていくこともできますし、相手の活動に合わせて日程を調整することもできます。

ただ、こうした組織の活動内容や参加の機会は変わりやすいものです。訪問や活動への参加を考えている場合は、必ず事前にそれぞれの組織に直接連絡を取りましょう。

ここで大事なのは、目標を高く持ちすぎないことです。世界の貧困は1時間や1日、1週間で撲滅できるものではありません。参加者は、自分がこれだけ貢献できたと思うよりも、自分が学んだことのほうに価値を見出す場合がほとんどです。

© Pham Hong Hanh/Plan International

1. 《6》**グローバル・グリン**は、開発途上国での虫歯の蔓延を撲滅するために、1箱100本入りの歯ブラシを現地に届ける使節を募集しています。歯ブラシは、希望があればあなたの自宅に配達されます。私自身は、この本を執筆している最中にメキシコのオアハカを訪問した際、歯ブラシを運ぶ使節として登録しました。届いた歯ブラシの箱についていた指示書は非常に簡単なもので、「これが役に立つ場所を見つけてください」でした。配布場所として提案されていたのは教会、診療所、幼稚園、村の集会所などでした。

    現地に到着したのは午後遅くでしたが、街の広場で小物を売るストリートチルドレンがあまりにも多いのを見て悲しくなりました。翌朝、私たちが泊まっていた美しいホテルで、別の宿泊客が話しかけてきました。彼女は長期休暇中で、1日の半分はスペイン語を勉強し、残りの半分はストリートチルドレンを支援する活動に参加しているとのことでした（そこで、あの子どもたちに親がいることを知りました）。彼女の案内でオアハカのストリートチルドレン・グラスルーツ・センターに出向くと、歯ブラシを喜んで受け取ってもらえました。センターに子どもの姿はありませんでしたが、嬉しいことに、学校に行っていたのです。

    貧しい子どもたちのために活動する現地組織と出会えて、とてもうれしく思いました。小さいけれど、大きな意義のある活動でした。

2. 《88》今では多くの人が**キヴァ (Kiva.org)** や**ミラープ (Milaap.org)** を通じて直接小口融資を受けていますが、マイクロファイナンスの利用者を直接訪ねると、ほかにはない経験ができます。オアハカを訪れた際、私は友人から勧められていた、**フンダシオン・エンヴィア**という組織が主催する、マイクロファイナンスの利用者を訪問する日帰りツアーに参加しました。これは、旅行サイトのトリップ・アドバイザーで、オアハカのツアー部門1位を誇る人気のプログラムです。

    私たちは小口融資を受けてできた、開店したてのレストランでランチを食べました。次に訪れたラグ職人は、エンヴィアからより良い条件でお金を借りたことで利益幅を増やすことができたそうです。そこでは、美しい工芸品を直接買うという楽しみもありました（さらに彼らの利益になったのです！）。ただし、これは買い物ツアーではありません。ガイドはボランティアで、私たちの支払うツアー代金は新しい融資に使われます。勧誘はありませんし、ツアーで利益を出しているわけではありませんが、エンヴィアの支援者を増やすことができます。

3. 《8》**アクシャヤ・パトラ**はインドで学校給食の大規模なネットワークを運営していて、最先端のキッチンやシステムが特徴です。見学者も歓迎していますし、活動への参加も喜んで受け入れてくれます。バンガロールに拠点を置く彼らは、インド9州の20地域で活動しています。見学は、アメリカの関連組織「フード・フォー・エデュケーション（**www.foodforeducation.org**）」に連絡してください。

4. 《97》ネパールにトレッキングに行く予定ですか？ 性的目的の人身売買から女の子を守る活動を続けるNGOの**マイティ・ネパール**に連絡をすれば、ホテルに啓発用の資料を届けてくれます。あなたは、女の子が売られる危険の高い地方の農村に資料を届ける手助けができるのです。

5. 《42》**ポッターズ・フォー・ピース**は、毎年冬にニカラグアで2週間の活動旅行を主催しています。この旅行では陶器製ろ過器を作る現地の職人と一緒に活動し、工場で1日過ごして文化交流します。ポッターズ・フォー・ピースによれば、これは開発途上国の典型的な環境で学び、気づきを共有することを経験するハードな旅行だとのことです。スペイン語ができれば役には立ちますが、主な共通言語は粘土ですよ。

6. 《50》中米の女性のニーズに応えて開発された改良型コンロのエコシーナの開発・販売元である**ストーブチーム・インターナショナル**は、9日間のストーブキャンプを主催しています。ボランティアはチームでコンロの製造と試用をおこない、ときには現地で活動することもあります。スペイン語ができれば役に立ちますが、必須ではありません。

7. 《74》**ハグ・イット・フォワード**はグアテマラへのツアーを主催しています。このツアーでは、現地のコミュニティと協力してペットボトルれんがの学校を建設します。学校の建設には何カ月もかかるので、1週間のツアーでできるのは建設の手助けをするところまでです。

8. 《60》**セミージャ・ヌエバ**は、グアテマラの農業協同組合で直接支援をおこないたい人向けに夏のツアーを主催しています。参加者は農家にホームステイするか、遠くにあるホテルに宿泊するかを選ぶことができます。

9. 《78》熱意ある自転車乗りのみなさんは、**ワールド・バイシクル・リリーフ（WBR、世界自転車支援）** がサポートする自転車ツアーに参加しましょう。収益金はアフリカで自転車の配布やインフラ建設費用に使われます。ツアーは、アメリカでもアフリカでも開催されます。

10. 《75》**リユース・エブリシング・インスティテュート**のプラスチックの屋根プロジェクトは、絶え間なく雲と霧に覆われたエクアドルの森の中、マキプクナ自然保護区（**www.maqui.org**）に

拠点を置き、生物の多様性と現地の生態系を保護する活動に取り組んでいます。環境にやさしいロッジは、首都キトからほんの40分のところにあります。収益は、現地コミュニティに雇用を生み、環境保護精神を育てて自然を守るために使われます。

11.《31 + 73》もっと自由な冒険がいいですか？ ラオスのナトンという持続的コミュニティ（**www.saelaoproject.com**）を調べてみましょう。サエラオ・プロジェクトでは、有機菜園とレストランを運営しています。堆肥装置でレストラン用の燃料を作り、菜園用の肥料を作り、魚の養殖池のエサも作れます。ボランティアは菜園とレストランで働いたり、現地の生徒たちに英語を教えたりして、1日最低4時間、最短2週間の活動をおこないます。サエ・ラオはどのような専門家の協力を求めているか、ホームページに掲載しています。電力網を使わない持続可能な技術や、有機農業技術を教えてくれるボランティアは特に歓迎です。

専門技術を活用した協力の機会

組織が、専門家からの無償協力を得るのは難しいものです。この本で紹介する100の項目の多くは、そういう協力の機会を掲載しています。ここに、その一覧を専門技術別にリストアップしました。数字は、詳しい説明が掲載されている項目の番号を指します。

技術で貢献したい専門家に役立つ情報源としては、**キャッチアファイヤー**（**www.Catchafire.org**）もあります。ここは支援を求める非営利組織と、技術を提供したい専門家とを結びつけるサイトです。

コーチ
《87》**ワールド・パルス**では、新人女性ライターや活動家にオンラインで指導をしてくれる人を募集しています。

歯科専門家
《6》**アメリカ歯科医師会**のポータルサイト InternationalVolunteer.ada.org を見てください。

客室乗務員
《97》**航空会社の国際大使**では客室乗務員がボランティアで「空の戦力」となって性的目的の人身売買を監視するための研修をおこなっています。

助成金申請書類作成者
《42》**ポッターズ・フォー・ピース**は、助成金申請書の作成を手伝ってくれる人を募集しています。

グラフィックデザイナー
《46》ハイチで環境にやさしい衛生設備を展開する非営利組織**SOIL** は、資料のデザインを手伝ってくれる人を募集しています。

医療関係者
看護師、助産師、医師、または看護学科、助産師学校、医学部の学生

1. 《17》 **グラウンズ・フォー・ヘルス（GFH）**は、開発途上国の低所得地域で子宮頸がん検査プロジェクトを実施するためのボランティアを積極的に募集しています。

2. 《17》**PINCC** も同じく、開発途上国の低所得地域で子宮頸がん検査プロジェクトを実施するためのボランティアを積極的に募集しています。

3. 《16》ソマリランドの**エドナ・アデン大学病院**では、ボランティアを歓迎しています。

4. 《22》 **ライフ・フォー・アフリカン・マザーズ（アフリカの母親の命を救う）**は、専門技術を持つボランティアを募集しています。

5. 《22》 **ミッドワイブズ・フォー・ハイチ（ハイチのための助産師）**は、ボランティア助産師や関連技術を持つ医療専門家のボランティアを募集しています。

司書や書籍目録作成者
《16》ソマリランドの**エドナ・アデン大学病院**では図書館を造っている最中で、手助けを必要としています。

眼科医
《15》**ビジョンスプリング**は、現場で経験を積む機会を提供しています。

写真家
《8》**アクシャヤ・パトラ**、《30》**マヤ・ペダル、フォトシェア（Photoshare.org）** は人道支援をおこなっている写真家からの写真の寄付をいつでも歓迎しています。詳しくはあとがきをご覧ください。

校正者
《87》**ワールド・パルス**では校正者を募集しています。

小売業およびネット販売業
《93》ガーナのフェアトレード事業、**グローバルママ**でボランティアをしましょう。「有意義な休暇を過ごしたい人、仕事をいったん休みたい人、退職した人。ガーナのママたちとその家族の暮らしをよくするために、あなたの能力を役立てる方法があります」

© Cheryl Hanna-Truscott/Midwives For Haiti

統計学者、データ収集専門家
《16》**ソマリランドのエドナ・アデン大学病院**では、女性性器切除に関して収集したデータの分析を手伝ってくれるボランティアを募集しています。

外国語としての英語教師
《16》**ソマリランドのエドナ・アデン大学病院**では、英語教師を歓迎しています。

翻訳者
1. 《81》**カーン・アカデミー**では、オンライン講座を多国語に翻訳するための翻訳者を募集しています。

2. 《30》**マヤ・ペダル**では、マニュアル作成を手伝ってくれる翻訳者を募集しています。

3. 《87》**ワールド・パルス**では、翻訳者を募集しています。

獣医師
《72》**国境なき獣医師（VetsWithoutBorders.ca）**は、ウガンダなどの開発途上国で獣医師が活動するツアーを主催しています。

映像編集者
《9》**アゲインスト・マラリア財団**は、マラリア感染防止のための蚊帳配布活動の記録映像を編集してくれるボランティアを募集しています。

文筆業
1. 《81》あなたが書いた作品を、生徒が読めるようワールドリーダーに寄付しましょう。

2. 《30》**マヤ・ペダル**ではマニュアルを作成してくれるライターを募集しています。

用語集

BOP（Base of the pyramid、ピラミッドの底辺）
世界でもっとも大きく、もっとも貧しい社会経済的集団。1日 2.5 ドル以下で生活し、40 億人いるといわれている。

Bコーポレーション　B は Benefit（恩恵、利益）の B。環境的、社会的利益をもたらしつつ、株主に経済的利益も分配する企業を指す。

HPV　ヒトパピローマウイルス。性行為で感染するこのウイルスは、子宮頸がんの最大の要因。

MOOC　Massive Online Open Courses（オープンオンライン教育）。登録者が無料で受講できる講座。「クルセラ」「EdX」「ユーダシティ」など数多くの組織が制作していて、インターネットで配信される。通常は大学レベルの、1学期続く講座になる。

NGO　非政府組織。本書では主に非営利の開発機関を指す。

RUTF（Ready-to-Use Therapeutic Food、すぐに食べられる治療食）　極端な栄養失調の子ども向けに作られたパッケージ入りの食料で、水と混ぜたりする必要がなく、ストローがついているので子どもが自分で袋をしぼってそのまま食べられる。

SODIS（Solar Disinfection、日光消毒）　ペットボトルに詰めた水を日光に当て、6時間放置して飲めるようにする処理法。

アップサイクル　廃棄された材料を再利用して、もとより品質が高いもの、またはもっと価値があるものを作ること。

インパクト投資／インパクト投資家　利益と同時に、社会的または環境的利益も生み出すことを条件とした社会事業への金銭的な投資。ベンチャー系のエンジェル投資家〔新規事業に資金を提供する投資家〕は直接投資する。アキュメンは人道目的の寄付金を集め、非営利と営利目的を融合させたモデルで投資している。

エネルギー貧困　安価で環境にやさしい燃料や電気が手に入らないため、高価で環境を汚染するエネルギー源に頼らざるを得ない状態。例として、家畜のフンや木、作物の収穫かすを使って料理したり、懐中電灯に使い捨ての電池を使ったり、灯油ランプを使ったりすること。

オープンソース　一般に公開されている技術。設計者やエンジニアが設計図などをインターネット上で公開し、誰でも無料で手に入れられるようにしたもの。たとえば、オープンソースのソフトウェアは、無料でダウンロードして利用できる。

カーボンオフセット補助　企業や個人が、自分の二酸化炭素排出量を相殺するため、ほかの国や地域で二酸化炭素を削減する活動に補助金を出すこと。

開発途上国　衛生設備やエネルギー関連のインフラがない場合が多い低所得国を指す一般的な用語。

改良型コンロ　燃料の消費を少なく、調理時間を短くするよう設計されたコンロで、昔ながらのたき火での調理に比べて煙の量も少ない。「クリーンコンロ」「高効率コンロ」とも呼ばれる。

環境にやさしい衛生設備　排泄物を資源として再利用し、天然ガスや栄養豊富な半液体状物質、肥料に変えるシステム。

共創　エンジニアやデザイナーが消費者と協力し、文化的背景や現地のニーズ、嗜好などを考慮した解決策を生み出すこと。

コーズ・マーケティング　営利目的の企業と非営利組織が、お互いの利益のために協力して販売促進をおこなうこと。

ゴールド・スタンダードのカーボンオフセット　ゴールド・スタンダード（Goldstandard.org）が承認する、二酸化炭素削減プロジェクトの検証に使われる基準。

黒色炭素　粒子物質の中でもっとも光を吸収する力が強い物質。化石燃料、バイオ燃料、バイオマスの燃焼が不完全な場合に発生し、地球温暖化の大きな要因となっている。たき火での調理が大きな発生源で、調理する女性に深刻な健康被害をもたらす。

小口融資／マイクロクレジット　通常は適正な利率で融資される少額のローン。対象は、通常の銀行が相手にしない低所得層の顧客。

市場を台無しにする製品　きちんと設計されていないのですぐに壊れてしまい、低所得層の顧客に不信感を抱かせる製品。その後、よりよく設計されたものが出てきても、購入をためらわせるようになってしまうもの。

持続型農業　土地と人との調和的な融合で、人が持続可能な形で食料やエネルギー、住居などの物質的・非物質的ニーズを満たしていく農業。

社会起業家　金銭的リターンと社会的リターンのどちらも追求する起業家。営利目的の取り組みを実施する者もいれば、非営利の活動をおこなう者もいる。

ジュガード　「フルーガルエンジニアリング」を参照。

女性性器切除　女性性器損傷と呼ばれることも。世界保健機関の定義によれば、女性の外性器の一部またはすべてを切除する行為、または医療行為以外の理由で女性の性器を意図的に傷つける行為とそれに連動するすべての行為。略称は FGM または FGC。

森林農業　小規模の自給自足農業に、生産性と収入の向上のために植林を取り入れたもの。

スラム　開発途上国の都市の境界線に隣接して、人が密集して住む居住区。市のインフラやサービスが届かない。貧民街、インフォーマル居住区、不法占拠地域、周辺都市とも呼ばれる。

スリー・シスターズ　マメとトウモロコシとカボチャのこと。ネイティブアメリカンが昔からおこなってきた間作で、この 3 種類を混植することで収穫量が上がり、生産性が向上する。

生活排水　料理や洗濯などに使われた水で、排泄物で汚染されていないもの。適切に処理すれば再利用が可能な水。

代替通過儀礼　女性性器切除の代わりに、女の子が大人の女性へと成長したことを地域のみんなで祝福する儀式。

堆肥装置　酸素のない状態でごみを処理し、分解してメタンガスと肥料に使える栄養豊富な半液体状の物質に変える装置。

炭化　有機物が熱分解（無酸素状態での加熱）によって炭素、または炭素を含む燃え殻に変化すること。

低資源地域　低所得で、安全な水や電気、衛生設備が欠けている国や地域。

適正技術　使われる現場で手に入る材料だけでなく文化的背景にも注意を向け、もっとも簡単な技術で目的を達成するよう開発されたもの。

トリプルボトムライン（3 つの目標）　社会的・環境的影響も測定する営利目的の企業は、しばしばその活動目標を「利益、人、地球」の 3 つにまとめている。

二重強化食塩　世界の貧しい人々に不足していることが多い 2 つの微量栄養素、ヨウ素と鉄分を強化した塩。

バイオ炭　生物や植物由来の資源であるバイオマスを熱分解（酸素のない状態で加熱する方法）で炭化させて得られる固形物質。

半液体状物質　堆肥装置から出る栄養豊富などろどろとした物質。肥料や魚のエサとして使ったり、堆肥に混ぜたりする。

ひとつ買ったらひとつ寄付する　企業が商品を販売する際、ひとつ売れるごとに同じ商品をひとつ、貧しい人に寄付することに合意するシステム。

飛躍的技術　あるサービスの昔ながらの方法をすべて飛び越して、最先端の技術をもたらすこと。固定電話を使うことなくいきなり携帯電話を使ったり、白熱電球を使わずにいきなり太陽光発電の LED ライトを使ったりするようなこと。

フルーガルエンジニアリング（倹約工学）　複雑さやコストを削減し、製造費用を引き下げ、商品が低所得層の消費者にも手に入れやすくなるようにすること。ジュガードとも呼ばれる。

分散型エネルギー　ひとつの大規模な施設で集中的に生産して地域に送られるものではなく、エネルギーが必要な場所ごとに生産されるエネルギー。堆肥装置で作られるガスや、ソーラーパネルで作られる電気など。

ペイ・アズ・ユー・ゴー／ペイ・ティル・ユー・オウン　たとえば携帯電話の電子決済を利用して、決められた期間ごとにソーラーパネルの発電料金を支払うシステム。支払い額にその機器の販売価格も分割して含めて、一定期間の支払いが完了すると、顧客がその機器の所有者となれる場合もある。またはメーターとして機能し、顧客が使った分だけ支払うシステムもある。

ボランツーリズム　個人で、あるいは組織だったプロジェクトで、ボランティアをするためにどこかへ旅すること。

マイクロファイナンス機関　通常の銀行がサービスを提供しようとしない貧困層の顧客向けに金融サービスを提供する機関。ローンに加え、技術研修などの追加サービスも提供する。多くは非営利で、融資先の顧客が貧困から抜け出せるよう支援することを目標にしている。

ラストマイル（最後の 1 マイル）　安価な商品を、交通機関がない遠隔地に住む消費者に届けること。

ランダム化比較試験　参加者を実験介入群と対照群に無作為に分ける調査手法。

参考文献

Alexander, Max, *Bright Lights, No City: An African Adventure on Bad Roads with a Brother and a Very Weird Business Plan*. Hyperion, 2012.

Boo, Katherine, *Behind the Beautiful Forevers: Life, Death, and Hope in a Mumbai Undercity*. Random House, 2012.

Duflo, Esther, and Abhijit Banerjee, *Poor Economics: A Radical Rethinking of the Way to Fight Global Poverty*. Public Affairs, 2011.（『貧乏人の経済学――もういちど貧困問題を根っこから考える』A・V・バナジー，E・デュフロ著，山形浩生訳，みすず書房，2012 年）

Edgar, Stacey, *Global Girlfriends: How One Mom Made It Her Business to Help Women in Poverty Worldwide*. St. Martin's Griffin, 2012.

Gensch, R., Miso, A., Itchon, G. *Urine as Liquid Fertiliser in Agricultural Production in the Philippines: A Practical Field Guide*. Xavier University Press, Philippines, 2011 (PDF).

George, Rose, *The Big Necessity: The Unmentionable World of Human Waste and Why It Matters*. Henry Holt, 2008.

Gill, Kirrin, Kim Brooks, Janna McDougall, Payal Patel, Aslihan Kes, *Bridging the Gender Divide: How Technology Can Advance Women Economically*. ICRW.org, 2010 (PDF).

Haves, Emily. *Does Energy Access Help Women? Beyond Anecdotes: A Review of the Evidence*. Ashden.org, 2012 (PDF).

House, Sarah, Thérèse Mahon and Sue Cavill, *Menstrual Hygiene Matters: A Resource for Improving Menstrual Hygiene Around the World*. WaterAid.org, 2012 (PDF).

IDEO.org. *Human Centered Design*. 2ndEdition. IDEO, 2011.

Jenkins, Joseph, *The Humanure Handbook - A Guide to Composting Human Manure, 3rdedition*. Joseph Jenkins Inc, 2005.

Karlan, Dean, and Jacob Appel, *More than Good Intentions: How a New Economics is Helping to Solve Global Poverty*. (Plume-Penguin, 2011)．（『善意で貧困はなくせるのか？――貧乏人の行動経済学』ディーン・カーラン，ジェイコブ・アペル著，清川幸美訳，みすず書房，2013 年）

Kenny, Charles, *Getting Better: Why Global Development is Succeeding—And How We Can Improve the World Even More*. Basic Books, 2011.

Kleinfeld, Rachel and Drew Sloan, *Let There Be Light: Electrifying the Developing World with Markets and Distributed Energy*. Truman National Security Institute, 2012.

Kramer, Sasha, *The SOIL Guide to Eco-San*. SOIL: Sustainable Organic Integrated Livelihoods, 2012（PDF，希望により入手可能）

Kristof, Nicholas D. and Sheryl WuDunn, *Half the Sky: Turning Oppression into Opportunity for Women Worldwide*. Knopf, 2009.（『ハーフ・ザ・スカイ――彼女たちが世界の希望に変わるまで』ニコラス・D・クリストフ，シェリル・ウーダン著，北村陽子訳，英治出版，2010 年）

Kristof, Nicholas D. and Sheryl WuDunn, *A Path Appears: Transforming Lives, Creating Opportunity*. Knopf, 2014.

Marketing Innovative Devices for the Base of the Pyramid. Hystra.com, 2013 (PDF).

McBrier, Page, illustrated by Lori Lohstoeter, *Beatrice's Goat*. Aladdin, 2001.

Molloy, Aimee, *However Long the Night: Molly Melching's Journey to Help Millions of African Women and Girls Triumph*. Harper One, 2013.

Nierenberg, Danielle and Brian Halweil, Project Directors, *State of the World 2011: Innovations that Nourish the Planet*. The Worldwatch Institute, 2011.

Novogratz, Jacqueline, *The Blue Sweater: Bridging the Gap Between Rich and Poor in an Interconnected World*. Rodale Books, 2010.（『ブルー・セーター――引き裂かれた世界をつなぐ起業家たちの物語』ジャクリーン・ノヴォグラッツ著，北村陽子訳，英治出版，2010 年）

Olopade, Dayo, *The Bright Continent, Breaking Rules and Making Change in Modern Africa*. Houghton Mifflin Harcourt, 2014.（『アフリカ 希望の大陸――11 億人のエネルギーと創造性』ダヨ・オロパデ著，松本裕訳，英治出版，2016 年）

Owen, Matthew. *Cooking Options in Refugee Situations: A Handbook of Experiences in Energy Conservation and Alternative Fuels*. UNHCR, United Nations High Commissioner for Refugees, 2002 (PDF).

Pilloton, Emily, *Design Revolution: 100 Products that Empower People*. Metropolis Books, 2009.

Polak, Paul, *Out Of Poverty: What Works When Traditional Approaches Fail*. Berrett-Koehler Publishers, 2008.（『世界一大きな問題のシンプルな解き方——私が貧困解決の現場で学んだこと』ポール・ポラック著，東方雅美訳，英治出版，2011 年）

Polak, Paul, and Mal Warwick, *The Business Solution to Poverty: Designing Products and Services for Three Billion New Customers*. Berett-Koehler Publishers, 2013.

Prahalad, C.K., *The Fortune at the Bottom of the Pyramid: Eradicating Poverty Through Profits*. Wharton School Publishing, 2004（『ネクスト・マーケット——「貧困層」を「顧客」に変える次世代ビジネス戦略』C・K・プラハラード著，スカイライト・コンサルティング訳，英治出版，2005 年〔増補改訂版 2010 年〕）

Radjou, Navi, Jaideep Probhu and Simone Ahuja, *Jugaad Innovation: Think Frugal, Be Flexible, Generate Breakthrough Growth*. Jossey-Bass, 2012.（『イノベーションは新興国に学べ！——カネをかけず、シンプルであるほど増大する破壊力』ナヴィ・ラジュ，ジャイディープ・プラブ，シモーヌ・アフージャ 著，月沢李歌子訳，日本経済新聞出版社，2013 年）

Ridley, Matt, *The Rational Optimist: How Prosperity Evolves*. Harper Perennial, 2011.（『繁栄——明日を切り拓くための人類 10 万年史』マット・リドレー著，柴田裕之，大田直子，鍛原多惠子訳，早川書房，2010 年）

Rutherford, Stuart with Sukhwinder Arora, *The Poor and Their Money: Microfinance from a twenty-first century consumer's perspective*. Practical Action, 2009.

Sharma, Ritu, *Teach a Woman to Fish: Overcoming Poverty Around the Globe*. Palgrave Macmillan Trade, 2014.

Smith, Cynthia E., *Design For The Other 90%*. Smithsonian Institution, 2007.（『世界を変えるデザイン——ものづくりには夢がある』シンシア・スミス著，北村陽子訳，英治出版，2009 年）

Surviving the First Day: State of the World's Mothers 2013. Save the Children, 2013 (PDF).

Whitfield, David and Ruth, *Cooking with Sol: Food for the Soul, Cooked with the Sun*. E-book, David-Whitfield.com.

Wilson, Nikki and Rob, *On the Up: Inspirational Stories of Social Entrepreneurs Transforming Africa*. Wripped Publications, 2012.

Wimmer, Nancy. *Green Energy for a Billion Poor: How Grameen Shakti Created a Winning Model for Social Business*. MCRE Verlag, 2012.

Yadama, Gautam N., photos by Mark Katzman, *Fires, Fuel & The Fate of 3 Billion: The State of the Energy Impoverished*. Oxford University Press, 2013.

Yunus, Muhammad, with Karl Weber, *Creating a World Without Poverty : Social Business and the Future of Capitalism*. Public Affairs, 2007.（『貧困のない世界を創る』ムハマド・ユヌス著，猪熊弘子訳，早川書房 2008 年）

タンザニアのダルエスサラームの小学生。
© UNICEF Tanzania/ Julie Pudlowski

特別座談会

私たちが世界の女性を支援する理由。

久保田恭代 × 小野美智代 × 武田勝彦

プラン・インターナショナル・ジャパン
コミュニケーション部
パブリック・エンゲージメントチーム リーダー

ジョイセフ
市民社会連携グループ
グループ長

ケア・インターナショナル ジャパン（CARE）
常務理事・事務局長

聞き手：下田理（英治出版）

──本日はお集まりくださり有難うございます。この本『WOMEN EMPOWERMENT 100』では、途上国の貧しい地域で暮らす女性たちのエンパワーメントに役立つツールが紹介されています。関係するNGOや企業の活動も紹介されていますが、海外の組織が多く、ホームページにアクセスしても英語の情報ばかりです。そこで、日本の読者の方が「知りたい」「アクションを起こしたい」と思ったときの助けになるよう、「日本発」の取り組みをご紹介したいと思い、この座談会を企画しました。今回は、日本国内に事務所があり、かつ途上国の貧困地域で、女性や女の子を対象にしたプログラムを実施しているNGOの方々にお越しいただきました。どうぞよろしくお願いいたします。

活動内容について

恩返しから始まった活動──CARE（ケア）

──早速ですが、各団体でどのようなご活動をおこなっていらっしゃるか、それぞれ簡単にご紹介いただけますか？　現在のご活動、団体が始まった経緯と、女性と女の子に対してどんな支援をおこなっているかについてもお聞きしたいです。まずは武田さん、お願いします。

武田　CAREの日本事務所は、戦後の復興支援への「恩返し」という形で始まったんです。
　CAREはもともと、第二次世界大戦で荒廃したヨーロッパに支援物資を送るために、アメリカのいくつかの団体が協力してできた団体でした。食べ物や服などの支援物資を詰めた箱「ケア・パッケージ」を届ける活動です。
　その後日本は復興を果たしましたが、「ケア・パッケージ」で生活を助けられた家族が、今度は途上国の人々の役に立ちたい、という思いから1987年に前身となる団体を設立し、現在のケア・インターナショナル ジャパンに至ります。

久保田　かつて自分が支えられたから恩返しをしよう、というのはとてもいい話ですね。

武田　女性支援という観点からは、「ケア・パッケージ」を受け取るのは女性が多かったので、当初から女性のニーズに沿うものを入れていました。
　現在は主に途上国の貧困解決を目指して、「女性と女子」にフォーカスした活動をおこなっています。3つの大きな柱があり、「女性の経済的エンパワーメント」「女子教育」「母子保健」に力を入れています。中でも「女性の経済的エンパワーメント」はもっとも重要な分野です。

──「経済的エンパワーメント」とは、具体的にはどういうことを指していますか？

武田　女性の収入が上がる、簡単にいうとお金を貯めたり稼いだりできるようになる、ということですね。そうすると家族やコミュニティーの暮らしもよくなって、貧困削減に大きな役割を果たします。
　具体的には、たとえば金融サービスが届かない貧しい地域の女性が、わずかなお金を持ち寄って信用組合をつくり、仲間同士で貯金やお金の貸し借りができるように支援しています。安全にお金を貯められるので、起業資金、種子や肥料の購入、学費や医療費など、生活向上のために必要になったときに使えるのです。
　途上国の支援以外に、政策提言（アドボカシー）にも取り組んでいます。国連の「持続可能な開発目標（SDGs）」にも、先日の「伊勢志摩サミット」の首脳宣言にも「女性と女児のエンパワーメント」という文言が入りました。NGOの立場として、その目標に向けてしっかりアクションを起こしていくことを各国政府に働きかけています。

──国際社会が改めて「女性と女児のエンパワーメントが大切だ」と確認したということですね。

信用組合を利用する女性。©CARE

日本のノウハウを世界に──ジョイセフ

小野 ジョイセフは1968年に日本で生まれた団体で、途上国の妊産婦と女性の命と健康を守るために活動しています。具体的には、月経が始まってから閉経するまでの女の子・女性を対象に、いわゆる「リプロダクティブ・ヘルス」という性や妊娠・出産の健康についての知識教育、技術支援などをおこなっています。実は、私たちの活動には日本で培ったノウハウが生かされているんです。

──日本のノウハウ?

小野 そうです。戦後は「産めよ増やせよ」の時代で、妊娠したら産むしかなく、子どもがたくさんできても貧しくて食べさせていけない家庭が多かったのです。時代は異なりますが、明治や大正時代の物語「おしん」のなかで、お母さんが授かった子どもを育てていけないと絶望して、川で中絶をするという場面があったのですが……。

久保田 ああ、ありました! その場面、覚えています。

小野 そうなんです。そのような自己流の危険な中絶が本当に多かったんです。九州の炭鉱の方では働いているお母さんは、中絶するためにハリガネを使ったという話もあるほどです。

──本当に痛そうですね……。

小野 はい。日本の妊産婦死亡率は20世紀ずっと下がっているんですが、1952年〜55年は実は少し上がっているんです。

この当時は記録されているだけで、年間約117万人以上が中絶をし、これは妊娠した女性の4割にあたります。自己流の危険な中絶が妊産婦死亡率を上げていたといわれています。

この頃から日本は、妊娠を望まないのであれば事前に防ごうと「家族計画」の普及に拍車がかかり出しました。官・学・民が一体となって、全国での母子手帳の普及、地域で指導をおこなう母子保健推進員の設置など、さまざまな施策が実施されました。その結果、妊産婦死亡率は大きく下がったのです。

この運動の中心になったのが日本家族計画協会で、その創設者でもある國井長次郎がのちにジョイセフを設立しました。途上国の家族計画に日本の経験を活かしてほしいと国際社会から要請を受けたことがきっかけでした。当初はアジアで活動を始め、いまはアフリカが中心となっています。

──なるほど。もともと国際機関とのつながりがあったのですね。

小野 そうです。当初はUNFPAという国連機関からの委託事業がほとんどだったのですが、いまはJICAや外務省など日本のODAや、ロンドンに本部を持つ国際NGOの国際家族計画連盟をパートナーとしています。

子どもや若者と一緒に地域をつくる──プラン

久保田 プランの活動が始まったきっかけは、実は1937年のスペイン内戦でした。

全員 スペイン内戦⁉

久保田 そうなんです、あまり知られていないんですが(笑)。ジョン・ラングドン・デービスというイギリス人ジャーナリストが、ある男の子に出会ったのです。その子は紙切れを握りしめていて、そこには「この子の名前はホセ。私はこの子の父親ですが、殺されるでしょう。この子をどうか守ってください」と書かれていました。それで、デービスは戦災孤児を保護する施設を立ち上げたのです。

──最初は貧困というよりは、戦争がきっかけだったのですね。

久保田 はい。その後の第二次世界大戦下でも活動を続け、支援の対象を孤児から戦争によって影響を受けた子ども全般に広げ、ヨーロッパ各地から受け入れるようになりました。

当時アメリカに協力者が多く、写真家のロバート・キャパや俳優のイングリッド・バーグマンなどの著名人などが支援を呼びかけてくれました。その施設で保護された子どもたちが「どんな人が僕たちを支援してくれているのか知りたい。手紙を書きたい」と希望したことから、手紙のやりとりが始まったのです。

──それが「手紙」のきっかけなんですね。子どもたちの方から要望を受けたと。

久保田 はい。ヨーロッパが復興していくにともなって、途上国の子どもの支援に活動を広げていきましたが、手紙のやりとりは今でも残っています。

現在プランは、8つの分野、「教育」「保健」「性と生殖に関する健康と権利」「水と衛生」「家計の安定」「子どもの参加」「子どもの保護」「緊急支援」で活動を展開しています。

──本当に幅広いですよね。

久保田 地域が発展していくためには多方面からのアプローチが必要なので、どんどん広げてきたという経緯があります。

ただどの活動でも大事にしているのは、あくまで「子ども」や「若者」を中心にすえることです。将来的にはプランがいなくなってもいいように、地域の未来を担う若い人たちにプロジェクトに参加してもらって、どんな地域を作りたいか一緒になって考えていくことを心がけています。

――それが「女の子」にフォーカスするようになったのはなぜですか？

久保田 何十年か活動を続けるなかで、女の子は男の子より後回しにされているということにだんだん気づいてきたんです。その象徴的なエピソードが、ネパールの女の子の話です。

ドイツのプラン職員とジャーナリストがネパールの山中を訪れた際、薄着でとても寒そうにしている女の子に出会いました。事情を知るために家族の話を聞いてみようとスタッフが家を訪れると、家にはお母さんと弟の男の子がいたそうです。貧しいながらも、男の子は栄養状態がよさそうで、きれいな制服を着ていた。スタッフが「なぜ姉弟で差をつけるんですか」と聞くと、お母さんは「だって女の子だから（Because she is a girl）」と答えたそうです。

それが「Because I am a Girl」のキャンペーン名の由来になりました。

――「女の子だから」と実際に言われたストーリーがもとになっているんですね。

久保田 いわば、スペイン内戦の少年ホセの女の子版ですね。

男の子よりも困難な状況にある女の子を支援しないと、子どもたち全体の幸せは実現できない、そしてそうすることが地域の底上げや貧困解決への近道であると気づき、女の子の支援にフォーカスするようになったのです。

そのため、団体としてもっと本腰を入れてこの問題に取り組んでいくべきという認識のもと、2007年から世界的にBecause I am a Girl キャンペーンを展開しています。

現地で大切にしていること

問題を認識してもらう

――女性や女の子に関わる問題解決に取り組むのは、とても時間のかかる大変な活動だと思います。現地に入っていくうえで、大事にしていることはありますか？

小野 まず、問題を「問題なんだ」と認識してもらうことが大切です。

たとえば、医者にかかるのがなじみのない地域では、妊婦さんに健診に行くように促しても「自分で産むから、必要ないわよ」と断られます。

そこで、健診に行くと子どもの靴をプレゼントするといったインセンティブを設けています。実は戦後の日本でも、砂糖や白米を配って母子手帳を手渡し、妊婦検診の受信者を呼び込んでいたそうです。「口コミ」の影響力はすごくて、妊婦さんのまわりの女性まで伝わって、健診を受ける雰囲気ができるんですね。一度健診を受けると問題発見にもつながるので、その良さを理解してくれるようになります。

また、女性だけではなく、男性の方の意識が変わらないと、この問題は解決できないと強く感じています。長く時間をかけて、現地のコミュニティーの意識に働きかけていますが、コミュニティーのリーダーはだいたい男性なので、いかに協力してもらうかが大切です。

久保田 男性を巻き込むのはとても大事ですね。プランの活動地では現地の言葉が話せるスタッフが、足しげく地域に通ってコミュニティーのリーダーと話して信頼関係を築いていきます。地道な作業ですが、実はリーダーの方々も、自分たちの地域がよくなってほしい、という思いは持っています。子どもの健康状態がよくない、妊産婦の死亡が多い、という問題意識はすでにあるので、そこに働きかけます。

外から来た団体だからできること

武田 外から来た団体だからできることのひとつに、現地の人々が感じている問題意識を「見える化」することがあると思っています。たとえば、女性たちが日ごろ感じている問題を「表明する場」を用意する。そうすると問題が「見える化」されて、男性側が「ああそうか」「それは変えないとね」と気づく機会になります。

それはやっぱり外からの働きかけが大切で、地域社会の内側だけだと問題が隠れて見えにくくなってしまうからです。

――言いたいけれども言えないし、直接問題をぶつけると反発も起こってしまう。

武田 そうです。両者の間をとりもって、客観的に問題を捉えるようにする。このまえガーナに行って、母子の健康改善プロジェクトを視察しました。ある村で、男性と女性が集まってそのプロジェクトの成果や課題を話してもらいました。そこで、CAREの新しいプロジェクトを紹介したところ、女性たちは子どもの栄養不足が問題だとわかっているので、ぜひやりたいと言います。ところが男性たちは後ろの方で黙っているんですね。そこでCAREのスタッフが「女性たちはやりたいと言っています。このプロジェクトは他の村でも成果が出ていますし、この村でも実施してはいかがでしょうか」と促しました。すると男性たちは、後ろの方でヒソヒソ話を始めたんです。

――誰かが意見を述べるわけではなく？

武田 つまり、まずは男性全体の意見をまとめようとしていたんです。その結果「わかった。子どもの健康は村にとって大事な問題だ。彼女たちが望むならそうしよう」と言ってくれたんです。

――面白いですね。個人ではなくまずグループの合意をとる。

武田 そういうコミュニケーションの取り方なんです。つまり、女性側と男性側の社会がわかれていて、直接意見を言い合う機会がないのです。私たちのような外からの「客」を挟んで、お互いの意見をぶつけ合うと、そこで初めて問題意識が共有されることはよくあります。

私たちは「このやり方がいいんだ。こうすべきだ」と押しつけているわけではありません。そうすると必ず反発を受けます。まず、女性の健康を改善したほうがいい、女の子に教育を受けさせたほうがいい、という共通の課題を明らかにする。私たち外から来た団体は、その問題解決を支援する人たちだと認識してもらうと、入っていきやすくなります。

現地のパートナーが不可欠

小野 ジョイセフもそこはすごくこだわっていて、実は設立者が「現地に事務所を建てるな」という方針を決め、いまでも徹底されているのです。事務所を建てるのではなく、現地のNGOのオフィスを間借りしたり、賃貸したり、というやり方をとっています。

――どうしてですか？

小野 ジョイセフはいずれいなくなる団体なので、その後もプロジェクトが回っていくように現地の人々に協力してもらうことが大切だと考えているからです。

ジョイセフの活動の中に、「コミュニティヘルスワーカー」、日本でいう母子保健推進員を育成するプログラムがあります。ザンビアの保健省が策定したトレーニングプログラムを提供し、受講を終えた人に修了証を渡して認定します。ザンビアでは、コミュニティヘルスワーカーは「SMAG（Save Mothers Action Group）」と呼ばれています。

現地の人は「仲間」の声には耳を傾けます。たとえば、妊娠中は卵を食べるなといった色々な迷信がある村もあります。私たちのような外から来た人が「卵を食べて」といっても、なかなか聞いてもらえません。でも、仲間であるコミュニティヘルスワーカーから「卵は栄養にいいよ」といってもらうと受け入れてもらいやすいです。

――なるほど。

小野 タンザニアのある村で、妊婦が農作業をしていたときに破水して倒れてしまいました。うずくまって動かない妻を前に、夫はどうしていいかわからずに助けを呼ぶばかり。ほかの人が駆けつけて一緒に病院に運んで一命をとりとめたのですが、夫はそのとき初めて、妻を危険な状態で働かせてしまっていたと気づいたのです。それまでは、ほかの妊婦も出産直前まで働き、産後3日もたてば復帰するような社会なので、自分の妻も働くことは当たり前だと思っていたんですね。

その夫婦は、自分たちと同じ間違いを起こしたくないとして、コミュニティヘルスワーカーになったんです。

――夫婦で！　特に男性が活動に協力してくれるようになったのがいいですね。

小野 コミュニティヘルスワーカーの人たちは無償のボランティアですが、現地の人の「憧れの存在」になっています。若い人たちが「将来ああなりたい」と言ってくれるようになっています。

ロールモデルのあり方を変える

久保田 先日コロンビアのプロジェクトを視察してきました。中南米では、男性は強くあるべきとする「マチスモ」という考え方があって、家庭内暴力、パートナーへの暴力、性的暴行などの問題があります。しかし現地では、一部の男の子たちが「もうマチスモなんていやだ」と訴えていたんです。「女の子を殴るなんていやだし、一緒に家族をつくっていきたい」と男の子が言っていたのです。

――これも男の子の側からの変化ですね。

久保田 現地では男性が掃除をすると、「あいつはオカマだ」と同じ男性から非難されてしまうんです。でも、そんなバッシングを受けても当人たちはそんなことは気にしないと言っています。彼らを仲間として守っていくのも、支援者である私たちの役目です。

テレビや仲間の影響で「マチスモ」の考えが根付いていくのですが、本能的にそれは違うと感じている男の子もいるんですね。たとえば自分の父親が母親に暴力をふるっているのを見て、「自分は絶対に父親みたいになりたくない」という子がいます。プランのメッセージは「その考え方でいいんだよ」と一緒に確認していく役割も担っています。

――ロールモデルのあり方を変えるということですね。強権的なマチスモではなくて、女の子と対等に接することができる大人になろうと。

SMAGとして村の母子のために活動中のコミュニティヘルスワーカーたち（ザンビア）。
@JOICFP

コロンビアでマチスモ反対を訴える男の子。©Plan International Japan　撮影：山田真実

久保田　実は、女の子の問題を解決することは、同時に男の子のためになります。コインの裏表のようなもので、女の子を追い詰めている社会的な考え方や慣習は、同時に男の子を追い詰めていることもあるからです。
　たとえば、男の子に教育が集中することは、自分一人でお金を稼いで家族を養っていくべきだ、というプレッシャーにもなります。また「男らしくあれ」「強くあれ」という考え方も男の子の自由なあり方を狭めているのです。

――「意識を変える」というよりは、もともと現地の人が持っている問題意識に働きかける、ということなのですね。どう解決していいかわからないときに「こんな方法もあるよ」と提示してあげると。よく「文化」や「慣習」というと大きな変化を起こすと思われがちですが、実際はひとりひとりの問題意識に寄り添うことなのだと感じました。

キャリア・働き方

目の前の一人に向き合う

――読者の中には、将来は国際協力の仕事をしたい、という方もいらっしゃると思います。皆さんご自身が、どのような思いでこの分野で働くことを決め、キャリアを築かれてきたか、差し支えない範囲で教えていただけませんか？

武田　私の場合は育った環境が変だった、というのがあるので参考にならないかもしれません（笑）。

――変わっていたというのは、どんなふうにでしょう。

武田　中学生のころ、家族がある難民の世話をしていたんです。ちょうどベトナム戦争の影響でボートピープルが日本に押し寄せていたときで、父がひとりのベトナム青年をたまたま世話することになりました。実家は自営業でお店をやっていたので、手伝ってもらおうということで。

全員　へえー！

武田　だから変なんですよ（笑）。でも実は、難民の人々は、私の家族からも地元の商店街の人たちから偏見の目で見られていたんです。戦火を逃れてたどり着いたのに、地元の人から疎まれている。難民と差別というのを目の当たりにしたんです。
　正直に言うと、私も当時は、父以外の家族の影響で差別的な考え方を持っていました。その罪悪感から、将来は難民の人たちを助ける仕事をしたい、と思うようになったのです。

――それでは、進路もずっとその方向で選択してきたんですか。

武田　そうです。大学卒業後に外資系銀行に勤めたあと、イギリスの大学院に行って旧ユーゴスラビアの難民問題を研究しました。卒業後に民間勤務を経て、旧ユーゴスラビアにあった難民を助ける会の現地事務所に駐在しました。その後ワールド・ビジョンのアフリカ・中東・アジアの現地事務所で働き、現在に至るということです。

――まさに現場のたたきあげですね。さまざまなご経験をなさったと思うのですが、印象に残ったエピソードはありますか。

武田　旧ユーゴスラビアのクロアチアで国内避難民の人たちを支援していたときのことです。膨大な量の難民がなだれ込んできていたんです。なにせ数が多いので、いつ終わるのだろうか、支援の意味があるのだろうか、という虚しさがありました。そんなときに避難民のリーダー格の女性から、こんなことを言われたんです。「一人を助けることができれば、より多くの人を助けることができますよ」
　この言葉を聞いて、「そうか、まずはできることから始めよう」と考えるようになりました。後にコソボ危機が起きたとき、私の目の前にいた20人の難民の女性たち、まずはこの人たちに向き合おうと支援に専念しました。するとその活動が日本のメディアに紹介され、多くの支援金が集まり、結果としてより大きな事業ができるようになったのです。

――仕事に対する考え方を変えてくれた言葉だったんですね。

武田　本当に変わりました。数だけ見ると「大河の一滴じゃないか」と思ってしまうんですが、その一滴に注力することが変化につながるんだ、と考えるようになりました。最近、支援者からシリア難民支援について「やる意味がないのではないか」と厳しいご意見をいただくこともありますが、「一滴の支援が大切なんです」と繰り返し説明するようにしています。

出産はあぶない!?

小野　私は実は、国際協力の仕事をしようとは考えていなかったんです（笑）。ただ、振り返れば原点となる体験はありました。
　実家の建て替えのときに、清めているエリアに近づいてはいけないと言われたんです。でも妹は OK でした。妹はよくて、なぜ私がダメなのと思ったんですが、母も親戚のおばも口をそろえて

「あんたは生理が来ているからだめよ！　不浄だから」と言ったんです。え、私って不浄なの、汚いの、と思いました。

——ほんの最近の話ですよね。

小野　それまで特に差別的な扱いを受けたわけではないのでショックでした。そのことへの疑問もあったせいか、大学院でジェンダーを専攻しました。「生物学的な性」と「つくられた性」について、文化によってどんな違いがあるのかを考えるのがとても面白かったです。

　在学中から大学の研究職に就きました。大学職員って時間がけっこうあって、入試の時期はお休みになるんですよね。そうすると旅行に行くしかないじゃないですか（笑）。

——うらやましいです（笑）。

小野　アジアのいろんな国に行って、カンボジアのプノンペンで食堂で働いている女の子と仲良くなったんです。すっかり意気投合して、彼女の家に泊まりに行ったほどです。また来るよと言って別れて、2年後に再訪しました。でも家に行くと「彼女、亡くなったよ」と言われたんです。出産で亡くなったと。

　その意味がよくわからなくて「え、病気だったの、それとも事故？」と聞いたんです。すると「いや、だから、出産で亡くなったのよ」という答えが。

　出産で死ぬ、ということが聞いたことがなかったので、病気か医療事故が原因だったんじゃないかとしつこく聞きました。

——なにかの間違いではないかと。

小野　はい、でもやっぱりそういうことではなくて。彼女の義理の姉も「私の姉も3番目の子どもの出産時に亡くなったのよ」と話してくれたんです。

　え、カンボジアで何が起こってるの、こんなに出産で亡くなっている人がいるの、と衝撃を受けました。帰国してから調べてみると、ジョイセフが翻訳していた『世界人口白書』を見つけました。

　当時の女性の平均寿命は、カンボジアでは38歳、妊産婦死亡率も高い。ネパールは32歳、アフガニスタンは27歳。当時25歳の私にとってはとても衝撃でした。

——身近な問題として意識されたんですね。

小野　それからジョイセフでの仕事が気になっていました。3年半後にようやく広報担当の募集があって、応募しました。日本国内のコミュニケーションに力を入れようとしていた時期でした。

　ホームページにドメインがないのが気になっていたので、採用面接のときに質問があるかと聞かれて「なぜドメインがないんですか？」と聞いたらキョトンとされて。ドメインって何なんだ、という反応で。なので、私が入って初めてした仕事がドメインの設定でした（笑）。

全員　（笑）。

小野　タイミングがよかったです。個人的なストーリーから、引き寄せられた感じですね。

——お友達が亡くなったのは悲しいことではありますが、団体に参加されたことで、実際に命が救われるのを目の当たりにするなど、やりがいもあるかと思います。

小野　そうですね。活動の意義もありますが、一方でこの問題や活動が知られていないというもどかしさもありました。本当にキラキラしている、おしゃれで、勤勉で、夢に向かって頑張っている女の子が出産で命を失っている。その現実を伝えたいです。

　どうしても途上国というと「かわいそう」「今にも死にそう」というイメージがあるんですが、そのイメージを払拭したいです。なので、「ピンキーリング」など、身近に感じられるものをつくってきました。プランさんの Because I am a Girl キャンペーンの、「恋は、まだ知らない。」というコピーはわかりやすいですよね。

久保田　ありがとうございます。まさに同じ思いがあるので、「あ、私と同じなんだ。どこの国の女の子でも、この年頃なら恋をしていて当たり前かもしれないのに……」と感じてもらうことを狙っていました。どこの国でも「女の子感」っていっしょじゃないですか。

小野　わかります、わかります！　同じ感覚ですよね。

久保田　日本でも途上国でも、女の子が直面する問題は根っこのところは同じだと思うんです。そういうところをわかってほしい、という思いが込められていました。

「業界の外からの目線」を意識する

——お二人ともまったく違ったキャリアで、とても面白いです。久保田さんのお話について伺えますか。

久保田　私はお二人みたいに、「これだ！」というものがなくて恐縮なんですが（笑）。前職が出版社で、女性誌の編集者をしていました。ものすごく忙しくて、9年くらい働いたあとに、一休みのつもりで辞めてのんびりしていました。「次は何をしようかなー」とゆっくり考えたんですが、まったくちがうことをしたいな、と思ったんです。

　雑誌の仕事は国内の日本人女性向けに、旅行とかインテリアとか、生活に役立つコンテンツをつくっていて、ドメスティックというか、国内に閉じているなと。そんなときにプランが広報担当を探しているのを見て、海外とも関われるし、これまでの経験を広報の仕事に活かせるかなと思って応募しました。国際支援に関してはまったく素人だったので、入局後にいろいろ教えてもらって今に至る、という感じです。

——いきなり NGO に入られたのですか（笑）。

久保田　そうですよね。よく言われるんですけど、本当にたまたま募集があるのを見つけただけです。

　なので、お二人とは違って「流れてきた」んです（笑）。でも編集者時代にベトナムなど途上国に行って、ストリートチルドレンを目の当たりにしたこともあったので「いつかはこんな仕事に携わりたいなー」という思いはどこかにありました。でも、プランに応募したときも、まさか 10 何年も働き続けることになるとは考えていなかったです（笑）。

全員　へえー、おもしろい！

久保田　働き続けてから何年かしたら Because I am a Girl のキャンペーンが始まって、「あ、この仕事がしたかったんだ！」と。私は高校生のときは女子校で、気楽に学生生活を楽しんでいました。

でもプランに入って Because I am a Girl と出会い、世の中には女の子だからという理由で虐げられてしまう子がいるんだ、と強い憤りを感じました。

その少し前に姪っ子が生まれて、本当にかわいがってました。でも「この子と同じくらいの女の子があんな目にあっているなんて……」と考えると、やっぱりこの問題を何とかしなきゃと思うようになったんです。そういう個人的な事情も大きいですね。

──でも、お二人みたいに肝を据えてこの業界に入ってきたわけではないのです……。

武田 いや、その「ふつうの感覚」がいいんですよ。ずっと問題意識を持っていると慣れてしまって、問題を知ったときに冷めた目で見てしまいがちです。でも、ふつうの感覚を持って、自分が感じた衝撃や気持ちを伝えることで、より多くの人を呼び込めるんじゃないかと思います。

NGO って「変な人の集まり」だと見られてしまうこともあって。20 年もいると「カタギ」じゃないんですよね（笑）。外の人に入ってもらわないといけない。

久保田 最近、直木賞作家の角田光代さんにプランのプロジェクト現場を取材していただいているのですが、それも業界の外の人とコラボレーションしたい、「違う目線」で見てほしい、という思いから企画したものです。違う目線で見ると、違うものが見えてくるかもしれない、という期待があります。

──弊社から発行している『Because I am a Girl』という本にも、角田光代さんが翻訳者として協力してくださいました。この原書は、イギリスのプラン本部が、7 人の作家に依頼してプロジェクト現場に行ってもらい、好きなように書いてもらうという主旨でした。なかには援助への痛烈な批判もあってそのまま掲載されているのですが、「外からの視線」を大切にする姿勢をよく表していると思います。

本で気になるツールは

──この本では最先端の技術や取り組みが紹介されています。もし印象に残った、驚いた取り組みがあればぜひ教えてください。

武田 実は、ペットボトルを使った日光消毒《39》は、タンザニアに駐在していた際にスイスの団体がやっているのを知っていました。

──え、実際にご覧になったんですか。

武田 はい、私も半信半疑だったんですが、効果があることを証明していましたので印象にあります。

──私はこの方法を知らなかったのでとても驚きました。

久保田 どれもユニークで大切な活動だと思いますが、セクター 11 の「法的ツール」は、すべてのセクターの活動の土台となる、非常に大切なものだと思います。

たとえば、女性がどんなに頑張って農作業をして収穫を上げても、土地の所有権を持っているのが夫であれば、収穫した作物を売る方法や稼いだお金の使い道について、意思決定できないケースが多いんです。

その結果、女性や子どもたちのためにお金が使われないこともあります。

そして、夫が亡くなったら、夫側の親族の男性に土地を奪われてしまい、生活の基盤を失ってしまうこともあります。

──日本だと当たり前の相続権がないんですね。

久保田 はい、たとえ平等な法律があったとしても、古くからの慣習法が力を持っていることが多く、女性はかなり不利なのです。平等な法律がきちんと執行されれば、女性の発言権や決定権が保障され、女性の貧困や差別という問題の根源にある、「パワーバランスの不均衡」（女性の方に力がない状態）が解決されます。

──なるほど、だからほかの分野にも影響があるのですね。

久保田 はい。土地やその他の資産の相続だけでなく、暴力や早すぎる強制的な結婚の撲滅など、女の子や女性の権利と尊厳を守るために、法律の改正や遵守を私たち NGO も政府などに働きかけています。

小野 私は外科手術を伴わない薬品による中絶《21》を選びます。中絶薬は日本では承認されていないんですが、導入されてもいいと考えています。

──それはなぜですか？

小野 中絶手術が女性の体に負担をかけたり、後遺症をもたらしたりしているからです。中絶したくて妊娠する女性はいません。多くの選択肢があってもよいと思います。そして、やはり世界的に中絶による死（妊産婦死亡）を減らしたいという思いがあるからです。

──たしかに、手術が大きな負担であることはもっと知られてほしいですね。

早すぎる結婚に反対する行進に参加する女の子（ウガンダ）。©Plan International Japan

日本における活動や状況の変化
「ウィン・ウィン」のコラボレーションが加速

── 日本国内でも、女性のエンパワーメントの機運が高まっていると感じています。2012年から毎年10月11日を「国際ガールズ・デー」とすることが国連で制定され、日本でも「国際ガールズ・デー推進ネットワーク」が発足しました。皆様の団体、そして弊社もネットワークに参加して情報交換をおこなっていますが、色々なコラボレーションが進んでいるように感じます。その点、NGOの立場でどう捉えていらっしゃるでしょうか。日本における状況がどう変化したか、いまどんな動きが生まれているか、活動への影響があったかなど、ご教示いただけますでしょうか。

久保田 「女性活躍推進法」が成立し、企業でも女性管理職の育成などに力を入れ始めています。

また、私たちは最近、プランが途上国でおこなっている女性のための職業訓練やライフスキルトレーニングなどへの支援を、企業に提案しています。実際に、近年多くの企業が、時計や化粧品など、女性と親和性の高い商材で寄付つき商品を開発してくださっています。企業とNGOが対等な立場でウィン・ウィンの関係を築くことがスタンダードになってきていると感じています。

学生などユースの活動も活発です。たとえば国連主催の国際会議に参加し、そこで得た学びをソーシャルメディアや動画などのツールを使って日本で広める活動をしています。プランでも学生によるユース・アドバイザリー・パネルが発足し、インドネシアの若者と情報交換をおこなっています。

こうして、あらゆる立場の人が女の子や女性のエンパワーメントを自然に応援する動きが当たり前になってきたのは、大きな変化だと感じます。

ピンキーリングをつける女の子。©JOICFP

── いろいろな動きが出てきているのですね。企業とのパートナーシップという点では、CAREさんやジョイセフさんも面白い取り組みをなさっていますよね。

武田 はい。現在CAREは、味の素さんとパートナーシップを組んで、アフリカのガーナで子ども向け栄養補助食品のソーシャルビジネスプロジェクトをおこなっています。これは、味の素さんが開発した「ココプラス」という補助食品を、現地の女性起業家が販売することで、経済的自立と子どもの栄養改善を同時にめざす仕組みです。

小野 ジョイセフでは、2011年に電通ギャルラボさんと共同で「チャリティーピンキーリング」を開発しました。小指で世界の女の子とつながれたら、というコンセプトで、ひとつ買うたびに200円が世界の女の子に寄付される仕組みのリングです。「かわいそう」という一方的な視点ではなく、「かわいい」「楽しい」「同じ目線でつながれる」ことを目指した支援の形です。

── ここでも、お互いにとってメリットがある「ウィン・ウィン」の考え方が活かされていますね。

これからの課題とは
日本の女性もエンパワーメントを

── 一方で、まだまだ世界では貧困は完全な撲滅にはいたっていません。日本での状況もふまえて、いまどのような課題がありますか? 特に女性や女の子についてどのような分野の支援が必要と考えていますか?

小野 いまジョイセフでは「ILADY.」という、日本の女の子向けにリプロダクティブ・ヘルスを考えてもらうキャンペーンをやっているんですが、これは日本の現状に対する問題意識から始まったものです。世界経済フォーラムが毎年発表している「ジェンダーギャップ指数」では、日本はずっと100位以下なんです。途上国を支援しているのに、日本のほうが男女格差が大きいって矛盾してますよね。

武田 私もそれは感じていて、震災の緊急援助でも女性のニーズが後回しになった問題があったように、日本もまだまだ遅れている現実があります。

久保田 先日ある先生に教わったんですが、日本の法や社会の制度は、アジアの国々が参考にしているそうです。なので「もっとしっかりしてほしい」と仰ったんです。日本の仕組みがほかの国にも影響するとしたら、もっと足元を固めないといけないと改めて感じました。

小野 「ピンキーリング」を買ってくれた女の子に将来の夢を聞いたときに、「ネコみたいになりたい」「お嫁さんになりたい」など、キャリアと離れたものが多かったんです。

途上国で聞くと「大統領になりたい」「先生になりたい」と仕事やキャリアにつながるものが多い。

理由のひとつとして、女の子たちに自己肯定感が低いことが挙げられると思います。日本の20代の女の子の死因1位は自殺

なんです。先進国でダントツです。もっと自分のことを理解して、心身の健康を向上して、自己肯定感を高めてほしいという思いで「ILADY.」というキャンペーンを始めました。

グループをつくって大きな力に

久保田 世界の女の子の課題についてですが、これまでプランは「中等教育」に力を入れてきましたが、教育を受けてエンパワーされたからハッピーエンドになるわけではない、という現状があります。

── 中等教育とは、中学校、高校のことですね。それだけでは解決しない問題があるということですか。

久保田 暴力や搾取など、女の子がキラキラ輝く力を根こそぎ奪ってしまう問題がまだまだ蔓延しています。教育を進めるのと同時に、私たちが立ち向かっていかなければならない問題です。そして、そのためには、もっと女性のリーダーを社会に増やしていかなければなりません。

そのために必要なのが、ひとりひとりの個人だけではなくて、仲間をつくって行動を起こしていくことです。先日パキスタンのスラムで家事労働に従事する女性による労働組合がつくられました。それまでは労働者が個人で契約を結んだので、待遇がバラバラだったのです。そこにプランが組合をつくるよう支援し、行政に認定されました。お墨付きを得たので交渉がうまくいきました。一緒に社会を変えようという仲間がいると、もっと大きな変化が起こせます。

日本にいる私たちができること

── 最後に、本書の読者の皆さんに向けたメッセージとして、次にどんなアクションができるか教えてくださいますか？

自分も楽しめるアイデアを

久保田 楽しみながらファンドレイズに参加しようというコンセプトで「BIAAG（Because I am a Girl の略）サポーター」という仕組みを設けています。応募してくれた方にはプランからサポートグッズを提供します。これまでフリーマーケットやパーティーなど、いろんな活動がおこなわれています。たとえば、高校生たちがパーティーやイベントでバルーンアートの飾りつけをし、その売り上げの半分を寄付してくれたこともあります。

── たしかに「寄付を集めなきゃ」と考えるよりも、「どうやったらみんなに楽しんでもらえるか」と考えるとわくわくしますね。

継続して参加できる仕組みを

武田 一過性のアクションにならないように、継続して意識を持ち続けることが重要です。

NGOの側も、継続して参加できる仕組みを用意してあげることが必要です。

CAREではここ数年チャリティーウォーク「Walk in Her Shoes」をおこなっています。途上国の女性は毎日水汲みで長い距離を歩くんですが、それを追体験するために、3か月間にわたり同じ歩数歩きましょうという取り組みです。バケツや水がめを持って歩いてもらうこともあります。

── 1日のイベントではなくて、3か月間一緒に歩きましょう、ということですね。

武田 はい。途上国の女性への支援にもなるし、継続して歩くことであなたの健康にもいいですよ、とお互いにとってのメリットを打ち出しています。そうして敷居を下げることも大切ですね。

先日大阪でおこなったときのアンケートで、こんな声がありました。「4月は以上に忙しくて歩けないかも。いや、そんなこと言うてられへん。遠くの女性を想うと歩かなければ」

小野 「女性を想うと」って表現がいいですね……！

武田 そうですね。彼女たちを想って歩くことで、意識が変わり、行動も変わる。私たち団体側はいろんな手をつくして、継続して参加してもらうように考えていかなければいきませんね。

自分を大事にすることが第一歩

小野 「ILADY.」のサイトでは、「新女子力テスト」というのを用意しています。健康的な生活が送れているか、どれくらい性に関する知識を持っているかなどをチェックするものです。サイトには世界の女の子の健康と性に関する情報も載っているので、自分のことを知ると同時に世界の女の子の現実も知れるようになっています。

── たしかに、自分のことをどれくらいわかっているのか、気になりますね。

小野 自分を大事にすることで、他の人も大事にできるようになるのではないかと思います。自己肯定感が高まれば自信がつくし、もっと活躍する女の子が増えるでしょう。同時に、途上国の女の子の現状に目を向け、世界をよくするために力を発揮してほしいと願っています。

（収録：2016年5月）

Walk in Her Shoes の様子 ©CARE

［著者］

ベッツィ・トイチュ
Betsy Teutsch

女性のエンパワーメントの啓発活動家。環境と貧困に関する情報発信をおこなうグリーン・マイクロファイナンスのコミュニケーション・ディレクターに従事したあと、アフリカの貧困地域で活動するシャイニング・ホープ・フォー・コミュニティーズおよびキベラ女学校の設立時から理事を務める。現在はさまざまな場所で講演、執筆活動をおこなっている。

［訳者］

松本裕
Yu Matsumoto

オレゴン州立大学卒。訳書に『アフリカ 動き出す9億人市場』『私は、走ろうと決めた。』『フェアトレードのおかしな真実』『社会的インパクトとは何か』（以上、英治出版）、『ビジネスモデル・エクセレンス』（日経BP社）、『大脱出』（みすず書房）など。

● 英治出版からのお知らせ

本書に関するご意見・ご感想を E-mail（editor@eijipress.co.jp）で受け付けています。また、英治出版ではメールマガジン、ブログ、ツイッターなどで新刊情報やイベント情報を配信しております。
ぜひ一度、アクセスしてみてください。

メールマガジン	会員登録はホームページにて
ブログ	www.eijipress.co.jp/blog/
ツイッター ID	@eijipress
フェイスブック	www.facebook.com/eijipress

WOMEN EMPOWERMENT 100
世界の女性をエンパワーする100の方法

発行日	2016年 8月31日 第1版 第1刷
著者	ベッツィ・トイチュ
訳者	松本裕（まつもと・ゆう）
発行人	原田英治
発行	英治出版株式会社
	〒 150-0022
	東京都渋谷区恵比寿南 1-9-12 ピトレスクビル 4F
	電話 03-5773-0193　FAX 03-5773-0194
	http://www.eijipress.co.jp/
プロデューサー	下田理
スタッフ	原田涼子　高野達成　岩田大志　藤竹賢一郎　山下智也
	鈴木美穂　田中三枝　山見玲加　安村侑希子　平野貴裕
	山本有子　上村悠也　渡邉吏佐子
印刷・製本	シナノ書籍印刷株式会社
翻訳協力	株式会社トランネット　www.trannet.co.jp
校正	小林伸子
装丁	英治出版デザイン室

Copyright © 2016 Eiji Press, Inc.
ISBN978-4-86276-221-4　C0030　Printed in Japan

本書の無断複写（コピー）は、著作権法上の例外を除き、著作権侵害となります。
乱丁・落丁本は着払いにてお送りください。お取り替えいたします。

―― TO MAKE THE WORLD A BETTER PLACE ――

ソーシャル・ビジネス
SOCIAL BUSINESS

ネクスト・マーケット［増補改訂版］
「貧困層」を「顧客」に変える次世代ビジネス戦略

C・K・プラハラード著　スカイライト コンサルティング訳

新たなる巨大市場「BOP（経済ピラミッドの底辺＝貧困層）」の可能性を示して全世界に絶大な影響を与えたベストセラーの増補改訂版。世界経済の行方と企業の成長戦略を構想する上でいまや不可欠となった「BOP」を、第一人者が骨太の理論と豊富なケースで解説。

定価：本体3,200円＋税　　ISBN：978-4-86276-078-4

世界とつながるビジネス
BOP市場を開拓する5つの方法

国連開発計画（UNDP）編　吉田秀美訳

何かが足りない所にはニーズがあり、ニーズがある所にはチャンスがある。成功のカギは「つながり」をつくること！明確なフレームワークと17のケースで学ぶ「BOPビジネス」実践ガイド。

定価：本体2,000円＋税　　ISBN：978-4-86276-095-1

世界一大きな問題のシンプルな解き方
私が貧困解決の現場で学んだこと

ポール・ポラック著　東方雅美訳　遠藤謙序文　槌屋詩野解説

15カ国、2000万人の貧困脱却を可能にした単純かつ大胆な解決策とは――？　30年間にわたり現地の人びとと対話し続けて培った、製品デザイン、ビジネスモデル開発、マーケティングのノウハウが詰まった一冊。

定価：本体2,200円＋税　　ISBN：978-4-86276-106-4

―― 英治出版の本 ――

デザイン
DESIGN

世界を変えるデザイン
ものづくりには夢がある

シンシア・スミス編　槌屋詩野監訳　北村陽子訳

世界の90％の人々の生活を変えるには？　夢を追うデザイナーや建築家、エンジニアや起業家たちのアイデアと良心から生まれたデザイン・イノベーション実例集。本当の「ニーズ」に目を向けた、デザインとものづくりの新たなかたちが見えてくる。

定価：本体2,000円＋税　ISBN：978-4-86276-058-6

世界を変えるデザイン2
スラムに学ぶ生活空間のイノベーション

シンシア・スミス編　北村陽子訳

世界10億人が住むスラムは、あっと驚くアイデアの宝庫だ！「貧困」「犯罪」「環境汚染」……これまでのイメージをくつがえすデザイン・プロジェクトの数々。クラウドマップ、自転車携帯充電器、即席ドラム缶コンピューター。デザインの力で、人々の「暮らし」はこんなにも変えられる！！

定価：本体2,400円＋税　ISBN：978-4-86276-170-5

なぜデザインが必要なのか
世界を変えるイノベーションの最前線

エレン・ラプトン、シンシア・スミスほか著　北村陽子訳

コミュニティを生む劇場、泥をエネルギー源とするランプ、落ち葉と水で作る食器、赤ちゃんの命を守るモニター、携帯電話での遠隔医療、空気をきれいにする建築資材……世界44カ国から集められた、138のデザイン・イノベーション。

定価：本体2,400円＋税　ISBN：978-4-86276-120-0

―― TO MAKE THE WORLD A BETTER PLACE ――

世界の問題
GLOBAL ISSUE

Because I am a Girl
わたしは女の子だから

アーヴィン・ウェルシュ、ジョアン・ハリスほか著　角田光代訳

角田光代が訳さずにはいられなかった──！　国際NGOプランが推進するBecause I am a Girlキャンペーンの主旨に賛同した世界一流の作家7人が、それぞれ異なる国の女の子について取材して書き下ろしたアンソロジー。

定価：本体1,600円＋税　ISBN：978-4-86276-118-7

私は、走ろうと決めた。
「世界最悪の地」の女性たちとの挑戦

リサ・J・シャノン著　松本裕訳

ルワンダの悪夢は隣国コンゴで続いていた──。繰り返される悲劇を止めるべくたった一人で立ち上がった著者が、紛争地で見た真実とは。想像を絶する運命に抗い、強く生きようとする女性たちの哀しくも美しい姿を描いた心ゆさぶるノンフィクション。

定価：本体1,900円＋税　ISBN：978-4-86276-126-2

日本と出会った難民たち
生き抜くチカラ、支えるチカラ

根本かおる著

アメリカ53％、日本0.3％──この数字の意味を、知っていますか？　日本の難民申請者はここ5年あまりで急増。世界各地から来た彼らは、難民として認定されることもかなわず、厳しい環境に置かれている。そのなかでたくましく生き抜く難民たちの姿と、周囲で支える日本人たちの姿に迫る、渾身の一作。

定価：本体1,600円＋税　ISBN：978-4-86276-156-9